遣唐使と古代日本の対外政策

森　公　章　著

吉川弘文館

序にかえて

『遣唐使と古代日本の対外政策』と題する本書は、個人論文集としては第四冊目、対外関係の論考では『古代日本の対外認識と通交』（吉川弘文館、一九九八年、以下、前著と称する）に続く二冊目の論文集である。前著刊行以後、二〇〇二年以降に発表した論考八編に、新稿四編を加えて一書になした。ここにそれらを便宜上二部に構成して、諸賢のご照覧に委ねる次第である。各論考の旧稿との関係やその後の研究の進展を整理して、序にかえることにしたい。

第一部　遣唐使の研究

第一章　遣唐使が見た唐の賓礼

『続日本紀研究』三四三号（二〇〇三年）掲載の論考に、若干の補訂を加えたものである。別途検討している入宋僧成尋の渡宋記録『参天台五臺山記』に描かれた賓礼を理解するために、先行する唐の日本使人に対する賓礼を整理した。この問題に関しては近年における遣唐使の概説書として代表的な東野治之『遣唐使船』（朝日新聞社、一九九九年）以外にはまとまった言及がなく、私なりに史料を収集・整理したいと考えた次第である。遣唐使の全容を理解する論考として、冒頭に配置し、研究者によって回数の算出が異なる日本の遣唐使表も掲載しておいた。なお、宋代の賓礼については、拙稿「入宋僧成尋とその国際認識」（『白山史学』三九号、二〇〇三年）、「宋朝の海外渡航規定と日本僧成尋の入国」（『海南史学』四四号、二〇〇六年）を参照されたい。

第二章　大宝度の遣唐使とその意義

『続日本紀研究』三五五号（二〇〇五年）掲載の論考に、若干の補訂を加えたものである。叙述がややくどくどしくなった感もあるが、雑誌掲載時には枚数などの都合により少々削除した部分（一節末尾）を復活させた。第一章の論考執筆後、遣唐使の全体的検討も進めたいと考えており、二〇〇四年の遣唐留学生井真成墓誌発見に触発され、またそれ以前に中国唐代史がご専門で、唐代の墓誌史料収集にも努められている東洋大学文学部史学科教授高橋継男先生からご教示いただいていた杜嗣先墓誌に見られる大宝度遣唐使に関する新史料に基づく考察を進めていたことなどにより、執筆に至った論考である。台湾に所在すると言われる杜嗣先墓誌は現物は未だ行方不明であり、拓本や現物の実見が期待されるところとなる。

第三章　遣唐使の時期区分と大宝度の遣唐使

『国史学』一八九号（二〇〇六年）掲載の論考に、若干の補訂を加えたものである。第二章の元原稿発表後、國學院大學二一世紀COEプログラム「神道と日本文化」の推進を統括される鈴木靖民先生に何か研究報告をと依頼され、二〇〇五年六月一八日に東アジア異文化間交流史研究会で報告した内容を論文化し、國學院大學国史学会の会誌に掲載していただいた。大宝度遣唐使の意義をさらに考究し、またその後の遣唐使事業展開に対する全体的展望を整理する糸口となるものである。

第四章　七世紀の国際関係と律令体制の導入―永徽律令の将来時期をめぐる憶説―

新稿である。編著『日本の時代史』3倭国から日本へ（吉川弘文館、二〇〇二年）や『続明日香村史』上巻（明日香村、二〇〇六年）に飛鳥時代の概説を執筆する機会を頂戴し、七世紀史全般の検討を進めた。また拙著『「白村江」以後』（講談社、一九九八年）、『東アジアの動乱と倭国』（吉川弘文館、二〇〇六年）では、七世紀末以前の国際関係の検討も行っている。これらの過程で、七世紀の遣唐使や対唐関係のあり方をふまえて、表題の問題に一石を投じようとしたものである。近年の「大化改新」肯定論に対する一つの留意点を示そうとしている。なお、七世紀後半における新羅文化移入の様相については、鈴木靖民「古代東アジアのなかの日本と新羅」（佐藤信・藤田覚編『前近代の日本列島と朝鮮半島』山川出版社、二〇〇七年）も参照されたい。

第五章　遣唐使と唐文化の移入

『白山史学』四四号（二〇〇八年）掲載の論考に、若干の補訂を加えたものである。科学研究費基盤研究（C）交付による課題「遣唐使の特質と平安中・後期の日中関係に関する文献学的研究」（二〇〇七年度〜二〇〇八年度）遂行に際して、遣唐使による唐文化移入の特色と時代的な推移を整理しようとしている。遣唐使事業全体の中では、唐文化移入が本格化する霊亀度遣唐使以降、承和度くらいまでを対象とし、唐文化移入における時間的・地域的制約、日本側の主体的な選択性、伝授の一回性と日本国内での定着・伝習体制のあり方などを指摘した。唐文化移入に対する熱意の点では鑑真が来日した勝宝度くらいがピークであるとの感触を強調したつもりである。

第六章　漂流・遭難、唐の国情変化と遣唐使事業の行方

新稿である。奈良時代後半以降の遣唐使事業遂行に伴う諸条件の変化に着目している。宝亀度遣唐使に関しては、拙稿「古代日本における対唐観の研究」（前著所収）でも若干言及しているが、遣唐使事業の全体的推移という観点から、宝亀度、延暦度を中心に考察を試みている。宝亀度の位置づけ、延暦度への事業継続との関連については、拙稿「唐皇帝と日本の遣唐使」（『東アジアの古代文化』一二九、二〇〇六年）でもその一部を述べているので、合せてご参照いただきたい。

第七章　菅原道真と寛平度の遣唐使計画

『続日本紀研究』三六二号（二〇〇六年）掲載の論考に、若干の補訂を加えたものである。実質上最後の遣唐使渡海になった承和度に関しては第二部第三章を参照していただきたいが、本章は最後の遣唐使計画をめぐる問題に考察を加え、遣唐使事業の行方・終焉を整理した。遣唐使計画立ち消えに至る『菅家文草』の史料解釈については最も整合的な理解を示したと思っているが、諸事ご教示を賜りたい。

第二部　朝鮮諸国との関係

第一章　賓礼の変遷から見た日渤関係をめぐる一考察

佐藤信編『日本と渤海の古代史』（山川出版社、二〇〇三年）掲載の論考に、若干の補訂を加えたものである。前著において示した外交のシステム面、外交意識、使人の迎接（賓礼）、国書、外交機関・機構などへの関心に関連して、これらを通時的に検討し得る対象として、奈良時代以降、日本と概ね安定的に通交を維持した渤海との交流について検討を進めていたが、上記書籍への執筆の機会を頂戴し、その一部を整理することができた。日渤関係全体の時期区分にも言及している。

第二章　日渤関係における年期制の成立とその意義

『ヒストリア』一八九号（二〇〇四年）掲載の論考に、若干の補訂を加えたものである。第一章の元原稿執筆に続いて、表題の問題を検討することで、古代日本の外交政策の推移如何を考えようとした。上述の『参天台五臺山記』読解との関連で、十世紀以前の対外政策のあり方を整理したいと思い、十世紀以降にも鍵になる年期制の先駆形態とその適用の実態を究明している。合せて七世紀末～八世紀の日羅関係にも言及しており、第三章の日羅関係をめぐる対外政策解明につながる論考になる。

第三章　承和度の遣唐使と九世紀の対外政策

新稿である。承和度遣唐使の分析とともに、意外に考察材料が少ない九世紀の対外関係、特に対外政策の推移を検討した。承和度遣唐使をめぐる在唐新羅人の動向に関する新たな研究成果としては、田中史生「江南の新羅人交易者と日本」、榎本渉「新羅海商と唐海商」（佐藤信・藤田覚編『前近代の日本列島と朝鮮半島』山川出版社、二〇〇七年）なども呈されているが、新羅人来航者を受容する日本側の様相、対外政策構築のあり方如何に関心を抱き、論考執筆に至った。ここでは主に新羅商人来航という新たな事態を受けて、日本側がどのような方策をとろうとしたか、また承和度遣唐使の派遣をめぐる国際情勢如何を整理したつもりである。

第四章　加耶滅亡後の倭国と百済の「任那復興」策について―白村江への道の前段階として―

『東洋大学文学部紀要』史学科篇二七号（二〇〇二年）掲載の論考に、若干の補訂を加えたものである。拙著『白村江」以後』（講談社、一九九八年）に関連して、そこでは充分に考究できなかった六世紀の百済・新羅など朝鮮半島諸国との関係を検討している。前章までの対象範囲とは大きく遡るが、遣隋使の意味合いにも言及しており、遣唐使事業の前提となる遣隋使の様相如何についての拙見を理解していただくことも必要であると考え、本書に収めた。

第五章　「海北」から「西」へ―倭国の朝鮮諸国認識と国家体制の転換―

新稿である。本章も本書所収の他の論考とは対象とする時代がやや遡る。第四章の理解とも関係するところであるが、七世紀以降の中国との通交本格化以前のあり方、古代国家形成期の一分岐点に関連して、表題の対外認識変化の意味合い、国家形成史上の意義について考えたものである。拙著『東アジアの動乱と倭国』（吉川弘文館、二〇〇六年）執筆に際して気づいた点の論証過程を示している。

以上が本書の構成、各論考の執筆動機である。八世紀以降の新羅・渤海との通交に関してはさらに個別の検討を重ねていく必要を感じているが、遣唐使事業全般については一応の私見を呈示することができたのではないかと考えている。遣唐使事業の細部についても今後さらに研鑽に努めるべき部分もあろうが、遣唐使以後の対外関係の展開ともども、後考に俟つことにしたい。

目次

第二部　朝鮮諸国との関係

第一部　遣唐使の研究

第一章　遣唐使が見た唐の賓礼

はじめに

私は先に『古代日本の対外認識と通交』（吉川弘文館、一九九八年、以下、拙著と称す）なる論著を刊行し、対唐観を中心とする対外意識の問題、大宰府と難波における外交機能や賓礼のあり方などを究明し、外交のシステム面の研究への関心を示したが、外交機構や賓礼の全体像については課題とした部分が多い。その一つの作業として、賓礼の個別要素をそれぞれに検討する必要があると思われる。古代日本における賓礼の流れを私なりに整理すると、次のようになろう。

a到着地での安置、b存問使の派遣（存問）、c領客使による京上（領客）、d難波における歓迎（迎船）→難波館への安置、e入京時の郊労（郊労）、f鴻臚館への安置、労問使・慰労使の派遣と掌客使の任命、g朝廷での使旨奏上、貢献物奉呈（国書または口頭、貢献物）、h諸行事への参加（正月の行事、五月五日などの諸節会）、i天皇出御の下での賜宴、授位・賜禄、j交易、k臣下による賜饗、l鴻臚館での饗宴（詩宴）、m鴻臚館での日本の国書賜与、n領帰郷客使に引率され、出京・帰国へ、o難波館での讌饗→帰国へ。

こうした日本の賓礼が隋使裴世清来日に備えて小野妹子が将来した『隋朝儀礼』以来、中国の賓礼に倣ったものであることは周知の通りである。(1)唐の賓礼は『大唐開元礼』巻七十九・八十にまとめられており、日本の賓礼の手本としての唐の賓礼のあり方については既にいくつかの研究がなされている。(2) 但し、日本の遣唐使が実見・実体験した賓礼を整理したものはあまりなく、(3) 本章では古代日本の賓礼の確立過程を考えるために、まず遣唐使が実際に受けた唐の賓礼の様相を検討しておきたいと思う。(4)

一　到着から入京まで

ここではA到着地での行事、B京上までの過程、C入京時の郊労、D館への安置を扱う。

01『続紀』慶雲元年七月甲申朔条（遣唐使（7）〔大宝度〕）

正四位下粟田朝臣真人自二唐国一至。初至レ唐時、有レ人来問曰、何処使人。答曰、日本国使。我使反問曰、此是何州界。答曰、是大周楚州塩城県界也。更問、先レ是大唐、今称二大周一。国号縁レ何改称。答曰、永淳二年天皇太帝崩、皇太后登位、称号二聖神皇帝一、国号二大周一。問答略了、唐人謂二我使一曰、函聞、海東有二大倭国一、謂二之君子国一。人民豊楽、礼儀敦行。今看二使人一、儀容大浄、豈不レ信乎。語畢而去。

A到着地での行事として、まず遣唐使が唐に到着した際の入国手続きを見たい。01によると、遣唐使は自分達が到着した場所の確認を行っており、この時に唐人と問答を交わしているが、「語畢而去」とあるように、これは中国の官人による査問ではなかったようである。遣唐使（17）〔承和度〕に関して『入唐求法巡礼行記』巻一の記述を読むと、開成三年（八三八＝承和五）七月二日に揚州海陵県白潮鎮桑田郷東梁豊村に到着した一行は、まず商人と出会い、経路を尋ねて淮南鎮に向かおうとしている。しかし、その商人が道順を知らなかったので、江口に戻り、漸く塩官の慰問を受けて「筆云二国風一」ったという。その後、七月三日条には「雖レ経二数日一、未レ有二州県慰労一」と、入国認定

表1　遣唐使の一覧

23　1　5　6　4　33　15

私案	次数	出発　西暦(和暦)	使人	航路	船数	入京(長安・洛陽)年月	帰国	航路	備考
1	1	630(舒明天皇2)	犬上御田鍬 薬師恵日	北路?			632・8	北路	
2	2	653(白雉4)	吉士長丹(大使) 吉士駒(副使)	北路?	1		654・7	北路	
		7月?	高田根麻呂(大使) 掃守小麻呂(副使)		1				往途、薩摩竹島付近で遭難
3	3	654(白雉5)	高向玄理(押使) 河辺麻呂(大使) 薬師恵日(副使)	北路	2		655	北路?	高向玄理、唐で没
4	4	659(斉明天皇5) 8月	坂合部石布(大使) 津守吉祥(副使) 伊吉博徳	北路	2	659(顕慶4) 閏10月〔○〕	661・5(第2船)	北路	第1船は往途南海の島に漂着、大使ら殺される
5	5	665(天智天皇4)	守大石・坂合部石積・吉士岐弥・吉士針間 (送唐客使)	北路			667・11	北路	唐使劉徳高を送る。唐使法聡来日。663白村江の戦い
	6	667(天智天皇6)	伊吉博徳(送唐客使) 笠諸石(送唐客使)	北路			668	北路	唐使法聡を百済に送る。唐には行かずか
6	7	669(天智天皇8)	河内鯨	北路			(不明)	北路?	
7	8	702(大宝2)6月	粟田真人(執節使) 高橋笠間(大使) 坂合部大分(副使) 巨勢邑治(大位) 山上憶良(少録)	南路	4	702(長安2) 10月〔○〕	704・7(粟田真人) 707・3(巨勢邑治) 718・10 (坂合部大分)	南路	676新羅、朝鮮半島統一。道慈・弁正留学

16　19　7　18

8	9	717（養老元）	多治比県守（押使） 大伴山守（大使） 藤原馬養（副使）	南路？	4	717（開元5） 10月〔○〕	718・10	南路？	玄昉・阿倍仲麻呂・吉備真備・井真成ら留学。道慈帰国
9	10	733（天平5）	多治比広成（大使） 中臣名代（副使）	南路？	4	734（開元22） 正月か〔○〕	734・11（第1船） 736・5（第2船） 739（第3船）	南路	玄昉・真備ら帰国、菩提僊那来日。第4船、難破
10	11	746（天平18）任命	石上乙麻呂（大使）						停止
11	12	752（天平勝宝4）	藤原清河（大使） 大伴古麻呂（副使） 吉備真備（副使）	南路	4	752（天宝11） 12月以前〔○〕	753・12（第3船） 754（第2船） 754・4（第4船）	南路	鑑真ら来日。帰途、第1船安南に漂着、大使藤原清河・阿倍仲麻呂唐に戻り、帰国せず
12	13	759（天平宝字3）	高元度 （迎入唐大使使） 内蔵全成（判官）	渤海路	1		761・8	南路	清河を迎える使の判官内蔵全成、渤海路により帰国
13	14	761（天平宝字5） 任命	仲石伴（大使） 石上宅嗣（副使） 藤原田麻呂（副使）		4				船破損のため停止
	15	762（天平宝字6） 再編任命	中臣鷹主（送唐客使） 高麗広山（副使）		2				7月、風波便なく渡海できず停止
14	16	777（宝亀8）6月	佐伯今毛人（大使） 大伴益立（副使） 藤原鷹取（副使） 小野石根（副使） 大神末足（副使）	南路	4	778（大暦13） 正月〔○〕	778・10（第3船） 778・11（第4船） 778・11（第2船） 778・11（第1船舳） 778・11（第1船艫）	南路	大使、病と称して行かず。伊与部家守帰国。藤原清河の娘、喜娘来日

（欄外上部：15–16間 24、16–17間 33、17–18間 58）

15	17	779（宝亀10）	布勢清直（送唐客使）	南路	2	780（建中元）2月	781		唐使孫興進を送る
16	18	803（延暦22） 804（延暦23）7月再	藤原葛野麻呂（大使） 石川道益（副使）	南路	4	804（貞元20）12月〔○〕	805・6（第1船） 805・6（第2船） 806（第4船？）		副使、唐にて没。第3船、往途肥前松浦郡にて遭難。最澄、空海ら帰国
17	19	836（承和3）7月 837（承和4）7月再 838（承和5）6月再々	藤原常嗣（大使） 小野篁（副使）	南路	4	838（開成3）12月〔○〕	839・8、10 840・4、6 （第2船）	北路	副使、病と称して行かず。帰途新羅船9隻を傭って帰る。第2船、南海の地に漂着
18	20	894（寛平6）任命	菅原道真（大使） 紀長谷雄（副使）		1				大使菅原道真の上奏により保留か

「入京年月」欄の○印は正月に在京したことを示す。史料で確認できない箇所は空欄のまま。
「出発」「帰国」欄に入れた月は、史料で確認できる九州での発着日。欄外上部の数字は遣使間隔年数を示す。

が進まない様子が窺われ、七月十四日条でも「県州迎船不レ来」という状態で、自ら州県に赴き、揚州府まで行って審査を受け、七月二十日条で「今日州使来、始宛二生料一」となったのである。

つまり遣唐使は自ら査察の場所まで出向くことが必要であり、中国では即官憲が入国審査を行う体制ではなかったのである。「筆云二国風一」とあるように、日本の使者であることを示しつつ、州県官の下に尋ねていくという方式で査問を受けるのであった[5]。そして、特に問題がなければ、「依二式例一安置供給」（『続紀』宝亀九年十月乙未条・遣唐使(14)〈宝亀度〉）となるのであるが、紛議が生じる場合も存する。

02『性霊集』巻五「為二大使一与二福州観察使一書」

（上略）又大唐之遇二日本一也、雖レ云下八狄雲会膝二歩高台一、七戎霧合稽中顙魏闕上、而於二我国使一也、殊私曲成待以二上客一、面対二龍顔一自承二鸞綸一。佳問栄寵已遇二望外一、与二夫瑣々諸蕃一豈同日而可レ論乎。又竹符銅契本備二奸詐一。世淳人質、文契何用。是故、我国淳樸已降、常事二好隣一。所レ献信物、不レ用二印書一。（中略）然今、州使責以二文書一、疑二彼腹心一、検二括船上一、計二数公私一。（中略）又建中以往、入朝使船直着二楊蘇一、無二漂蕩之苦一。州県諸司慰労慇懃。左右任レ使、不レ検二船物一。今則事与レ昔異、遇将二望疎一、底下愚人窃懐二驚恨一。（下略）

02は遣唐使（16）〔延暦度〕の時のものである。拙著第一部第二章で指摘したように、今回州使が船物に関する文書提出を求めたのは、福州という場所（遣唐使到着地の前例は括州が最南端）、安史の乱後の中国側の入京人数や貿易の制限（例03『続紀』宝亀九年十月乙未条、04同年十一月乙卯条・遣唐使（14）〔宝亀度〕〈以上の03・04、次の05は以下でしばしば引用するが、長文の史料であるために全文を掲げることができないので、所在のみを示す〉、『入唐求法巡礼行記』巻一〔承和度〕）などによると思われ、また福州観察使の赴任直後という事情（05『後紀』延暦二十四年六月乙巳条）も関係したのかもしれない。[6] 但し、これは異例の出来事であって、それ故に遣唐使が事情説明や交渉に努めねばならなかった様子が窺われるのである。02以外にはこのような問題は存在せず、その他、遣唐使（9）〔天平度〕に関しては、『冊府元亀』巻百七十帝王部来遠・巻九百七十一外臣部朝貢四に「〈開元二十一年〉八月、日本国朝賀使真人広成与二傔従五百九十人一舟行遇レ風、飄至二蘇州一。刺史銭惟正以聞、詔二通事舎人韋景先一、往二蘇州一宣二慰労一焉。」と、一度帰国の途に就いた遣唐使が漂着したため、到着（漂着）地に通事舎人を派遣して慰労するという措置がとられた事例も知られる。

次にB京上までの過程は、基本的には州県官の手で駅を利用する方式がとられたようである（『書紀』斉明五年七月戊寅条・遣唐使（4））。『入唐求法巡礼行記』巻一開成四年二月二十四日条にも駅館を使用したことが記されている。また入京前には上都長楽駅に到着している（『続紀』宝亀十年四月辛卯条〔大宝度〕、05）ので、駅を利用した上京は唐代を通じてのものであったと見ることができる。なお、「為三路次乏二車馬一、減二却人数一」（04）と、上京人数の制限が行われることもあったが、上述の例の如く、これは安史の乱後の唐の混乱によるものと思われる。

C入京時の郊労は、迎馬が用意され、それに乗って入城するというものであった（04・05）。05によると、入京人数二十三人に対して「飛龍家細馬」二十三匹が迎えに来ており、人数分の馬が供されたことがわかる。郊労には五品舎人（『続紀』宝亀十年四月辛卯条〔大宝度〕）や内使（宦官）（04・05）が派遣されており、長楽駅において「労問」（大宝度）や「持二酒脯一宣慰」（05）と表現される迎意が示されたのである。なお、大宝度の事例では日本側の「拝謝之礼」は不明であるという。

そして、D館への安置であるが、日本の遣唐使は「外宅」と呼ばれる場所に宿泊させられている（03・04・05）。唐では外国使節の宿舎として鴻臚寺の西隣の鴻臚客館や承天門外の中書外省に隣近する四方館があった筈であり、また承和度の遣唐使は左街の礼賓院を利用していた（『入唐求法巡礼行記』巻一開成四年正月二十一日条）。「外宅」がこれらのどれに該当するのか、あるいは別のものなのかは不明のところがあり(7)、各々の施設の使用区分と合せて後考に俟ちたい。この館への安置については、「特有二監使一、勾二当使院一、頻有二優厚一、中使不レ絶」（03）、「特有二監使一、高品劉昂勾二当使院一」（05）と記述されており、「外宅」を管理する者が任命され、日本の遣唐使一行を接待したことがわかる。なお、『大唐開元礼』巻七十九の「蕃主来朝遣レ使迎労」が入館時の賓礼であり、館の門外で東・西面し、皇帝派遣の使者が迎労の辞・束帛の賜与などを行う様子が描かれているが、遣唐使の実例は不明である。

二　京内での行事

次にE皇帝との会見、F諸行事への参加、G饗宴・官賞、H交易・その他について整理する。Eに関しては『大唐開元礼』巻七十九の「遣㆑使戒㆓蕃主見日㆒」、「蕃主奉見」、「受㆓蕃国使表及幣㆒」、Gは巻八十の「皇帝宴㆓蕃国主㆒」、「皇帝宴㆓蕃国使㆒」が関連する礼式であるが(8)、ここでは実例に基づく検討を行う。

まずE皇帝との会見は、03・05によると、i（国書）・国信物の奉呈、ii礼見、iii対見という三つの場が用意されていたようである。拙著第一部第二章で考究したように、遣唐使が国書を携帯した可能性は高いが、奉呈の場面は不明であるので、括弧に入れておいた。これらのうち、iは03では礼見時に、05では礼見の前日に行われているが、本来はii礼見の時にiの奉呈を行うものと考えられ、i・iiは合せて「礼見」として把握するのがよいかもしれない。03では礼見には皇帝は不出御であったというが、国信物の奉呈に対しては「天子非分喜観、班㆓示群臣㆒」したとある。また05ではiに対して「宣勅云、卿等遠慕朝貢、所㆓奉進㆒物、極是精好、朕殊喜歓。時寒、卿等好在。」と伝えられたといい、礼見に関してはやはり不出御であったと記されている。以上によると、礼見の場では皇帝からの慰労の言葉や国信物に対する感想が述べられるものと推定され、そうした場面が描かれている史料を礼見の様子を窺わせるものと解してみたい。

礼見の場所は03では宣政殿、05では宣化殿とある。宣政殿は大明宮の紫宸門の南側にある殿舎で、唐は二代太宗以降、宮城の卑湿を避けて大明宮を建設し、皇帝の常居としたから、宣政殿は宮城の太極殿に相当する重要な場であった。宣政殿では朔望、任官や外国使臣の拝謁などの朝儀が行われたから、日本の遣唐使を礼見するのに相応しい場所であったと言えよう。05の「宣化殿」については他に所見がなく、朝日本六三頁～六四頁の頭注に従って、宣政殿の誤記と見ておきたい。

礼見の場での具体的行事としては、上掲05により、国信物の受納と慰労の言辞が下されたことが知られる。その他、

『旧唐書』巻一九九上東夷伝倭国条「貞観五年、遣レ使献二方物一。太宗矜二其道遠一、勅二所司一、無レ令二歳貢一。」（遣唐使（1））、『新唐書』巻二二〇東夷伝日本条「永徽初、其王孝徳即位、改元曰二白雉一。献三虎魄大如レ斗・碼碯若二五升器一。時新羅為二高麗・百済所レ暴、高宗賜二璽書一、令三出レ兵援二新羅一。」（遣唐使（3））、『善隣国宝記』白雉五年条所引「唐録」にも同内容の記事があり、永徽五年とされる）などの献物も、この礼見の場での出来事であったと考えられる（皇帝からの指示は次の対見の場で下されたものであろう）。

次に対見は、03では延英殿、05では麟徳殿で挙行されたと記されている。延英殿は紫宸門を入ってすぐ西側の殿舎、麟徳殿はさらに西北の殿舎であるが、宣政殿が三朝制の中では中朝に属するのに対して、延英殿・麟徳殿はともに内朝に属しており、対見は内朝で行われるものであったようである。なお、『入唐求法巡礼行記』巻一開成四年二月二十七日条には「去月十三日、入二内裏一廿五人、録事不レ得レ従。会集諸蕃惣五国。南照国第一位、日本国第二。自余皆王子、不レ着レ冠。其形躰屈醜、着二皮氊等一。」とあり、日本で言うところの「内裏」＝内朝において、しかも複数の諸蕃国が同席するものであったことがわかる（『参天台五臺山記』巻四熙寧五年十月二十二日条も参照）。

『入唐求法巡礼行記』巻一開成四年二月二十四日条には「未二対見一之前、諸事不レ得二奏聞一」とあり、この対見の場において、様々な奏請や唐側の応答・質問・指示などがあったと考えられる。03は三月二十二日、04では三月二十四日と日付が異なるが、ともに同じ対見の場を報告したものと思われ、03「所レ請並允。即於二内裏一、設レ宴、官賞有レ差。」、04「対二龍顔一奏レ事」と描かれており、05でも「所レ請並允。即於二内裏一設レ宴、官賞有レ差。」と記されている。饗宴・官賞については後述するとして、ここではまず日本の遣唐使から様々な奏請が行われたことが知られる。『旧唐書』巻一九九上東夷伝日本国伝（遣唐使（8）（霊亀度））の四門助教趙玄黙に儒教の講義、『冊府元亀』巻九七四外臣部褒異一（同）の孔子廟堂や寺観の見学、『冊府元亀』巻九九九外臣部請求（同（9）（天平度））の老子経本・天尊像の下賜、『東大寺要録』巻一所引延暦僧録第二勝宝感神聖武皇帝菩薩伝（以下、『延暦僧録』と出典を略称。同（11）〈勝宝度〉）の府庫・三教殿の見学、また『唐大和上東征伝』天宝十二載十月十五日条（同）に描かれた鑑真招聘の許可、『続紀』宝字六年八月甲子条（同（12）〈宝字度〉）の藤原清河の帰国申請、『旧唐書』巻一九九上東夷伝日本国条の元和元年（同（16）〈延暦度〉）の橘逸勢・空海の帰国申請、『入唐求法巡礼行記』巻一開成四年二月八・二十四・二十七日条（同（17）〈承和度〉）の円仁の天台山行きの許可などをその具体例とすることができ、「在唐の留学生等の帰国および新たな留学生等の受け入れ願いや、書物の下賜の申請、あるいは諸所の見学や京・州県での物品の購入等の許可願などであろう」とまとめられる事項が想定される(9)。

そして、この対見の際には皇帝の日本の国情下問（『書紀』白雉五年二月条・遣唐使（3）、斉明五年七月戊寅条・同（4）〈「相見」とある〉）や日本への指示もなされたと考えられ、上掲の歳貢免除の指示や新羅救援の命令などの重要事項は、礼見ではなく、内々の対見の場でなされるものであったと見ておきたい(10)。03・05によると、皇帝は公的な礼見の場には不出御であったが、対見には出御しており、対見の場の方が実質的には重視されていたのではないかと思われる。

F諸行事への参加は、日本の遣唐使の事例はあまり多くはなく、『書紀』斉明五年七月戊寅条（遣唐使（4））の十一月一日冬至之会（朔旦冬至）、06・05の元日朝賀が知られるくらいである。

06『続紀』勝宝六年正月丙寅条（遣唐使（11）〈勝宝度〉）

副使大伴宿禰古麻呂自二唐国一至。古麻呂奏曰、大唐天宝十二載、歳在二癸巳一、正月朔癸卯、百官・諸蕃朝賀。天子於二蓬莱宮含元殿一受レ朝。是日、以レ我次二西畔第二、吐蕃下一、以二新羅使一次二東畔第一、大食国上一。古麻呂論曰、自レ古至レ今、新羅之朝二貢日本国一久矣。而今列二東畔上一、我反在二其下一、義不レ合レ得。時将軍呉懐実見二知古麻呂不レ肯色一、即引二新羅使一、次二西畔第二、吐蕃下一、以二日本使一次二東畔第一、大食国上一。

滞京中に唐朝廷の行事があれば、朝貢使である遣唐使も他の諸蕃国とともに様々な行事に参加するのが原則であり、斉明五年条に「所レ朝諸蕃之中、倭客最勝」と記され、主観的な自己評価は別にして、ともかくも多くの諸蕃国の一つとして行事に参加したことを見逃してはならない。

朝賀などの国家的行事の場は06・05ともに含元殿で一致している。含元殿は大明宮の外朝になり、大明宮の正殿として、重要な儀式が行われた場所である。なお、06に「蓬萊宮」とあるのは、貞観八年（六三四）に大明宮が建設されてから、龍朔二年（六六二）に蓬萊宮と改称され、神龍元年（七〇五）に大明宮に復されたという変遷にもかかわらず、日本では大宝度の遣唐使の際の知識のまま、「蓬萊宮」と通称していたことを反映しているとされており、唐情報の伝達・消化のあり方を考える上で興味深い[11]。

こうした諸蕃国が会集する場では席次も大きな問題であり、06には新羅との間に争長事件が起きたことが記されている（『延暦僧録』も参照）。『大唐開元礼』巻七十九「蕃主奉見」には「若更有二諸蕃一以二国大小一為レ叙」とあり、唐も諸蕃間の大小を認識していたようであるが、06によると、当初の序列では唐は日本の国際的地位を充分に承知していなかったことが知られる。06では日本の執拗な抗議と、新羅が日本に「朝貢」していたという事実とによって席次の変更が認められたと描かれており、こうした争長事件は他にも例があるので、唐ではそれ程珍しい出来事ではなかったようである[12]。なお、上述の『入唐求法巡礼行記』の対見の場面では、日本は南照国に次ぐ第二位であったといい、「自余皆王子、不レ着レ冠、其形躰屈醜、着二皮氈等一」と描写されているにもかかわらず、日本は決して第一位にはなれず、それが唐の客観的な評価であった。

G饗宴・官賞は、対見のところで掲げた03・05の史料や『延暦僧録』の記述によると、Eのうち、対見の後に行われたものであったことがわかる。行事の場所は『旧唐書』巻一九九上外臣部褒異一（霊亀度）では中書とある。上掲

03・05の「内裏」は内朝のことを日本風に称したものとすると、対見と同じく、延英殿や麟徳殿などの内朝の殿舎において饗宴・官賞が行われたと見てよいであろう。霊亀度の「中書」は中書省だとすれば、太極殿の西隣りで、中朝ということになるから、異例となり、不審を残す。饗宴の内容については不明の部分が多いが、『延暦僧録』の玄宗の御製詩が饗宴の時のものか、あるいは辞見の際のものかという保留はあるものの、詩の贈答などが行われた可能性があり、大宝度の執節使粟田真人に対する「好レ読二経史一、解レ属レ文」という評言（『旧唐書』巻一九九上東夷伝日本国伝）は、こうした饗宴の場での詩作などによるものではないかと思われる。

官賞の賜与官品の具体例は、次のようになっている。

大宝度　執節使粟田真人　……司膳卿
　　大使坂合部大分……衛尉少卿
　　副使巨勢邑治　……（司膳）率
勝宝度　大使藤原清河　……特進
　　副使大伴古麻呂……銀青光禄大夫光禄卿
　　　吉備真備　……銀青光禄大夫秘書監
延暦度　判官高階遠成　……中大夫試太子中允
承和度　大使藤原常嗣　……雲麾将軍検校太常卿兼左金吾衛将軍員外置同正員

大使は概ね正三品クラスの官職を賜与されているようである。但し、『朝野群載』巻二十「異国賜二本朝人一位記」に残る高階遠成の告身には新官が記されていないので、あくまでも虚名の告身であったと解さねばならないとされている（「員外置同正員」も同意か）[13]。官賞の有効性には問題が残るが、帰国した遣唐使は唐服を着して帰朝の拝見を行っている例があるので（『続紀』養老三年正月己亥条・霊亀度）、賜与された官品に相当する服装などは実際に支給されていたのではないかと思われる。

H交易・その他に関しては、『旧唐書』巻一九九上東夷伝日本国条（霊亀度）に「所レ賜錫賚、尽市二文籍一、泛レ海而還」とあり、日本の遣唐使は大量の書籍を購入して帰朝したことで著名である。(14) また『冊府元亀』巻九七四外臣部褒異一（同）には、「仍令二州県金吾相知検校捉搦一、示レ之以整。応レ須下作二市買一、非違禁レ入レ蕃、亦容上レ之。」と見え、禁物の購入も許可されたらしい。但し、『入唐求法巡礼行記』巻一開成五年二月二十日条には遣唐使一行が唐国内で禁制されている物品の購入を行って、唐の官憲に捕らえられそうになった場面が描かれており、唐国内の禁令は遵守されねばならなかった。

その他の京内での行事としては、対見時の申請事項のところで触れた儒・仏・道の三教殿の見学や儒教の伝授などがあり、『三代格』巻十景雲二年七月三十日官符「応下改二孔宣父号一為中文宣王上事」によると、勝宝度の遣唐使の際に膳大丘は国子監の門に「文宣王廟」とあるのを見て、国子学生程賢の教示によって孔子の称号が孔宣父から文宣王になっていたことを知ったとあり、国子監を見学していたことが知られる。このように様々な見聞を広げることも、滞京中の遣唐使にとっては重要な任務だったのである。

三　辞見と帰国

最後にI辞見、J送使の派遣を取り上げる。I辞見は、遣唐使は皇帝に帰国の許可を求め、辞見の礼を行う必要があったことによるもので、『大唐開元礼』巻七十九では「蕃主奉見〈奉辞礼同〉」とされている礼式である。05によると、「宣　レ勅云、卿等銜二本国王命一、遠来朝貢、遭二国家喪事一。須二緩々将息帰郷一縁三卿等頻奏二早帰一、因レ茲賜二纏頭物一、兼設レ宴。宜レ知レ之。却二廻本郷一、伝二此国喪一。擬レ欲二相見一、縁二此重喪一、不レ得レ宜レ之。好去好去者。事畢首途。勅令下内使王国文監送一、至二明州一発遣上。」とあって、唐側はゆっくり滞在すべき旨を伝えていたが、日本側は帰国を急いだようであり、遣唐使は使命を果すと早々に帰国の途に就くようにしたらしい。

辞見の場面は03〜05に詳しく、その他『書紀』斉明六年七月乙卯条（遣唐使（4））にも「（十一月）十九日、賜労。廿四日、発レ自二東京一」と描かれている。これらによると、前日または当日までには答信物が準備されており、05の場合は前皇帝崩御の諒闇中という事情もあったが、本来は皇帝ともう一度対面して辞見し、その際にも何らかの言葉をかけられることになっていたことがわかる。03によれば、「（四月）廿四日、事畢拝辞。奏云、本国行路遥遠、風漂無レ准。今中使云往、冒二渉波濤一、万一顚躓、恐乖二王命一。勅答、朕有二少許答信物一、今差二宝英等一押送、道義所レ在、不レ似レ為レ労。即賜二銀鋺酒一以惜別也。」といった応答が行われており、上述の『延暦僧録』の玄宗の御製詩「送日本使」は、こうした辞見の場で与えられたものと見ることが可能である。03・05や斉明六年条の「賜労」から伺われるように、辞見の際には宴が行われ、また送使などの派遣についてもこの時に伝達されたことが知られる。その他、『続紀』宝字五年十月辛酉条に迎藤原河清使高元度の帰朝報告として見える、「初高元度自レ唐帰日、唐帝語之曰、属二禄山乱離一、兵器多亡。今欲レ作レ弓、交要二牛角一。聞道、本国多有二牛角一。卿帰レ国、為求使次相贈」という要請なども示されたのである。

J送使の派遣に関しては、唐の使者が遣唐使の帰朝とともに日本まで来たのは、遣唐使（1）の高表仁（『旧唐書』巻一九九上東夷伝倭国条）、（12）の押水手官沈惟岳（『続紀』宝字六年八月甲子条）、そして（14）の趙宝英（03・04）の三回だけで、沈惟岳らは安史の乱に伴う特別な送使であって、越州浦陽府の軍官・水手の派遣であるから、正式な唐使の来日は二回ということになる。したがって通常は05の如く、遣唐使の出発地まで送使が領送するのが帰国時の方式であったと考えられる。送使任命者は『延暦僧録』では鴻臚大卿蔣挑捥、上掲の宝字六年条では中謁者謝時和、03・04は内使揚光耀、05は内使王国文などが知られている。八世紀後半以降は宦官の事例が増加する（03・04の唐使趙宝英も中（内）使）が、本来は鴻臚寺の任務として、当該官の者が出発地まで送ったものと見ておきたい。なお、『延暦僧録』には「発二別牒准南一、勅二処致使魏方進一、如レ法供給送遣」とあり、帰路も駅を用い、公的な供給を受けたのである。

05によると、「三月廿九日、到二越州永寧駅一。越州即観察府也。監使王国文、於二駅館一喚二臣等一、附二勅書函一、便還二上都一。越州便差レ使監送、至二管内明州一発遣」とあって、送使は最後の段階で国書を渡すのである。唐使が日本に渡航する場合は彼らが国書を持参することになるが、通常の場合はこの送使からの国書付託で一連の遣唐使への賓礼は終了し、後は帰国の途に向かうばかりとなるのであった。

むすび

本章では日本の遣唐使が唐で体験した賓礼の様相を整理することによって、日本の賓礼について考える参考に資そうとした。「はじめに」でも述べたように、日本の賓礼は元来中国の賓礼を手本にして形成されたものであるから、類似するところも多く、比較対象となるのは当然である。しかし、A到着地での行事の入国審査のあり方は、中国語を話すことができる者が来航するという状況があるにしても、かなり国内に入ってから入国審査を行う点、来航者が審査の場所に出向く点など、四周を海に囲まれた日本での到着地のチェックとは様相を異にしているように思われる。

また到着地における勘問の様子や入京手続きの進め方も日本の到着地の機能とは相違するところがあり、地方官の外交機能や能力には留意される。[15]

但し、そうした相違点も日本の外交機構や賓礼の構築には参考になったと考えられ、九世紀における送使から領帰郷客使への変化、詩宴の導入などの背景に遣唐使が見た唐の賓礼があったものと推定されるのである。[16]本章での整理をもとに、日本の賓礼の個別要素とその全体像についてさらに検討を加えることを課題として、擱筆することにしたい。

註

(1) 黒田裕一「推古朝における「大国」意識」(『国史学』一六五、一九九八年)。

(2) 田島公「日本律令国家の「賓礼」」(『史林』六八の三、一九八五年)、石見清裕『唐の北方問題と国際秩序』(汲古書院、一九九八年)第Ⅲ部など。

(3) 東野治之『遣唐使船』(朝日新聞社、一九九九年)に概括的な説明がなされている。石見註(2)書第Ⅲ部にも随所に日本の遣唐使の事例が引載されているが、論点が充分に押さえられているとは言えないと思う。その他、古瀬奈津子『遣唐使の見た中国』(吉川弘文館、二〇〇三年)も参照。

(4) 遣唐使の次数については次のように数える(次数、任命・出発年月)。(1)舒明二年八月、(2)白雉四年五月、(3)同五年二月、(4)斉明五年七月、(5)天智四年、(6)同八年、(7)大宝元年正月任→同二年六月、(8)霊亀二年八月→養老元年三月、(9)天平四年八月任→同五年四月、(10)同十八年任→中止、(11)勝宝二年九月任→同四年閏三月、(12)宝字三年正月任→同三年二月、(13)同五年十月任→同六年四月再編→中止、(14)宝亀六年六月任→同八年六月、(15)同九年十二月任→同十年五月、(16)延暦二十年八月任→同二十二年四月→同二十三年三月、(17)承和元年正月任→同三年五月→同四年七月→同五年七月、(18)寛平六年八月任→中止。天智六年十一月の伊吉博徳らは唐本国に行っていないので除

いた。（7）を大宝度の如くに称し、（12）・（13）は宝字度①・②、（14）・（15）は宝亀度①・②として区別する。なお、表1も参照。

（5）『頭陀親王入唐略記』によると、真如親王一行は貞観四年九月七日明州望海鎮に着いた時、まず塩商人と出会い、到着地の確認を行ったことが見えており、その後、「九月十三日、明州差二使司馬李閑一点二検船上物一、奏二聞京城一」とある。

（6）榎本淳一「唐代の出入国管理制度と対外方針」（『唐王朝と古代日本』吉川弘文館、二〇〇八年）も参照。

（7）小野勝年『入唐求法巡礼行記の研究』第一巻（法蔵館、一九八九年）三七一頁～三七二頁は、「外宅」を礼賓院と見る。新日本古典文学大系『続日本紀』五（岩波書店、一九九八年）五三六頁補注は諸説を示した上で、未詳とする。なお、石暁軍「隋唐時代の四方館について」（『東方学』一〇三、二〇〇二年）は四方館は宿泊施設ではなく、通事舎人らの執務官庁であったと述べている。

（8）石見註（2）書第Ⅲ部第五・六章、「唐の国書授与儀礼について」（『東洋史研究』五七の二、一九九八年）などを参照。

（9）新日本古典文学大系『続日本紀』五（岩波書店、一九九八年）五三七頁補注。

（10）その他、『宋史』日本伝や『参天台五臺山記』巻四熙寧五年十月十五日条などによって知られる宋代の事例の検討については、拙稿「入宋僧成尋とその国際認識」（『白山史学』三九、二〇〇三年）を参照。

（11）新日本古典文学大系『続日本紀』三（岩波書店、一九九二年）五〇五頁補注。

（12）濱田耕策「唐朝における渤海と新羅の争長事件」（『新羅国史の研究』吉川弘文館、二〇〇二年）。

（13）大庭脩「唐元和元年高階真人遠成告身について」（『東西学術研究所論叢』四一、一九六〇年）、「遣唐使の告身と位記」（『古代中世における日中関係史の研究』同朋舎、一九九六年）。なお、中村裕一『唐代官文書の研究』（中文出版社、一九九一年）二七九頁～二八〇頁は、『善隣国宝記』所引元和元年勘文に引載された「又大唐皇帝勅二日本国使衛尉少卿大分等一書」により、唐の授官が虚名でない場合もあったと述べている。但し、坂合部大分は大宝度には帰国できず、次の霊亀度の遣唐使とともに帰朝しており、唐に滞在を余儀なくされたという事情があったからであるのかもしれない。

（14）王勇「「ブックロード」とは何か」（『奈良・平安朝の日中文化交流』農文協、二〇〇一年）を参照。

（15）拙稿「大宰府および到着地の外交機能」（『古代日本の対外認識と通交』吉川弘文館、一九九八年）。

(16) 拙稿「賓礼の変遷から見た日渤関係をめぐる一考察」(『日本と渤海の古代史』山川出版社、二〇〇三年、本書第二部第一章所収)。なお、渤海使の大使に対する官賞は三位クラスであり、唐における日本の遣唐使への官賞例を参照したものかもしれない。また宝亀度の唐使来日に際しては、『続紀』宝亀十年四月辛卯条によると、大宝度の遣唐使が唐において受けた入京時の儀礼が参照されている。

第二章　大宝度の遣唐使とその意義

はじめに

私は先に「遣唐使が見た唐の賓礼」（『続日本紀研究』三四三、二〇〇三年、本書第一部第一章所収。以下、前章と称する）なる論考において、日本の遣唐使が唐で受けた外交儀礼（賓礼）の流れとその要点を整理してみた。但し、前章は唐の賓礼を総体的に把握しようとしたものであり、個別の遣使事例についてその時々の日唐関係、国際情勢や日・唐双方の意図などを含めた検討を行った訳ではない。

周知のように、遣唐使に関しては、今日の通説を作った森克己氏の研究などがあり[1]、遣隋使以来の対等外交構築の努力や国際的地位の主張などが強調されている。また唐に対しては対等な立場で通交を行い、新羅・渤海などの朝鮮諸国に対しては朝貢を求める「小帝国」としての日本の姿が析出され、大宝度の遣唐使の任務は大宝律令を唐に披露し、そうした日本の立場に承認を得ることであったとする見解も呈されている[2]。

但し、対唐外交が対等外交であったと考える根拠の一つである国書不携行については、今日では遣唐使は国書を携行した可能性が高く、また遣唐使が朝貢使であったことも自他ともに認められていた事実であった点も判明している[3]。その他、「小帝国」日本のあり方とも関連する国際的地位の主張や大宝律令の披露に関しても、やはり支持し難いとする見方が有力であると思われる[4]。

しかしながら、ここで特に注目されている大宝度の遣唐使は、天智八年の派遣（『新唐書』日本伝には「咸亨元年、遣レ使賀レ平二高麗一」とある）から約三十年ぶりの遣使であり、この間の東アジア情勢を考慮するとしても、(5)遣唐使の歴史の中でも画期を成すものであったと予想される。この大宝度の遣唐使が唐の都長安を実見して、『周礼』に基づいていわば机上の理想像として構築してきた藤原京の奇矯さを悟り、北闕型の平城京造営へと転換したとも考えられており、(6)大宝律令の披露云々は疑問としても、今回の遣使の意義は大きかったと評価し得る。

このような文化摂取面だけでなく、久方ぶりの遣唐使を派遣した日本側の意図はどこにあったのか、またそれを受け入れた唐側の姿勢は如何なものであったのかといった、遣唐使の国際的位置づけにも充分な検討が必要であろう。冒頭で述べたように、こうした分析を個々の遣唐使について進めていかねばならないが、本章ではとりあえず大宝度の遣唐使をモデルに考察の視点・方法を呈示することにしたい。以下では前章で整理した賓礼のあり方などにも着目しながら、遣唐使の派遣目的とその意義を明らかにしてみたいと考える。

一　大宝度の遣唐使の概要

まず大宝度の遣唐使に関して、遣使の概要を整理することから始めたい。大宝度の遣唐使の構成員は次の如くであった。

執節使　民部尚書直大弐（従四位上相当）粟田朝臣真人
大使　左弁官　直大参（正五位上相当）高橋朝臣笠間……渡海せず
副使（→大使）右兵衛率直広肆（従五位下相当）坂合部宿禰大分

大位（→副使）参河守　務大肆（従七位下相当）許勢朝臣祖父（巨勢朝臣邑治）
中位（→大位）刑部判事進大壱（大初位上相当）鴨朝臣吉備麻呂
小位（→中位）山代国相楽郡令追広肆（従八位下相当）掃守宿禰阿賀流（明）
小商監　中宮小進従七位下　美努連（三野連）岡麿
大録　進大参（少初位上相当）錦部連道麻呂
少録　進大肆（少初位下相当）白猪史阿麻留
　　　無位　山於億良（山上臣憶良）
大通事　大津造（→垂水君）広人
　留学僧　弁正・道慈
？　伊吉連古麻呂……従八位下の位階を有し、官人か

遣唐使の任命は大宝元年正月に行われ、四月に拝朝、五月に節刀を授かり出発したのであるが、この年は筑紫に赴いたものの、「而入レ海、風浪暴険不レ得レ渡レ海」となり、結局は翌二年六月末に渡海が実行されたようである（『続紀』大宝元年正月丁酉条、四月乙卯条、五月己卯条、二年六月乙丑条）。この間、大使の高橋笠間は遣唐使をはずれて、別の職務に就くことになり、副使の坂合部大分が大使、大位の許勢祖父が副使という具合にそれぞれ昇格したらしく、美努岡麿はその際に新たに小商監（小位）として加わったものと考えられる(7)。高橋笠間は造大安寺司になり、また持統太上天皇崩御の際に御葬司の一員にも起用されている（『続紀』大宝二年八月己亥条、三年十月丁卯条）から、彼が忌避・左降された訳ではなく、むしろ国内での活躍を求められたことによるものと解される。

遣唐使の中の職階名としては、『延喜式』巻三十大蔵省の入諸蕃使の条に、大使、副使、判官、録事の四等官と史

生、雑使、傔人などの下級使節、訳語、新羅・奄美等訳語、主神、医師、陰陽師、占部、射手、音声長の如き技能者、知乗船事、船師、柂師、挟抄、水手などの船の管理・運行に関わる人々、留学生、学問僧、請益生、還学僧といった長期・短期の留学者、そして音声生、玉生、鍛生、鋳生、細工生などの技能者見習い等々が掲げられており[8]、実例にもこのような職名が見られる。しかしながら、大宝度の遣唐使の場合は、判官クラスが大・中・小位、録事クラスが大・少録と記されており、通事も大・少通事に分かれていたようである。『続紀』文武四年五月辛酉条の遣新羅使は大使・小使に次いで、大・少位各一人、大・少史各一人が任命されたとあるので、この「位」という表記は大宝令制以前の遣外使節の判官を示す用語であったと考えられる[9]。通事が大・少になっているのは、入蕃使条でも遣新羅使の職名に見えており、大宝度の遣唐使の職名が大宝令制以前の官名に基づいていることを窺わせるものである。

今回の遣使の職階名に関しては、大使の上に執節使が置かれていることも注目される。長い遣唐使の歴史の中でも、大使の上の職階が存したのは、白雉五年(六五四)二月派遣の押使高向玄理と今回の執節使粟田真人、そして霊亀度の押使多治比県守の三例だけである。これらのうち多治比県守の押使就任事情は不明のところがあり、同行した留学生には著名な人物が存するが、霊亀度の遣唐使自体の動向には特に注目すべき材料が見あたらないので、措くことにしたい。白雉五年の遣唐使は、第一回遣唐使が舒明二年(六三〇)に派遣され、その時に来日した唐使高表仁が「表仁無綏遠之才、与王争礼、不宣朝命而還」(『旧唐書』倭国伝、「王」は『新唐書』日本伝などによる)と[10]、おそらく日本側の冊封拒否による紛擾があったため、日本の遣使はしばらく間を置き、第二回目が漸く白雉四年(六五三)五月に行われたばかりのところであった。

白雉四年の遣唐使は船二隻で、第一船には大使小山上(正七位相当)吉士長丹、副使小乙上(従八位相当)吉士駒以下、学問僧道厳・道通・道光・恵施・覚勝・弁正・恵照・僧忍・知聡・道昭・定恵(中臣連鎌足の子)・安達(中臣連渠

毎の子）・道観（春日粟田臣百済の子）、学生巨勢臣薬・氷連老人（或本では学問僧知弁・義徳と学生坂合部連磐積も同行したとある）ら計百二十一人で、送使室原首御田がつき、第二船は大使大山下（従六位相当）高田首根麻呂、副使小乙上（従八位相当）掃守連小麻呂以下、学問僧道福・義向ら計百二十人、送使土師連八手という顔ぶれで構成されていた。大規模な使節団で、留学者には中央有力豪族の子弟も含まれており、前年末の難波長柄豊碕宮の完成をうけ、孝徳朝の改革が漸く軌道に乗ろうとする段階で、知識・文物を唐に求めたものと考えられる。また第二船は七月に「薩麻之曲、竹嶋之間」で漂没して僅かに五人が生存しただけであったというから、第二船は南島路開拓の使命もあったのではないかと評される所以である。[11]

白雉五年の遣唐使はやはり船二隻で、押使大錦上（正四位相当、或本では大華下とあり、従四位相当になる）高向玄理、大使小錦下（従五位相当）河辺臣麻呂、副使大山下（従六位相当）薬師恵日、判官大乙上（正八位相当、或本では小山下とあり、従七位相当になる）書直麻呂・宮首阿弥陀、小乙上（従八位相当）崗君宜・置始連大伯、小乙下（従八位相当）中臣間人連老・田辺史鳥という構成であった。『書紀』白雉五年二月条によると、「遂到二于京一奉レ観二天子一。於レ是東宮監門郭丈挙悉問二日本国之地理及国初之神名一。皆随レ問而答。」とあり、唐の賓待を受けることができたようであるが、押使高向玄理は唐で客死してしまう。白雉四年の遣唐使は前年五月に進発し、帰国はこの年の七月である（『書紀』白雉五年七月丁酉条・是月条）から、白雉五年の遣唐使は前年派遣の白雉四年の遣使の成否、またそもそも残る第一船が唐に無事到着したか否かさえ不明のままに出発したことになる。

では、押使という特別の職階を戴する白雉五年の遣唐使の遣使目的は何であったのであろうか。

a『旧唐書』巻四高宗本紀上・永徽五年（六五四＝白雉五）十二月癸丑条

倭国献二琥珀・碼碯一。琥珀大如レ斗、碼碯大如二五斗器一。

b『新唐書』巻二百二十日本伝

永徽初、其王孝徳即位、改元曰二白雉一。献二虎魄大如レ斗・碼碯如二五升器一。時新羅為二高麗・百済所一レ暴。高宗賜二璽書一、令三出レ兵援二新羅一。

c『善隣国宝記』白雉五年条所引唐録

唐録曰、高宗永徽五年、倭国使献二虎珀・馬脳一。高宗慰二撫之一。仍云、王国与二新羅・高麗・百済一接近。若有二危急一宜三遣レ使救一レ之。

今回の遣唐使は上述のように唐の賓待を受け、皇帝高宗とも謁見したようであるが、唐側の史料によると、立派な虎珀・馬脳を献じた様子が記されているとともに、高宗の璽書を与えられ、百済・高句麗の侵攻に苦しむ新羅の救援を命じられたことが知られる。六四二年、百済の義慈王による旧加耶地域の四十余城奪回、高句麗における泉蓋蘇文の専制確立と唐との対立激化・新羅への侵攻に始まる東アジアの動乱は、新羅が唐を引き込む形で、六六〇年百済の滅亡、その後の百済復興運動の興起と六六三年白村江の敗戦による百済の完全滅亡と日本の半島からの撤退、六六八年高句麗の滅亡を経て、今度は唐との戦争に入った新羅による六七六年頃の半島統一（統一新羅の成立）に帰結する。六六〇年百済滅亡までの情勢としては、第Ⅰ期六四二～六四七年・唐の三国和親の説諭と各国の対応、第Ⅱ期六四八～六五四年・新羅の唐風化政策と唐への接近、第Ⅲ期六五五～六六〇年・唐の高句麗征討と百済滅亡への過程と区分して理解することができる(12)。

白雉四、五年の遣唐使が派遣されたのは、この時期区分では第Ⅱ期ということになる。白雉四年の遣使目的は上述の通りであると考えるが、五月に遣唐使が発遣した後、『書紀』白雉四年六月条に「百済・新羅遣レ使貢二調献物一。修二治処処大道一。」とあり、百済使・新羅使の来朝があったことが知られる。『旧唐書』百済伝によると、六五一年に百済が唐に入貢した時、唐の高宗は「王所レ兼新羅之城、並宜レ還二其本国一。新羅所レ獲百済俘虜、亦遣二還王一。」、「王若不レ従二進止一、朕已依二法敏所レ請、任二其与レ王決戦一。亦令レ約二束高麗一、不レ許二遠相救恤一。」と詔し、新羅に有利な形で、両国の和解を指示している。百済がこれにどのように応えたかは不明であるが、『三国史記』百済本紀義慈王十三年（六五三）八月条に「王与二倭国一通好」と特記されているこの白雉四年の遣使以後、百済が遣唐使を派遣した記録はないから、百済としては自国に不利な和解条件を提示されて、唐に敵対する道を選択する画期になったものと考えられよう。

では、白雉五年の遣唐使は白雉四年の遣唐使の渡海後に起きたこうした百済の外交方針の決定に関する情報に起因するのであろうか。東アジア情勢の険悪化に際して、日本が唐に掛け合って、半島情勢の仲介を行おうとしたとする説も呈されているが[13]、如何であろうか。六五一年にはまた日本では『書紀』白雉二年是歳条に描かれた、来朝した新羅使の唐服着用問題が起きていた。ここでは「朝庭悪二恣移レ俗、訶嘖追還」とあり、右大臣巨勢臣徳陀古の「方今不レ伐二新羅一、於レ後必当レ有レ悔。其伐レ之状、不レ須レ挙レ力。自二難波津一至二于筑紫海裏一、相接浮二盈艫舳一、召二新羅一、問二其罪一者、可二易得一焉。」との建言もあったが、日本が具体的な行動に出た形跡はない。その後も新羅使の来朝を受け入れており、また白雉四年の遣唐使の帰国は、『書紀』白雉五年七月丁酉条「西海使吉士長丹等、共二百済・新羅送使一泊二于筑紫一。」と記され、日本は百済・新羅のうちのどちらかに肩入れすることはなく、従前からの均衡外交が保たれていたと見ることができる[14]。

とすると、白雉五年段階で日本が東アジア情勢を憂慮して、その調停を行うといった状況は考え難いのではないかと思われる。上記の時期区分では第Ⅲ期に入る六五七、八年、日本は新羅を介して遣唐留学僧の入唐を企図している（『書紀』斉明三年是歳条、四年七月是月条）が、この段階では新羅は完全に唐に依存しており、日本はそうした東アジア外交の大勢を認識していなかったと見なさざるを得ない。白雉五年の次の遣唐使となる斉明五年（六五九）の遣使は、陸奥の蝦夷男女二人を伴い、十一月一日の朔旦冬至の会に列席するなどしたが、「勅旨、国家来年必有二海東之政一。汝等倭客不レ得二東帰一」、即ち翌年の唐・新羅による百済討滅の計画が漏れるのを警戒した唐により、帰国を許されず、長安に幽閉されてしまっている（斉明五年七月戊寅条所引伊吉連博徳書）。これもまた日本が国際情勢を顧慮しないままに遣唐使を派遣したことを示す事例と言えよう。

白雉四年の遣唐使発遣後の状況として、国際情勢以外では、次のような国内情勢の変化があった。六月には国博士の一人僧旻が死去しており、この時には中大兄皇子・皇極前天皇も難波にいたようであるが、その後のいずれかの時点で、『書紀』白雉四年是歳条「太子奏請曰、欲三冀遷二于倭京一。天皇不レ許焉。皇太子乃奉二皇祖母尊・間人皇后并率皇弟等一、往居二于倭飛鳥河辺行宮一。于レ時公卿大夫・百官人等皆随而遷。」、つまり飛鳥還都を求める声が起こり、孝徳天皇は孤立してしまうのである。「大化改新」と称される孝徳朝の政治は中大兄―中臣鎌足が主導していた訳ではなく、あくまでも孝徳天皇を主体とするものであったことは別に述べた通りであり、この時点では中大兄は部民制の廃止など、急速な国内改革を進めようとする孝徳天皇の方策を全面的に支持するのではなく、むしろ「抵抗勢力」と位置づけることができる。(15) 国博士僧旻は孝徳天皇の下で改革を推進する側にあり、また『家伝』上（大織冠伝）に記されたエピソードに知られるように、中大兄に近侍する中臣鎌足とのつながりも深かったので、両勢力の均衡を維持する立場にあったものと推定される。したがって彼の死去は孝徳天皇にとって大きな痛手であったと考えられる。

白雉五年遣唐使の押使となった高向玄理は、僧旻と並ぶもう一人の国博士であった。『書紀』大化二年九月条には「遣二小徳高向博士黒麻呂於新羅一、而使レ貢レ質、遂罷二任那之調一〈黒麻呂更名玄理〉」とあり、外交面での能力も有したようである。大使の河辺臣麻呂は蘇我氏に属する豪族、副使の薬師恵日はかつての遣隋留学生で、『書紀』推古三十一年七月条の帰朝記事には「恵日等共奏聞曰、留二于唐国一学者、皆学以成レ業。応レ喚。且其大唐国者法式備定之珍国也。常須レ達。」と奏上したことが見えており、唐文化の賛仰者であった。

判官の中では、中臣間人連老は「中臣」を冠するように、中臣氏の複姓氏族であり、『万葉集』巻一―三題詞に舒明朝において「天皇遊二猟内野一之時、中皇命使二間人連老一献歌」とある人物と同一人であるとすれば、中皇命ナカツミコノミコトには「中」大兄たる中大兄皇子を指すとする説[16]、男女を問わず二番目のミコの意で、間人連氏に養育された間人皇女を示すとする説があるが[17]、間人皇后も中大兄らとともに飛鳥に戻っており、中臣間人連老が中大兄―鎌足の側と深いつながりを持つ人物であったと推定されることに変わりはない。また田辺史鳥は、『尊卑分脈』所引「藤氏大祖伝」に斉明五年生と見える藤原不比等について、「公有二所レ避事一、便養二於山科田辺史大隅等家一。其以名レ史也」と記されていることを参考にすると、既にこの頃からその父である中臣鎌足とも関係を有していたのではないかと考えられる。

以上を要するに、遣使の顔ぶれを見ると、孝徳天皇に近い高向玄理、蘇我氏の勢力につながる河辺臣麻呂、元留学生の薬師恵日、そして中大兄―中臣鎌足側と推定される中臣間人連老や田辺史鳥と、孝徳朝の政治に関わる諸勢力が混成したものであったことがわかる。それを率いるのが押使高向玄理である。したがって白雉五年の遣唐使は孝徳天皇の意志が強いものの、諸勢力が相乗りする構成になっていたことになる。その目的については特に有力な考察材料がある訳ではないが、白雉四年遣唐使第二船の漂没を受けて、孝徳天皇のさらなる知識・文物を唐に求める熱意に、諸勢力が妥協したものではないかと憶測しておきたい。つまり白雉五年の遣唐使は日本が国際情勢に的確に対応しようとしたものではなく、あくまでも日本側の事情によって主体的に派遣されたものと解するのである。上述のように、次の斉明五年の遣唐使も凡そ国際情勢に対応したものであったとは考え難く、むしろ斉明朝の飛鳥再開発や阿倍比羅夫の北方遠征が進む中で、唐文化の移入や蝦夷の披露という日本側の国内的要請に基づく遣使であったと位置づけることができる。[18]

主題である大宝度の遣唐使から随分と横道に外れたが、大使の上に押使を戴いた白雉五年の遣使、さらには遣唐使全般が、必ずしも東アジア情勢に鋭く反応しようとするものではなく、むしろ国内事情など日本側の主体性に基づく派遣事由を想定すべきではないかと考えた次第である。では、改めて大宝度の遣唐使の場合は如何であったのだろうか。

白雉五年の遣唐使に倣って、使節の構成員のあり方を見ると、執節使粟田朝臣真人は白雉四年に遣唐留学した道観に他ならないことが指摘されており[19]、その後その才能によって還俗し、律令官人としての経歴を積んだ人物であった。真人は『書紀』持統三年六月辛丑条によると、筑紫大宰の任にあり、外交的判断や饗客の職務に適う資質を有していたことが知られ[20]、また『続紀』文武四年六月甲午条では大宝律令撰定の功績に伴う賜禄に与っているから、律令の知識にも通じていたことが窺われる。

d『旧唐書』巻百九十九上日本伝

長安三年、其大臣朝臣真人来貢二方物一。朝臣真人者、猶二中国戸部尚書一。冠二進徳冠一、其頂為レ花、分而四散。身服二紫袍一、以レ帛為二腰帯一。真人好レ読二経史一、解レ属レ文、容止温雅。則天宴二之於麟徳殿一、授二司膳卿一。

そして、dによると、真人は中国風の衣冠を帯し、中国的教養を有する人物で、「容止温雅」と唐でも高く評価されたことがわかるので、こうした人格・教養を考慮した任用であったことが推定される。

大使に昇格した坂合部宿禰大分については前後の経歴が不明であるが、坂合部氏としては斉明五年の遣唐使でも石布が大使になっており（『書紀』斉明五年七月戊寅条）、また白雉四年に遣唐留学したという磐（石）積は後に新字一部四十四巻を造るなどの業績を残し（天武十一年三月丙午条）、外交や学問分野での活躍も知られる。[21]大分自身は当時右兵衛率であり、武官的活動を主とした人物であったのかもしれない。大分は今回の遣唐使とともに帰朝することができず、唐に滞留を余儀なくされ、次の霊亀度の遣唐使に随伴して帰国することになるのであるが（『続紀』養老二年十二月甲戌条）、唐に滞留した分だけ、彼は唐の人々に遣唐使人の一つのイメージを残している。『朝野僉載』巻四には朝廷の高官に次々と綽名をつけて左遷された魏光乗（本名哲）の話が掲載されており、そこで彼は「舎人呂延嗣長大少髪、目為二日本国使人一」と評したという。[22]この「長大少髪」は大分の風貌を窺わせるものであり、遣唐使の容姿が知られる稀有の史料となる。大分は武官の帯官通り、頑丈な体格をしており、坂合部氏の伝統とともに、そうした容貌も大使への起用の一因であったと考えられる。

　許勢朝臣祖父（巨勢朝臣邑治）は孝徳朝～斉明朝の左大臣徳陀古の孫であるが、『書紀』持統七年四月辛巳条の内蔵允大伴男人の贓に坐し、「監物巨勢邑治雖二物不一レ入二於己一、知レ情令レ盗之故、降二位二階一解二見任官一」という事件が目立つくらいで、帰国後は中納言にまで昇るものの、その官歴に大きな特色は見られない（白雉四年の留学生巨勢臣薬を出した一族ではあるが）。鴨（賀茂）朝臣吉備麻呂も帰国後に玄蕃頭になったことが特筆される程度で（『続紀』和銅元年三月乙卯条）、遣唐使に起用された特段の理由は不明とせねばならない。掃守宿禰阿賀流は山城国相楽郡の郡司の肩書を有し、地方豪族が遣唐使に登用された唯一の事例である。但し、掃守氏は欽明・敏達紀に見える高句麗使賓待のための相楽館を管理し（『書紀』欽明三十一年七月是月条、敏達元年五月壬寅朔条）、白雉四年遣唐使第二船の副使や遣新羅使を出すなど、外交面での能力を持つ豪族であった。[23]また畿内郡司氏族の通例として、中下級官人と在地豪族の二面性を有しており、[24]中央の用務に就くのはそれ程異例な事柄ではなかったと考えられる。

　その他、白猪史阿麻留は、ヤマト王権の財政や文筆面で活動する伝統を有する渡来系氏族の一員で、同族の骨（宝然）は遣唐留学を経て、大宝律令編纂にも参画していた（『書紀』天武十三年十二月癸未条、『続紀』文武四年六月甲午条）。伊吉連古麻呂は斉明五年遣唐使など外交分野で活躍した伊吉連博徳の関係者と推定される。そして、山上憶良に関しては不明の部分が多いが、和珥氏系の豪族であり、小野氏とともに学問・対外交流に活躍する家系・一族で、今回の起用は執節使で同族の粟田真人の推挙によるところが大きいと見るのが有力な見解であろう(25)。

以上、大宝度の遣唐使の構成員は、執節使粟田真人を筆頭に、大宝律令編纂への参画者か、その関係者、自らが入唐経験を有するか、あるいは同族にそうした経歴を持つ者がいて、対外交流を担う伝統を有する一族に属する者、またそうした条件に加えて、唐文化を体現する個人的資質も考慮された編成であったと解され、入唐するのに恥ずかしくない人選が行われていたことが窺われる。一行は大宝元年五月頃に出発したようである（『続紀』大宝元年五月己卯条）が、この年は風浪暴険のために渡海できず、筑紫に滞在し、翌大宝二年六月についに進発している（大宝二年六月乙丑条）。今回は無事に渡海し、楚州塩城県界に到着することができた（慶雲元年七月甲申朔条）。その後、『続紀』宝亀十年四月辛卯条には「又奏曰、往時遣唐使粟田朝臣真人等発レ従二楚州一到二長楽駅一、五品舎人宣レ勅労問。此時未レ見二拝謝之礼一。」という先例が記されており、長安に入城し、dに描かれたような賓待を受けるのである。

『万葉集』巻一―六二「三野連〈名闕〉入唐時春日蔵首老作歌」の「在根良　対馬乃渡　渡中尓　幣取向而　早還許年」によると、「対馬乃渡」、即ち五島列島の美禰良久の埼から東シナ海を横断したものと考えられる(26)。唐からの帰朝は、佐伯と号する執節使粟田真人の船は慶雲元年七月に無事帰国した（『続紀』慶雲元年七月甲申朔条、同三年二月丙申条）が、副使巨勢邑治や鴨吉備麻呂・伊吉古麻呂らの帰国は慶雲四年三月（慶雲四年三月庚子条、五月壬子条）、そして大使の坂合部大分は上述のように今回の帰国は叶わず、次の霊亀度の遣唐使の帰朝とともに漸く帰国することができており、辛苦したことが知られる。上掲の春日蔵首老の歌の『万葉集』西本願寺本書き入れには、「国史云、大宝元年正月遣唐使民部卿粟田真人朝臣已下百六十人、乗二船五隻一、小商監従七位下中宮小進美努連岡麿云々。」とあるが、船は真人、邑治、大分の三隻以上はまちがいないとしても、五隻で百六十人という数字は疑問であり、四隻で六百人前後という後の遣唐使の平均的なものであったと見るのが妥当であろう(27)。

では、今回の遣唐使は如何なる目的・意図で発遣されたのであろうか。この点については当該国史には特段の記述はなく、遣唐使の唐での行為や当時の国際情勢との関係如何、また日・唐双方の意志などを考究する必要があり、節を改めてそれらの検討を進めたい。

二　賓礼をめぐる問題

遣唐使に対する唐の賓礼については前章で整理したところであり、大宝度の遣唐使に関しては、史料dの如く、則天武后による内朝たる麟徳殿での対見や官賞などが知られる（その他、『通典』巻百八十五辺防一・倭、『新唐書』巻二百二十日本伝、『唐会要』巻百日本国条もほぼ同内容）。今回の賓礼に関連して、その後東洋大学文学部史学科の高橋継男教授により次の新史料の存在について御教示を得たので、それを紹介・検討することにしたい。

e徐州刺史杜嗣先墓誌

公諱嗣先、京兆人也。高祖、魏龍驤将軍・豫州刺史・恵公諱遇、字慶期、晉鎮
南大将軍・當陽侯預之六代孫。預生新平太守躋。躋生南陽太守冑。冑生
燕郡太守嶷。嶷生中書侍郎・新豊侯銓。銓生中書博士振。振生遇。有賜田
于洛邑、子孫因家于河南之偃師焉、凡四代矣。曾祖周新城太守琳。祖隋

朝散大夫・行昌安縣令歆。考　皇朝滑州長史業。公少好経史、兼屬文筆、心無偽飾、口不二言。由是郷閭重之、知友親之。年十八、本州察孝廉。明慶三年、釋褐蔣王府典籤。麟徳元年、河南道大使・左相竇公旌節星移、州郡風靡。出轘轅之路、入許潁之郊、官僚之中、特加禮接。時即表薦、馳驛就徵。遂於合璧宮引見、　制試乾元殿頌。即降　恩旨、授昭文館直學士。借馬羿人、仍令於洛城門待　制。尋授太子左率府倉曹參軍、又除國士監主簿。□入芳林門内、與學士高若思・孟利貞・劉褘之・郭正一等供奉。咸亨元年、　鑾輿順動、避暑幽岐。沛王以　天人之姿、留守監國。遂降　勅日、駕幸九成宮。□令學士劉褘之・杜嗣先於沛王賢處參侍言論。尋授雍王記室參軍、與侍讀劉訥言・功曹韋承慶等參注後漢。上元二年、藩邸昇儲、元良貞國。又遷太子文學、兼攝太子舍人。永崇元年、以宮僚故事、出為鄆州鉅野縣令、又除幽州薊縣令。還私後、除汝州司馬、又除蘇州呉縣令。尋加朝散大夫、簡州長史入計。又除太子洗馬・昭文館學士、又遷給事中・禮部侍郎。以前數官、咸帯學士。其所撰兎園策府及雜文筆、合廿卷、見行于時。每至朝儀有事、禮申大祀、或郊丘展報、或　陵廟肅誠、上帝宗於明堂、法駕移於京邑。元正獻壽、南至履長、朝日迎於青郊、神州奠於黒座。公凡一攝太尉、三攝司寇。重主司空、再入門下。或獻替於常侍、或警衛於參軍。典禮經於太常、修圖書於大象矣。又屬　皇明遠被、日本来庭。有　勅令公與李懐遠・豆盧欽望・祝欽明等賓于蕃使、共其語話。至神龍元年、又除徐州刺史。預陪祔　廟、恩及追尊、贈公皇考滑州長史。公於是従心自逸、式就懸車。立身揚名、其徳備矣。蔵舟變壑、歸居奄及。粤以先天元年九月六日、薨于列祖舊墟偃師之別第。春秋七十有九。以二年二月二日、與夫人鄭氏祔葬于洛都故城東北首陽原當陽侯塋下、禮也。孤子貝州司兵維驥、失其孝養、痛貫骨髄、伏念　遺訓實録誌云。

これは近年中国史研究の中で注目されている石刻資料の一つで[28]、台湾の石刻資料研究者として著名な葉國良氏の著書『石學續探』（大安書店、一九九九年刊）一二七〜一二九頁に掲載されているものである。大宝度の遣唐使に関わる史料は後述の僅かな部分であるが、日本史研究者には殆ど知られていない史料であると思われるので、参考のために全文を掲げた。葉氏の説明によると、「一九九二年、余在臺北古玩店「寒舍」、見原石及其妻墓石實物、因引筆抄録」とあり、体裁・内容については既に葉氏が考証されているように、充分に信頼すべきものと位置づけることができる。なお、六行目末尾〜七行目の「明慶三年」は「顯慶三年」（六五八）、十五行目の「永崇元年」は「永隆元年」（六八〇）のことで、これらは中宗の諱「顯」、玄宗の諱「隆」を避けた措置で、ともに類例が存し、玄宗治下の先天二年（七一三）の墓誌作成の時代と適合している。

その点はさて措き、ここで大宝度の遣唐使に対する唐側の賓礼として注目したいのは、二十二〜二十四行目の「又屬　皇明遠被、日本来庭。有　レ勅、令下公與二李懐遠・豆盧欽望・祝欽明等一賓二于蕃使一、共レ其語話上」という記述である。葉氏が考証しているように（一三〇頁）、嗣先とともに賓待に与ったという李懐遠は、神龍二年（七〇六）、杜嗣先は先天元年（七一二）に死去しており、年次を追って記されている経歴からいっても、ここに登場する「日本来庭」は大宝度の遣唐使を指すものと解される。葉氏が「共語者皆耆老、時杜嗣先六十八、李懐遠・豆盧欽望則前宰相也、豈不彬歟！　此段佳話、史不載、頼誌知之」（一三〇〜一三一頁）と評価されるように、極めて興味深い史料と言えよう。なお、『旧唐書』巻九十の伝によると、欽望は長寿二年（六九三）以前に司賓卿、証聖元年（六九五）に司礼卿になっていることがわかり、そうした経歴も考慮しての起用であったと考えられる。

　では、このような国家の宿老・碩学たちが日本の遣唐使を賓待し、談話するというのは、どのような賓礼の場面における行為であったのだろうか。『大唐開元礼』などに記された唐の賓礼の中には、こうした礼式は見出し難いところである。(29) 今、前章で整理した遣唐使が体験した唐の賓待（A到着地での行事、B京上までの過程、C入京時の郊労、D館への安置、E皇帝との会見（i（国書）・国信物の奉呈、ii礼見、iii対見）、F諸行事への参加、G饗宴・官賞、H交易・その他、I辞見、J送使の派遣）の中で、京内において唐側の官人が来訪・応対する場面を見てみると、次のようになる。

C…「到二長安一。即遣二内使趙宝英一、将レ馬迎接。」（『続紀』宝亀九年十一月乙卯条）、「内使趙忠、将二飛龍家細馬廿三匹一迎来、兼持二酒脯一宣慰。駕即入二京城一。」（『後紀』延暦二十四年六月乙巳条）

D…「即於二外宅一安置供給。特有二監使一、勾二当使院一。頻有二優厚一、中使不レ絶。」（『続紀』宝亀九年十月乙未条）、「於二外宅一安置供給。特有二監使一、高品劉昴勾二当使院一。」（『後紀』延暦二十四年六月乙巳条）

E…i「国信別貢等物、附二監使劉昴一進二於天子一。」（『後紀』延暦二十四年六月乙巳条）、ii「奉レ覲二天子一。於レ是東宮監門郭丈挙悉問二日本国之地理及国初之神名一。」（『書紀』白雉五年二月条）

F…「時将軍呉懐実見二知古麻呂不レ肯色一、即引二新羅使一次二西畔第二一、吐蕃下一、以二日本使一次二東畔第一一、大食国上一。」（『続紀』勝宝六年正月丙寅条・争長事件）

G…「即於二内裏一設レ宴。官賞有レ差。別有二中使一、於二使院一設レ宴。酣飲終日。中使不レ絶、頻有二優厚一。」（『後紀』延暦二十四年六月乙巳条)、「大使藤原清河拝二特進一、副使大伴宿禰胡萬拝二銀青光録大夫光録卿一、副使吉備朝臣真備拝二銀青光録大夫秘書監一。及衛尉卿朝衡等致レ設也。」(『東大寺要録』巻一所引延暦僧録第二勝宝感神聖武皇帝菩薩伝〈以下、延暦僧録と略称する〉)

H…「又勅命二朝衡一領二日本使一、於二府庫一一切処遍宥。」(『延暦僧録』)、「天宝十二載歳次癸巳十月十五日壬午、日本国大使特進藤原朝臣清河(中略)、衛尉卿安倍朝臣朝衡等来至二延光寺一、白二和上一云、(下略)」(『唐大和上東征伝』)、「天平勝宝四年大丘随レ使入レ唐、問二先聖之遺風一、覧二膠庠之余烈一。国子監有二両門一、題曰二文宣王廟一。時有二国子学生程賢一、告二大丘一曰、(下略)」(『類聚三代格』巻十景雲二年七月三十日官符)

I…「又有二内使一、宣レ勅曰、特進秘書監藤原河清、今依二使奏一、欲レ遣二帰朝一。唯恐残賊未レ平、道路多レ難。元度宜下取二南路一、先帰復命上。即令下中謁者謝時和押二領元度等一向中蘇州上。」(『続紀』宝字五年八月甲子条)、「監使高品宋惟澄、領二答信物一来、兼賜二使人告身一。宣レ勅云、(中略)事畢首途。勅令下内使王国文監送、至二明州一、発遣上。」(『後紀』延暦二十四年六月乙巳条)

G・Hの事例に見える勝宝度の遣唐使に対する朝衡(阿倍仲麻呂)の応接は例外的なものと考えられるので、これを除くと、殆どは宦官クラスの者が皇帝の命を受けて派遣され、応接にあたっていることがわかる。[30] 日本側の規定としては、公式令駅使至京条「凡駅使至レ京、奏二機密事一者、不レ得レ令二共レ人語一。其蕃人帰化者、置レ館供給、亦不レ得二任来往一。」があり(対応唐令条文の存否は不明)、集解朱説には「朱云、蕃人帰化、謂使并化来不レ論、置レ館供給皆同者。来往、謂如レ言二出入一也。」と説明されているから、客館への勝手な訪問は禁止されていたものと考えられる。唐にも衛禁律越度縁辺関塞条に私交易の禁止や職制律漏世大事条に「漏二世於蕃国使者一、加二一等一。」などと、外交使節との自由な交流は認められていなかったと思われる規定が存する。こうした中で唐の官人が日本の遣唐使と席を共にする可能性があるのは、Gの中の朝廷における饗宴の場が一つの候補として想定されてくるのである。

f『三代実録』元慶七年五月五日条

天皇御二武徳殿一、覧二四府騎射及五位已上貢馬一。喚二渤海客徒一観レ之。賜二親王・公卿続命縷一。伊勢守従五位上安倍朝臣興行引レ客、就レ座共食。別勅賜二大使已下録事已上続命縷、品官已下菖蒲蘰一。（下略）

g『三代実録』元慶七年五月十日条

於二朝集堂一、賜二饗渤海客徒一。大臣已下就二東堂座一、択下五位已上有二容儀一者卅人上、侍二堂上座一。従五位下左衛門権佐藤原朝臣良積引レ客、就二西堂座一共食。元所レ定侑レ食者、謝レ障不レ出、良積依レ有二儀貌一、俄当二此選一。大使裴頲、欲レ題二送詩章一、忽索二筆硯一。良積不レ閑レ属レ文、起レ座而出、頲随止矣。勅遣二中使従五位下行右馬助藤原朝臣恒興一、賜二御衣一襲大使裴頲一、賞二裴頲高才有二風儀一也。

f・gは日本における渤海使賓待の事例で、九世紀前半の外交システム整備後の様態を示すものであるが[31]、饗宴の場に共食者という形で外交使節を賓待するに相応しい人物が起用されていることが窺われる。『三代実録』元慶七年四月二十一日条には「以二従五位上行式部少輔兼文章博士加賀権守菅原朝臣道真一、権行二治部大輔事一、従五位上行美濃介嶋田朝臣忠臣権行二玄蕃頭事一。為レ対二渤海大使裴頲一、故為レ之矣。」とあり、文人として著名な渤海大使を迎える準備万端を整えていた筈であったが、gによると、容儀は立派であるものの、「不レ閑レ属レ文」という人物が起用されて、かえって相手に名をなさしめるという手違いも生じている。

大宝度の遣唐使の執節使粟田真人はdによると、「好レ読二経史一、解レ属レ文、容止温雅。」と高く評価されているが、これは実際に彼に接した唐側の官人の観察をふまえてのものであったと推定される。そこにeの杜嗣先の如き学識経験豊かな人物との交流を考えるのであり、粟田真人の人物評価を行うに相応しい人選がなされたものと位置づけることができるのである。以上、eについてはこのような賓礼上の理解を施してみたいと思うが、関連して次の史料にも言及しておきたい。

h『続紀』和銅二年五月壬午条

宴二金信福等於朝堂一、賜レ禄各有レ差。并賜二国王絹廿疋・美濃絁卅疋・糸二百絇・綿一百五十屯一。是日、右大臣藤原朝臣不比等引二新羅使於弁官庁内一、語曰、新羅国使、自レ古入朝、然未下曾与二執政大臣一談話上。而今日披晤者、欲下結二二国之好一成中往来之親上也。使人等即避レ座而拝、復レ座而対曰、使等本国卑下之人也。然受二王臣教一得レ入二聖朝一、適従二下風一、幸甚難レ言。況引升二榻上一、親対二威顔一、仰承二恩教一。伏深欣懼。

hの新羅使に関しては、大宝以後の新羅側からの積極的遣使が低調になる時期であり、また金信福が官位を記されず、「貢二方物一」(『続紀』和銅二年五月乙亥条)と見えることから、「慶雲二年(七〇五)の一吉飡金儒吉以来、しばらく新羅の使者の来朝をみなかったから、日本王廷が新羅人の金信福を「朝貢使」と誤認して喚び入れたのかも知れない」とする解釈も示されている。[32] この点はさて措くとして、当時上席の左大臣石上麻呂が存していた(麻呂が薨去するのは『続紀』養老元年三月癸卯条)にもかかわらず、右大臣藤原不比等が応接したことについては、既にこの時期には不比等が政治・外交の主導権を掌握していたものと解せられる所以である。[33] またhに関しては、これを「大臣外交」の一例と見なし、職員令太政官条の左大臣の職掌の箇所の集解古記に「朝聘者、経二六歳一聘一年也。(下略)」とあるのに依拠して、大宝令文では実際の外交交渉や外交事務の場面で太政官・大臣が外交の重要な一端を担うことが認められていたことに基づく行為と位置づける見解も存する。[34]

但し、職員令太政官条の大宝令文の復原については、やはり「朝聘」の語句は治部省条からの混入と考える方がよく、[35] また「大臣外交」の概念に関しても、大臣蘇我蝦夷が畝傍家に百済使を喚び(『書紀』皇極元年四月乙未条)、左大臣長屋王が佐保宅で新羅使を饗した（『懐風藻』）ように、執政の大臣が外交権を行使する行為を指すものとし、九世紀以降はgの如き朝集院（堂）での臣下の饗宴につながるような執政大臣の私宅での賜宴に限定して解した方がよいと思われる。そして、hのような朝廷内での高官による対語は他に例がないことを考慮する時、hはあるいは大宝度の遣唐使がeの如き賓待を受けたことにより、日本でもそのような儀礼の執行が模索されたものと位置づけることができるのかもしれない。この理解によると、hは不比等の外交権掌握云々と直結しなくなるが、唐とは異なり、現役の右大臣が応接した点には、やはり議政官中の能力・権能から最も相応しい人物が事にあたったとも見られない訳ではないことを申し添えておきたい。

以上を要するに、eは大宝度の遣唐使が受けた唐の賓礼の新史料として採択することが可能であり、その礼式は一例のみではあるが、遣唐使帰国後のhの事例に試行されていたと考えるのである。このような新史料の付加も得て、大宝度の遣唐使の派遣目的は奈辺にあったのだろうか。最後にやはり遣唐使に対する唐側の位置づけや当時の国際情勢のあり方などを検討し、大宝度の遣唐使の史的意義について考察をまとめておきたい。

三　日唐の外交意識

大宝度の遣唐使が日本側の主体的意志によって発遣されたものと見るべきことは、第一節で述べた通りであるが、この三十年ぶりの遣使を受け入れた唐の国際情勢把握は如何なるものであったのであろうか。また日本側の主体的意志形成の背景にはどのような国際認識が存したのであろうか。ここでは日唐双方の外交意識を考究することによって、遣唐使の派遣目的やその意義などを探ることにしたい。

i 『続紀』慶雲元年七月甲申朔条

正四位下粟田朝臣真人自二唐国一至。初至レ唐時、有レ人来問曰、何処使人。答曰、日本国使。我使反問曰、此是何州界。答曰、是大周楚州塩城県界也。更問、先レ是大唐、今称二大周一、国号縁レ何改称。答曰、永淳二年天皇太帝崩、皇太后登位、称号二聖神皇帝一、国号二大周一。問答略了、唐人謂二我使一曰、亟聞、海東有二大倭国一、謂二之君子国一。人民豊楽、礼儀敦行。今看二使人一、儀容大浄。豈不レ信乎。語畢而去。

iによると、日本側は遣唐使発遣時には東アジアの国際情勢、特に唐の現況を充分に認識していなかったようであるが、当時の唐は則天武后の統治下にあり、垂拱元年（六八五）から国号を周と改めていた。粟田真人が帰朝報告を行った慶雲元年＝長安四年（七〇四）に則天武后は死去しており、時あたかも則天武后の時代の最末期であったのである。この則天武后治下の唐の国際関係としては、北方の突厥、西方の吐蕃の入寇問題があり、唐の東方への関心は低かったと考えられている[36]。日本とは異なって八世紀代に連年のように唐に入貢する新羅に関しても、六八六年に遣使して「吉凶要礼」の下賜に与る頃から、統一新羅成立時の対唐緊張関係の修復が図られていたが、その後も六九二年には太宗武烈王（金春秋）の「太宗」号改訂の指示が唐から示されるなどの出来事もあり（『三国史記』新羅本紀神文王十二年条、『三国遺事』巻一太宗春秋公条）、六九三年唐の神文王弔慰と孝昭王に対する冊立の使者来訪を受け入れるものの、新羅からの積極的通交は行われておらず、次の聖徳王代になって漸く七〇三年正月に遣唐使が派遣されている（『三国史記』新羅本紀聖徳王二年正月条）。この聖徳王代に新羅は対唐外交の書表を掌る通文博士の設置や領客典の整備を行っており（『三国史記』新羅本紀聖徳王十三年二月条、巻三十八志七（職官上）領客府条）、本格的な対唐外交が展開することになるのである[37]。

j 『唐会要』巻百聖暦三年（七〇〇）三月六日勅

東至二高麗国一、南至二真臘国一、西至二波斯・吐蕃及堅昆都督府一、北至二契丹・突厥・靺鞨一、並為二入番一。以外為二絶域一。其使応レ給料、各依レ式。

唐においても、『唐会要』巻百証聖元年（六九五）九月五日勅の蕃国使入朝に対する糧料給付規定では、天竺・波斯・大食・尸利仏誓・真臘・訶陵・林邑は登場するが、東方諸国は全く見えず、この方面への関心の少なさを窺わせる状況であったのに対して、jの段階で高句麗・靺鞨などが出現し、六九八年の渤海建国などもふまえて、東方諸国に対する外交の立て直しに着手されたことが看取される[38]。iによると、日本は唐から周への国号変更を知らなかったし、また上記のように新羅と唐の通交も活発とは言えない状況であったから、新羅を通じて唐をめぐる国際情勢や外交方針のあり方について知識を得る環境にもなかったと思われる。しかしながら、大宝元年（七〇一）に発遣が計画され、実際には翌年に唐に到着した日本の遣唐使は、正にこうした唐の外交方針の変化に適うものであり、唐側としては大いに関心を抱く所以があったと見なされる。これがd・eの如き賓待を施す唐側の立場であったのである。

では、日本側はどのような要請で三十年ぶりの遣唐使派遣を決定したのであろうか。この点については史料上の明証を得ることは難しいが、「はじめに」で述べたように、大宝律令の披露や国際的地位承認の要求という考え方が成立困難となった現段階では、日羅関係の変化により、唐との通交回復も視野に入れたものとする見方や律令編纂の際に表面化した法技術的な問題の解決を図るためとする見解が呈されており[39]、基本的にはそうした方向で考えるのがよいと思われる。日羅関係の推移について述べれば、確かに六九七年までは新羅からの遣使が連年のように行われていたが、以後は新羅使の来日に間隔が生じ、また日本側からの働きかけによって来航するように変化していることがわかる[40]。『続紀』大宝元年正月乙亥朔条「天皇御二大極殿一受レ朝。其儀於二正門一樹二烏形幢一、左日像・青龍・朱雀幡、右月像・玄武・白虎幡。蕃夷使陳二列左右一。文物之儀、於レ是備矣。」と記された盛儀も、文武四年五月辛酉条任命の遣新羅使派遣による新羅使の来日を得てのものであった。

こうした新羅の外交姿勢の変化については日本側は充分に感知していなかったのかもしれないが、大宝律令の制定に伴って、本家本元たる唐を実見し、直接に唐から学ぶことも必要であり、久方ぶりの遣唐使派遣が計画されたものと考えられよう。「はじめに」で触れた長安の実見など、日本としても唐から直接学ぶべき事項は多かった。但し、上述のように、新羅もこの頃から唐への通交を頻繁に行うようになっており、日本の遣唐使派遣はむしろ新羅の目を一層唐に向けさせ、その後の日羅関係にとっては改善の要素にならなかったという結果になっている(41)。日本としては唐との通交を緊密にするつもりはなく、その後の遣唐使も八世紀には二十年に一度くらいの間隔であった。しかしながら、日本が直接唐と通交することは新羅には対処を求められる事態と映じ、唐の東方への関心惹起とも相俟って、新たな東アジアの国際関係の構築につながったことは、大宝度の遣唐使の意図せざる一つの効果であったと評さねばならない。

このような大宝度の遣唐使に対して、それを受け入れた唐側の国際関係上の評価は如何であったのだろうか。

k『善隣国宝記』元永元年条所引元永元年勘文

(上略)勘下隋唐以来献二本朝一書例上曰、推古天皇十六年、隋煬帝遣二文林郎裴世清一、使二於倭国一、書曰、皇帝問二倭皇一云云。天智天皇十年、唐客郭務悰等来聘、書曰、大唐帝敬問二日本国天皇一云云。天武天皇元年、郭務悰等来、安二置大津館一、客上書函題曰、大唐皇帝敬問二倭王一書。又大唐皇帝勅二日本国使衛尉少卿大分等一書曰、皇帝敬到〔致〕二書於日本国王一。(下略)

上述のように、大宝度の大使坂合部大分は今回は帰朝することができず、次回の霊亀度の遣唐使帰朝とともに日本に戻ることができた(『続紀』養老二年十二月甲戌条)。この大分の帰国の際に唐側が付託した国書の文言がkに見えている。国書の書式は唐の国際的位置づけを反映するものであり、唐が日本をどのように認識していたかを知り得る材料になるのである。その検討は別に試みたところであるが、[42] kや天平度の遣唐使に付された『唐丞相曲江張先生文集』巻七「勅日本国王書」などによって、唐の日本に対する国書の書式を整理すると、表2のようになる。

唐の国書の書式は、〔a〕慰労制書＝「皇帝（敬）問某」の形式、「璽書」・「勅書」とも称する、〔b〕論事勅書＝「勅某」の形式、〔a〕よりも劣る相手に出す、の二つがあり、いずれも皇帝が臣僚に下す文書であった。また〔c〕「致書」は、対等関係を示す国家間の文書であり、君臣関係がない場合にも用いられるものであることが指摘されている。[43] この見解をふまえて表2を見ると、唐の国書は大宝以前の〔a〕から、大宝以後は〔c〕→〔b〕→〔a〕と変化し、〔a〕に落ち着いたと考えることができよう。jに規定されているように、大宝度の遣唐使派遣の当時は日本は絶域であり、その扱いは未定で、当初は君臣関係を示さない〔c〕、次いで朝貢国として〔b〕→〔a〕となったと理解されるのである。即ち、唐は三十年ぶりの日本の遣使をどのように評価すべきかは慎重を期したのであり、それはeの如き使者の「品定め」を探る方途にも窺われるものと思われる。

l『旧唐書』巻百九十九上日本国伝

日本国者、倭国之別種也。以㆔其国在㆓日辺㆒、故以㆓日本㆒為㆑名。或曰、倭国自悪㆓其名不㆒㆑雅、改為㆓日本㆒。或云、日本旧小国、併㆓倭国之地㆒。其人入朝者、多自矜㆑大、不㆓以㆑実対㆒。故中国疑焉。

iによると、「日本」という国号が唐に認知されたのは、この大宝度の遣唐使においてであったことがわかる。しかしながら、lによれば、唐側には国号変更の理由について不審な点が残っていたこともまた事実であった。この問題について日本の使人は明確な説明を行わなかったようであり、唐側には拭い切れない疑問が残り、日本に対する評価を保留せざるを得なかったのではないかと考えられる。

表2　隋・唐から日本に宛てた国書

年次	使人名	概　要　・　出　典　等
推古16	隋使裴世清	「皇帝問倭王」〔a〕／『善隣国宝記』所載元永元年諸家勘文所引「経籍後伝記」
舒明4	唐使高表仁	（日本を冊封する国書があったか）
白雉5	遣唐使(3)	高宗の「璽書」〔a ヵ〕（新羅救援命令）／『新唐書』日本伝
天智3	唐使郭務悰	表函を進める／『書紀』天智3年5月甲子条◎『善隣国宝記』天智3年条所引「海外国記」～「将軍牒書」（＝百済鎮将の牒）を進上
天智4	唐使劉徳高	表函を進める／『書紀』天智4年9月壬辰条
天武1	唐使郭務悰	「大唐皇帝敬問倭王書」〔a〕／『書紀』によると，郭務悰は天智10年11月来日，天武元年4月に書函を進めており，kのうちで当時の用語・書式として相応しい後者を採択した
養老2	遣唐使(8)	「皇帝敬到〔致〕書於日本国王」〔c〕／k
天平8	遣唐使(9)	「勅日本国王主明楽御徳」〔b〕／『曲江集』巻7
勝宝4	遣唐使(10)	「懐敬問之詔」（「皇帝敬問」ヵ）〔a〕／『文苑英華』巻268王維「送秘書晁監（阿倍仲麻呂）還日本国并序」
宝亀10	唐使孫興進	唐朝書を上る／『続紀』宝亀10年5月癸卯条
延暦24	遣唐使(16)	勅書〔a ヵ〕函を附す／『後紀』延暦24年6月乙巳条
承和6	遣唐使(17)	大唐勅書〔a ヵ〕を奏す／『続後紀』承和6年9月乙未・丙申条

一方、国号変更の正確な事情は日本側でもわからなくなったところがあり、後代になって『釈日本紀』巻一開題の「問、大唐謂二此国一為レ倭。而今謂二日本一者、是唐朝所レ名歟、将我国自称歟。」の如き発問がなされている。これに対しては「答、延喜講記曰、自レ唐所レ号也。隋文帝開皇中、入唐使小野妹子、改二倭号一為二日本一。然而依三隋皇暗二物理一、遂不レ許。至二唐武徳中一、初号二日本之号一。」と、唐からの命名であるとの回答が示されている。同様の議論は『日本書紀私記（丁本）』にも存し、「参議又問云、倭国在二大唐東一。雖レ見二日出之方一、今在二此国一見レ之、日不レ出二於城中一。而猶云二日出国一歟。」という疑問に対して、「博士答云、文武天皇大宝二年者当二大唐則天皇后久視三年一也。彼年遣二使粟田真人等一入二朝大唐一。即唐暦云、是年日本国遣レ使貢献。日本者、倭国之別名者。然則唐朝以レ在二日出之方一、号云二日本国一。東夷之極、因得二此号一歟。」との見解が呈されているのであった。十世紀初の延喜講書の段階では既にこうした意見が示されており、日本側にも国号変更の理由説明は曖昧な知識しかなく、「論理的」見地から如上の考え方が創出されたものと思われる。

以上を要するに、大宝度の遣唐使の政治・外交上の課題は不明とせねばならず、広く文化・文物導入のためと評さざるを得ないところである。こうした様態は以後の遣唐使にも概ね該当するものと思われる。宝字三年の迎入唐大使(藤原河清)使高元度の如く、政治・外交上の特定の課題を有して入唐する事例は稀れであり(『続紀』宝字三年二月戊戌朔条)、この元度の帰朝に伴って、「初高元度自レ唐帰日、唐帝語之曰、属二禄山乱離一、兵器多亡。今欲レ作レ弓、交要二牛角一。聞道、本国多有二牛角一。卿帰レ国、為求使次相贈。故有二此儲一焉。」(宝字五年十月辛酉条)という課題の下に遣唐使派遣が計画されたが、何度かの渡海失敗を経て、結局は「唐国荒乱、両家争レ雄、平殄未レ期、使命難レ通」として中止が決定されている(宝字七年正月庚申条)。これは安史の乱をふまえた藤原仲麻呂政権下のかなり特殊な事例と見ることができ、その仲麻呂を以てしても、唐との政治・外交的関係を形成するのは容易なことではなかった訳である。

むすびにかえて

本章では大宝度の遣唐使について、その構成員、派遣時の日・唐双方の国際情勢認識のあり方、唐側の賓礼挙行の様子、日・唐それぞれの対外意識などから考察を試みた。遣唐使派遣の目的には国際情勢や唐側の状況をふまえた様子、あるいは政治・外交上の課題といったものは見出し難く、文化・文物導入という地味な評価を与えざるを得ないところである。政治・外交上の問題があれば、もう少し遣唐使の意義を究明できたのかもしれないが、むしろそうした課題に拘束されることなく、ある程度自国のペースで遣使が可能であった点にこそ、日本の遣唐使の特色が存したと言うことができるのかもしれない。

今回は遣唐使の賓礼に関する新史料の検討も兼ねて、大宝度の遣唐使を分析してみたが、上記のような指標項目に依拠して、それぞれの遣唐使について考究することを課題として、擱筆することにしたい。

註

(1) 森克己『遣唐使』（至文堂、一九六六年）、『続日宋貿易の研究』（国書刊行会、一九七五年）など。

(2) 石母田正「天皇と「諸蕃」」（『日本古代国家論』第一部、岩波書店、一九七三年）。

(3) 西嶋定生「遣唐使と国書」（『倭国の出現』東京大学出版会、一九九九年）、東野治之「遣唐使の朝貢年期」（『遣唐使と正倉院』岩波書店、一九九二年）、拙稿「古代日本における対唐観の研究」（『古代日本の対外認識と通交』吉川弘文館、一九九八年）など。

(4) 註(3)拙稿、新蔵正道「大宝の遣唐使派遣の背景」（『続日本紀研究』二九三、一九九五年）、河内春人「大宝律令の成立と遣唐使派遣」（『続日本紀研究』三〇五、一九九六年）、坂上康俊「大宝律令制定前後における日中間の情報伝播」（『日中文化交流史叢書』二、大修館書店、一九九七年）など。

(5) 拙著『「白村江」以後』（講談社、一九九八年）を参照。

(6) 小澤毅「古代都市「藤原京」の成立」（『日本古代宮都構造の研究』青木書店、二〇〇三年）など。

(7) 森田悌「大宝度遣唐使と「国史云」」（『日本古代の駅伝と交通』岩田書院、二〇〇〇年）は、『万葉集』巻一―六二「三野連〈名闕〉入唐時春日蔵首老作歌」の西本願寺本書き入れに「国史云、大宝元年正月遣唐使民部卿粟田真人朝臣已下百六十人、乗二船五隻一、小商監従七位下中宮小進美努連岡麿云々。」とある「国史」は『官曹事類』を指すものと考えており（『扶桑略記』にはこうした形で『官曹事類』の逸文を引用することがあるという）、「小商監」は小判官の中国的な表記と見ている（なお、岡麿の入唐は美努岡萬墓誌にも「大宝元年歳次辛丑五月使二乎唐国一」と記されている）。また伊吉連古麻呂に関しては、その帯位（『続紀』慶雲四年五月壬子条に従八位下と見えるのは、入唐段階で少し昇叙した後のものか）と少録白猪史阿麻留はその後の消息が不明な点から、古麻呂は阿麻留と交替したのではないかと推定している。

(8) 式制の職掌区分は、東野治之『遣唐使船』（朝日新聞社、一九九九年）五七～五八頁の整理を参考にした。

(9) 美努岡麿の肩書に見える「小商監」は、彼の帯位から考えて、判官クラスの中の小位を示すものと思われる。「監」系統の官名は新羅制に由来し（『三国史記』巻四十職官下・武官）、『書紀』天武四年二月是月条、五年十一月丁卯条には、来日した新羅使の中に大監、弟監の名称が見えている。鈴木靖民「日本律令制の成立・展開と対外関係」、「日本律令国家と新羅・渤海」（『古代対外関係史の研究』吉川弘文館、一九八五年）が整理しているように、大宝令制以前の新羅の制度の参照を反映するものと位置づけることができよう。

(10) 池田温「裴世清と高表仁」（『東アジアの文化交流史』吉川弘文館、二〇〇二年）。

(11) 山里純一「南島路の存否」（『古代日本と南島の交流』吉川弘文館、一九九九年）。

(12) 註(5)拙著。

(13) 西本昌弘「東アジアの動乱と大化改新」（『日本歴史』四六八、一九八七年）。

(14) 拙稿「加耶滅亡後の倭国と百済の「任那復興」策について」（『東洋大学文学部紀要』史学科篇二七、二〇〇二年、本書第二部第四章所収）。『書紀』斉明元年是歳条に「新羅別以二及湌弥武一為レ質。以二十二人一為二才伎者一。弥武遇レ疾而死。」とあり、新羅からの「質」貢上も維持されていた。

(15) 拙稿「倭国から日本へ」（『日本の時代史』3倭国から日本へ、吉川弘文館、二〇〇二年）、「中臣鎌足と乙巳の変以降の政権構成」（『日本歴史』六三四、二〇〇一年）など。

(16) 東野治之「長屋王家木簡からみた古代皇族の称号」（『長屋王家木簡の研究』塙書房、一九九六年）。

(17) 大平聡「「中皇命」と「仲天皇」」（『日本古代の国家と村落』塙書房、一九九八年）。

(18) 蝦夷をめぐる問題については、河内春人「唐から見たエミシ」（『史学雑誌』一一三の一、二〇〇四年）を参照。

(19) 佐伯有清「山上氏の出自と性格」（『日本古代氏族の研究』吉川弘文館、一九八五年）。

(20) 拙稿「大宰府および到着地の外交機能」（註(3)書）。

(21) 坂合部氏の性格については、加藤謙吉「境部の職掌について」（『大和政権と古代氏族』吉川弘文館、一九九一年）を参照。

(22) 加藤順一「『朝野僉載』に見える「日本国使人」」（『芸林』三八の三、一九八九年）は呂延嗣を不明とするが、池田温「日本国使人とあだ名された呂延祚」（註(10)書）が呂延祚とすべきことを指摘している。

(23) 鈴木靖民「掃守氏と相楽神社」(註(9)書)。
(24) 拙稿「額田部氏の研究」(『国立歴史民俗博物館研究報告』八八、二〇〇一年)。
(25) 佐伯註(19)論文。なお、直木孝次郎「大宝以前の山上憶良」(『続日本紀研究』三三一、二〇〇一年)は、掃守宿禰阿賀流の例を参考に、憶良＝下級評司説を提唱するが、外交官人の伝統を有する掃守氏との相違には留意したい。
(26) 東野治之「ありねよし対馬の渡り」(『続日本紀の時代』塙書房、一九九四年)。
(27) 東野註(8)書五六〜六〇頁。
(28) 高橋継男「近五十年来出版の中国石刻関係図書目録(稿)」(『唐代史研究』四、二〇〇一年)などを参照。
(29) 石見清裕『唐の北方問題と国際秩序』(汲古書院、一九九八年)第Ⅲ部第五・六章、「唐の国書授与儀礼について」(『東洋史研究』五七の二、一九九八年)なども参照。
(30) Ｆの争長事件の際の呉懐実については、石井正敏「唐の「将軍呉懐実」について」(『日本歴史』四〇二、一九八一年)を参照。
(31) 拙稿ａ「賓礼の変遷から見た日渤関係をめぐる一考察」(『日本と渤海の古代史』山川出版社、二〇〇三年、本書第二部第一章所収)、ｂ「日渤関係における年期制の成立とその意義」(『ヒストリア』一八九、二〇〇四年、本書第二部第二章所収)。
(32) 濱田耕策「聖徳王代の政治と外交」(『新羅国史の研究』吉川弘文館、二〇〇二年)一四一頁。
(33) 鈴木靖民「奈良初期の対抗新羅関係」(註(9)書)。
(34) 佐藤信「古代の「大臣外交」についての一考察」(『境界の日本史』山川出版社、一九九七年)。
(35) 仁井田陞著・池田温編集代表『唐令拾遺補』(東京大学出版会、一九九七年)八九七頁、註(31)ｂ拙稿。
(36) 古畑徹「七世紀末から八世紀初にかけての新羅・唐関係」(『朝鮮学報』一〇七、一九八三年)、金子修一「則天武后治下の国際関係に関する覚書」(『唐代史研究』六、二〇〇三年)など。
(37) 濱田註(32)論文、「迎賓機構」(註(32)書)。
(38) 金子註(36)論文。
(39) 新蔵、河内註(4)論文。なお、河内氏は節刀の下賜という形で、律令の成立とともに明確化した天皇大権を官人層に対してより可視的に認識させる手段としての遣唐使任命、律令制の成立の中で、唐との関係を復活させることが不可欠になった状況の存在なども指摘している。

(40) 註(31)b拙稿。

(41) 古畑註(36)論文は、新羅の唐への接近には対日関係を自らの望む方向に導こうとする目的もあったと見ている。但し、古畑氏は大宝度の遣唐使を新羅の上に立つ日本の国際的地位承認のためと見ており、この点は支持し得ない。

(42) 註(3)拙稿。

(43) 中村裕一「唐の慰労制書に就いて」(『律令制』汲古書院、一九八六年)、「隋唐五代の「致書」文書に就いて」(『武庫川女子大学研究報告』五、一九八六年)。

(付記) 本文でその存在を紹介した杜嗣先墓誌に関しては、その後、本来の「発見者」による高橋継男「最古の「日本」―「杜嗣先墓誌」の紹介」(『遣唐使の見た中国と日本』朝日新聞社、二〇〇五年)で読み下し文や中国史側からの検討などが示されているので、参照していただきたい。史料eの句読点はその見解に依拠した。

第三章　遣唐使の時期区分と大宝度の遣唐使

はじめに

私は先に「大宝度の遣唐使とその意義」(『続日本紀研究』三五五、二〇〇五年、本書第一部第二章所収。以下、前章と称す)なる論考において、大宝度の遣唐使の賓礼をめぐる新史料を紹介するとともに、前回の遣使から約三十年ぶりの今回の遣唐使が唐に受け入れられ、奈良・平安時代の遣唐使による通交を構築する契機となり得たことは、唐側の慎重な判断と当時の国際情勢による僥倖性に依存した部分も大きかったのではないかと考えた。では、この大宝度の遣唐使を遣唐使全体の歴史の中に位置づけると、如何なる特色が指摘できるのだろうか。本章では遣唐使の時期区分やその中での大宝度の遣唐使の意味を改めて考察してみることにしたい。

ところで、遣隋使には派遣回数の問題があるが[1]、遣唐使に関しても派遣回数・次数の数え方は論者によって異なっており、やはり様々なとらえ方が存する。ここでは遣唐使の次数を次のように数える(次数、任命・出発年月)。

(1) 舒明二年八月、(2) 白雉四年五月、(3) 白雉五年二月、(4) 斉明五年七月、(5) 天智四年、(6) 天智八年、(7) 大宝元年正月任→同二年六月、(8) 霊亀二年八月任→養老元年三月、(9) 天平四年八月任→同五年四月、(10) 天平十八年→中止 (11) 勝宝二年九月任→同四年閏三月、(12) 宝字三年正月任→同三年二月、(13) 宝字五年十月任→同六年四月再編→中止、(14) 宝亀六年六月任→同八年六月、(15) 同九年十二月任→同十年五月、（16）延暦二十年八月任→同二十二年四月→同二十三年三月、（17）承和元年正月任→同三年五月→同四年七月→同五年七月、（18）寛平六年八月任→中止

現在、遣唐使に関する最も優れた概説書である東野治之『遣唐使船』（朝日新聞社、一九九九年）二八～二九頁の「遣唐使一覧」表との違いは、まず遣唐使を唐への使節派遣またはその計画ととらえる観点から、『書紀』天智六年十一月己巳条「司馬法聡等罷帰。以二小山下伊吉連博徳・大乙下笠臣諸石一為二送使一。」という百済鎮将劉仁願からの遣使に対する送使は、唐本国にまで行っていないので、これは除いた。また（13）の再編は、『続紀』宝字六年四月丙寅条に「遣唐使駕二船一隻一、自二安芸国一到二于難波江口一。着レ灘不レ浮。其柂亦復不レ得二発出一、為二浪所一レ揺、船尾破裂。於レ是、擲二節使人一限以二両船一。授二判官正六位上中臣朝臣鷹主従五位下一為レ使賜二節刀一。正六位上高麗朝臣広山為レ副。」により、同一使節の中での職位変更であるから、これを二回の遣唐使として数えるのではなく、やはり同一回の中での再編として位置づけた次第である。したがって全十八次、うち十五回渡海というのが本書での基本的理解になる。

なお、このように論者によって遣唐使の次数は齟齬する恐れがあるので、以下、（7）を大宝度の如くに称し、（12）・（13）は宝字度①・②、（14）・（15）は宝亀度①・②として区別するようにしたい。また（8）に関しては、養老の遣唐使と称されることも多いが、村上天皇の皇子具平親王の『弘決外典鈔』（正暦二年（九九一）成立）巻一には「天平勝宝二年遣唐記」が見え、これは勝宝二年任命で、実際には勝宝四年に渡海した勝宝度の遣唐使が呈した正式の入唐記録を指しているので（2）、遣唐使は任命時点を起算とするのがよいと思われ、霊亀二年任命で、実際には養老元年に渡海した（8）は霊亀度の遣唐使と称すべきであろう。

以上の点を確認した上で、以下、遣唐使の時期区分や大宝度の遣唐使の位置づけ、また大宝度以前の遣唐使の様相などについて考察を試みたいと思う。

一　遣唐使の時期区分をめぐって

かつての遣唐使に関する通説をなした森克己『遣唐使』（至文堂、一九六六年）は、遣唐使が利用した航路の変遷を整理して、次のような見解を示している。遣唐使が使用した航路には、①北路、②南路、③南島路、④渤海路があり、①は朝鮮半島西岸を北上し、山東半島登州あたりを目指して黄海を横断して、渤海湾口を横切るルートで、外洋渡海距離が短く、比較的安全な航路である。但し、「新羅道」（『書紀』白雉五年二月条）の呼称の通り、新羅の領域を航行するため、新羅との関係が悪化する七世紀末、あるいは八世紀中葉以降には利用できなくなった。そこで、③南島路の利用が始まり、これは筑紫大津浦を出港して、肥前国松浦郡庇良島（平戸）あたりから航路を南に転じ、天草島・薩摩国の沿岸に沿って南下し、さらに多褹（種子島）―夜久（屋久島）―吐火羅（宝七島）―奄美（奄美大島）―度感（徳之島）―阿児奈波（沖縄島）―球美（久米島）―信覚（石垣島）などの島々を島伝いに次第に南下して、東シナ海が比較的狭まっているところを横断、長江河口域の港に着岸するものであったという。

大宝度の遣唐使派遣の少し前に南島国覓使が派遣されており（『続紀』文武二年四月壬寅条→同三年十一月甲寅条）、時あたかも日羅関係に翳りが見え始める時期であったから、①に代わる遣唐使の航路として③南島路が採用されたと考えられる訳である。その後、東シナ海を最短距離で横断する②南路がとられるようになり（後代の文献であるが、東福寺塔頭栗棘庵所蔵南宋の宋拓輿地図には「大洋路」の名称が見えるという）、長江河口域に到着するこのルートでは、①の登州から長安までの距離三千五十里に対して、揚州―長安は二千七百五十三里、しかも長江河口から開封までは大運河を利用できるので、海路・陸路ともに日数が短縮されるという利点があり、勿論③に比べても大幅な日数減になったから、以後はこの航路が主流になる。なお、④は渤海を経由するルートで、渤海使の来日・帰朝時に随伴する形で利用されたもので、往・復各一回の使用で、臨時のルートであったと考えられる。

以上の如く、③南島路の存在をふまえた上で(3)、遣唐使の時期区分と航路は次のように位置づけられてきた。

前期……北路〜（1）〜（6）

中期……南島路〜（7）〜（11）

後期……南路〜（12は渤海路で入唐、13は中止）（14）〜（17）

この航路選択は時々の国際関係に左右されたものであり、遣唐使の時期区分には政治的要素や国際情勢が加味されていることがわかる。しかし、果して③南島路は存在したのであろうか。南島路の存否は遣唐使の時期区分とも関わる論点なので、まずこの点を確定しておきたい。

遣唐使が往路に「南島路」を利用しようとした明確な事例は、白雉四年の遣使しかなく、この時二隻のうち一隻は『書紀』白雉四年七月条に「被レ遣ニ大唐一使人高田根麻呂等、於ニ薩麻之曲・竹島之間一合レ船没死」とあり、乗組員百二十人のうち五人以外は漂没したというから、これは「南島路」開拓を試みたものの、大失敗の結果に終わったものと考えられる。もう一隻はおそらく北路をとったものと推定され、無事入唐し、使命を果している。これ以外ではいずれも唐からの帰途で、漂蕩して南島を経由して帰朝したとする事例になる(4)。

a 『続紀』勝宝六年二月丙戌条

勅ニ大宰府一曰、去天平七年、故大弐従四位下小野朝臣老遣ニ高橋連牛養於南島一、樹レ牌。而其牌経レ年今既朽壊。宜下依レ旧修樹、毎レ牌顕ニ著島名并泊船処、有レ水処、及去就国行程、遥見島名一、令中漂着之船知上所ニ帰向一。

b 『延喜式』巻五十雑式

凡太宰於二南島一樹レ牌具顕二著島名、及泊レ船処、有レ水処、并去就国行程、遥見島名一、仍令二漂着之船必知レ有レ所二帰向一。

aはbの法源となるものであるが、aによると、南島の島毎に各島に関する情報が掲示されたのは天平七年のことであり、これは天平度の遣唐使が帰路に南島に到着した事実（『続紀』天平六年十一月丁丑条）に基づき、南島漂着に備えた措置であったと考えられる。このような事態は往復とも北路をとる場合は起こり難く、東シナ海を横断するルート、特に帰路において漂流した場合は結果として「南島路」と同じルートをとることになり、確かに天平度以降にそうした事例が散見している。では、東シナ海横断ルート、特に南路をとり始めるのはいつからであろうか。

c『万葉集』巻一―六二「三野連〈闕名〉入唐時、春日蔵首老作歌」

在根良　対馬乃渡　渡中尓　幣取向而　早還許年（ありねよし　対馬の渡り　海中に　幣取り向けて　はや帰り来ね）

cは大宝度の遣唐使の小商監（小位＝判官クラスか）美努連岡麿に関わる作歌であるが、この遣唐使は「対馬乃渡」、即ち対馬への渡航地点を用いて渡海したことが知られる。この「対馬乃渡」とは、『万葉集』巻十六―三八六九左注に対馬に粮料を送る柁師の勤務を行った筑前国滓屋郡志賀村白水郎荒雄が「自二肥前国松浦郡美禰良久埼一発レ舶」とあり、この「美禰良久埼」は『肥前国風土記』松浦郡値嘉島条に「西有二泊レ船之停二処一〈一処名曰二相子之停一、応レ泊二二十余船一、一処曰二川原浦一、応レ泊二一十余船一〉。遣唐之使従レ此停発、到二美禰良久之埼一〈即川原浦之西埼是也〉、従レ此発レ船指レ西度レ之」とある美禰良久之済に相当する。したがって場所は五島列島で、「従レ此発レ船指レ西度レ之」と記されているように、南路における東シナ海横断の起点になる地であった(5)。

とすると、既に大宝度の遣唐使から南路をとることが始まったと考えられ、往路に南島路をとったという明確な根拠はなくなることになる。大宝度の遣唐使については、執節使粟田真人は無事に帰国した（『続紀』慶雲元年七月甲申朔条）が、副使巨勢邑治らの帰国は遅れ（同四年三月庚子条）、大使坂合部大分は唐に留まらざるを得なかった（養老二年十二月甲戌条で霊亀度の遣唐使とともに帰国）ことが知られるので、いずこかへ漂流したのであろう。但し、南島には漂着しなかったようである。次の霊亀度の遣唐使は珍しく無事に帰国しているので、結局南路を採用してから初めて帰路に南島に漂着したのは天平度の遣唐使ということになり、それがａの天平七年の措置につながったと解される。

以上のように、大宝度から南路をとったとすると、航路による遣唐使の時期区分は、

前期…北路～（1）～（6）

後期…南路～（7）～（18）

とすべきであり（後期には臨時のルートとして渤海路を用いたものを含む）、近年ではこうした二時期区分が有力であると思われる。[6] この時期区分は単に航路の変遷に依拠するものだけではなく、遣唐使の歴史を全体的に見た場合、唐との関係や遣唐使の役割などの点からも相応しいものではないかと考えられるので、以下、その画期となる大宝度の遣唐使の位置づけを改めて検討してみることにしたい。

二　前期遣唐使の様相

ここではまず大宝度の遣唐使に至るそれ以前の遣唐使（前期遣唐使）の状況について整理し、大宝度遣唐使の歴史的意味合いを探る糸口とする。七世紀東アジアの国際情勢全般に関する概括的理解は別に呈示しているので、[7] そちらを参照していただくことにして、本節では遣唐使に関連する事柄のみに絞って言及したい。

まだ倭国と称していた七世紀の日本が最初の遣唐使を派遣したのは舒明二年（六三〇）のことであり、この第一回

遣唐使には最後の遣隋使として渡海したことのある犬上三田耜と、もと遣隋留学生で、その帰朝時に「其大唐国者法式備定之珍国也、常須レ達」（『書紀』推古三十一年七月条）と奏言していた薬師恵日が起用されている（舒明二年八月丁酉条）。六一八年唐の成立後、隋の征討を受けていた高句麗は六一九年、百済と新羅は六二一年に唐に遣使しており、倭国の遣唐使派遣は遣隋使の時と同様に東アジアでは最も遅い入唐になった。そこには推古朝末期の政治主導者の死去（六二六年蘇我馬子、六二八年推古大王）や舒明即位に伴う混乱（山背大兄王派との争い）、また朝鮮三国の動静を見極めた上で遣使するという、倭国なりの事情があったのであろうが、今回の使人の顔ぶれは、倭国が遣唐使派遣による唐との通交に意を払っていたことを窺わせるものと言えよう。

d『旧唐書』倭国伝

貞観五年（六三一）、遣レ使献ニ方物一。太宗矜ニ其道遠一、勅ニ所司一、無レ令ニ歳貢一。又遣ニ新州刺史高表仁一、持レ節往撫レ之。表仁無ニ綏遠之才一、与王子（王カ）争レ礼[8]、不レ宣ニ朝命一而還。

第一回遣唐使の唐との折衝の様子は史料dに記されている。唐側は歳貢免除、即ち唐が倭国を冊封し、倭国が毎年朝貢することを前提に考えていたらしい[9]。唐は三品の経歴を持つ四品の刺史である高表仁を派遣しており、当時の朝鮮三国への使者が五・六品クラスであったのに比して、倭国に一定の配慮を示したことも窺われる[10]。しかし、唐使高表仁は「与レ王争レ礼」とあるように、倭国は冊封を拒否したようである。『書紀』でも高表仁の来朝、難波での歓迎の賓礼までは詳しく記されているが、その後の入京、大王との会見や使旨奏上の場面は不明で、突如として帰国記事が現れるので（舒明四年八月条、十月甲寅条、同五年正月甲辰条）、何事かがあったことが看取される。倭国は隋の冊封も受けていないようであるから、倭国が中国王朝の冊封を受けないのはこの頃から一貫した方針であったらしい。

なお、朝鮮三国では高句麗・百済と新羅の紛争が激化し、六二六年唐は三国和親の詔を下し、半島情勢の安定を図ろうとしていた。倭国の第一回遣唐使派遣の直前、『書紀』舒明二年三月丙寅朔条には「高麗大使宴子抜・小使若德、百済大使恩率素子・小使徳率武徳共朝貢」とあり、高句麗・百済使の来訪が知られる（九月丙寅条で帰国）ので、あるいは倭国の対唐外交に何らかの影響を与えたのではないかとも憶測される。倭国が唐と敵対しないまでも、唐の完全な臣属下に入ることを阻止し、高句麗・百済側に幾分なりとも近い立場に留めるという方策も考えられないではないが、その後の推移を見ると、当面倭国は朝鮮三国に対する均衡外交を維持しており、高句麗・百済使の来朝と対唐外交のあり方にはあまり相関を想定しない立場をとっておきたい。(11)

以上を要するに、第一回遣唐使は結局のところ安定的な日唐通交の端緒にはなり得なかったものと位置づけられる。以後の遣唐使の歴史の中で、白村江の敗戦後の唐使劉徳高の来朝を除くと、唐使が遣唐使の帰朝に随伴して来航したのは宝亀度①の事例しかなく、唐側の倭国・日本に対する応対如何を考えさせられよう。但し、この時期、唐は北方、西方に問題を抱えており、六三〇年突厥の頡利可汗撃破、六三五年吐谷渾討伐、六四〇年高昌国の平定、六四一年吐蕃に公主を降嫁と、六四一年までは東方政策に専念できない状況であった。したがって倭国と高表仁のトラブルも大きな問題にならず、事なきを得たのであろう。しかしながら、倭国の第二回遣唐使は六五三年と、派遣に四半世紀もの間隔を置いており、倭国側でも唐との直接交渉を回避する雰囲気があったのではないかと思われる。

次にその約四半世紀ぶりの第二回遣唐使であるが、第二回が白雉四年（六五三）、第三回が白雉五年（六五四）と、突如として連年の遣使が行われている。これらの遣唐使に関しては、前章において、乙巳の変後の孝徳大王の政治が大化五年頃から形をとり始め（大化五年冠位制の施行や新官職の設置、評制施行など）、白雉三年頃に難波宮造営が完成することなどをふまえて、知識・文物を唐に求めるために久方ぶりの遣使に出たものであることを指摘しておいた。そして、前節で触れたように、白雉四年の二隻のうち一隻が「南島路」開拓（？）に失敗して漂没したこと、また孝徳大王の改革に必ずしも賛同していなかった中大兄皇子らの飛鳥還都という政治的分裂を修復するために、複数勢力の融和を目指す目的もあって、白雉五年二月にも二隻の派遣が行われたものと考えられる。

この連年の遣唐使派遣については、東アジアの国際情勢の変化に即応して、唐と朝鮮三国、特に百済との関係融和を仲介しようとしたものとする位置づけもなされているが[12]、白雉五年の遣唐使は白雉四年の遣使の動向・成否が全く不明の状況で派遣されており（白雉四年遣唐使の帰朝は白雉五年七月である）、倭国の均衡外交の方策から見ても、国際情勢との関係は薄く、上述のような国内事情を想定した次第である。

e『善隣国宝記』白雉五年条所引唐録

唐録曰、高宗永徽五年、倭国使献二虎珀・馬脳一。高宗慰二撫之一、仍云、王国与二新羅・高麗・百済一接近。若有二危急一、宜二遣レ使救一レ之。

f『旧唐書』巻四高宗紀上・永徽五年（六五四）十二月癸丑条

倭国献二琥珀・碼碯一。琥珀大如レ斗、碼碯大如二斗器一。

e・fはfによると、白雉五年遣唐使に関わる史料ということになる（白雉五年遣唐使の帰朝は斉明元年八月）が、『新唐書』日本伝には「時新羅為二高麗・百済所一レ暴。高宗賜二璽書一、令三出レ兵援二新羅一」とあり、新羅側に立った救援要請がなされたことが知られる。但し、白雉四年遣唐使の帰朝時には、『書紀』白雉五年七月丁酉条「西海使吉士長丹等、共二百済・新羅送使一泊二于筑紫一」と見え、朝鮮諸国との均衡外交は維持されていたので、倭国がこの唐の要請に対応した様子は看取できない。六五五年からは唐の高句麗征討が再開され、東アジア情勢はさらに激動の時代を迎えるが、ここでも倭国は唐と明確な関係を構築することができなかったのではないかと考えられる。

なお、『書紀』白雉五年七月是月条には、「褒下美西海使等奉二対唐天子一、多得中文書・宝物上。授二小山上大使吉士長

丹一以二小華下一、賜二封二百戸一、賜レ姓為二呉氏一。授二小乙上副使吉士駒一以二小山上一」と、白雉四年遣唐使への報賞記事が存する。この遣唐使単独としては一応成功という評価がなされたようである。ここに見える「西海」とは、この時期に百済への遣使を「西海使」と称する例（斉明二年・三年・四年是歳条）や百済救援の際に「西征」するという認識（斉明七年正月壬寅条）が登場するので、朝鮮半島方面を意識した用例と解される。(13) また吉士長丹が賜与された「呉」は長江以南の地を指す表現であった。とすれば、ここには倭国が唐を朝鮮半島の延長、五世紀の中国南朝との通交の継続というくらいに考えており、唐の国際政治上の影響力を充分に理解していなかったのではないかと疑われるところもあり、この旨を付言しておきたい。

そして、斉明五年（六五九）の遣唐使である。この遣唐使はやはり船二隻で派遣され、前年の阿倍比羅夫などの北方遠征の成果を得て、「以二道奥蝦夷男女二人一、示二唐天子一」と記されている（『書紀』斉明五年七月戊寅条）。入唐後、朔旦冬至の儀式に参加するなどして、「所レ朝諸蕃之中、倭客最勝」（分註所引伊吉連博徳書）と、唐に朝貢するという意識で、良好な関係を構築し得るかに思われたが、翌年の百済討滅を控えた唐では、「国家来年必有二海東之政一、汝等倭客不レ得二東帰一」として、長安に抑留されてしまった。今回の遣唐使が帰朝するのは、六六〇年百済滅亡後の、六六一年五月のことであり（斉明七年五月丁巳条）、倭国にとって最も重要な情報を伝えることができなかっただけでなく、遣唐使帰朝の段階では斉明大王は筑紫に滞陣しており、既に百済復興運動を支援するという新たな外交選択が発動していたのである。

その後、倭国は白村江への道を突き進むことになるのだが、今回の遣唐使に関連して、唐皇帝との問答の中に倭国の対唐認識を探っておきたい。

g『書紀』斉明五年七月戊寅条分註所引伊吉連博徳書

（上略）天子相見問訊之。日本国天皇平安以不。使人謹答、天地レ合徳、自得二平安一。天子問曰、執事卿等好在以不。使人謹答、天皇憐重亦得二好在一。天子問曰、国内平不。使人謹答、治称二天地一、万民レ無事。（下略）

例えばかつての倭王武の上表文には、「若以二帝徳一覆載、摧二此彊敵一」（『宋書』倭国伝記）の如く、中国皇帝の徳化に依存する文言が見えており（『性霊集』巻五「為二大使一与二福州観察使一書」にも、「大唐聖朝」で「是以、我日本国、常見二風雨和順一」、無事渡海が果せたことを「是則、聖徳之所レ致」と、唐の皇帝の徳に言及する表現が存する）、日本に服属姿勢を求められた新羅も、「夫新羅者、開国以降、仰頼二聖朝世々天皇恩化一」（『続紀』宝亀十一年正月辛未条金蘭孫の奏言）と、やはり相手国の君主の徳化を認める表現を用いている。その他、漂蕩を助けられて来日・帰国した渤海使の場合（『続紀』天平十一年十二月戊辰条、『後紀』延暦十七年十二月壬寅条、『類聚国史』巻百九十四弘仁十年十一月甲午条、『三代実録』元慶元年四月十八日条など）、宝亀度①に随伴して来日した唐使が「又客等来朝道次、国宰祗供、如レ法以不」と尋ねられ、「又朝恩遐覃、行路无レ恙、路次国宰、祗供如レ法」と答えているように（『続紀』宝亀十年五月丁巳条）、幾分なりとも相手方の君主に恩義を表現するのが礼式であった。ところが、gの問答では倭国の君主が平安なのは「天地合レ徳」により自得したもので、中央豪族や人民が安穏であるのも「天皇憐重」、「治称二天地一」と、中国皇帝の徳化には一切言及せず、あくまで倭国の主体性に依拠して返答している点が注目されよう。ここには唐の冊封を受けず、独立独歩で進もうとする倭国側の意志が反映されていると考えられるのである。[補注]

しかしながら、倭国の国際情勢把握とその対処方法には不安な面が残り、六六〇年百済滅亡、百済復興運動への肩入れと六六三年白村江の敗戦へという選択に進んでいくのであり、その後に到来した唐使劉徳高の送使として派遣されるのが天智四年（六六五）の遣唐使であった。前年の天智三年に倭国は旧百済領に駐留する唐の百済鎮将劉仁願が派遣した使者を唐本国からの遣使でないことを理由に放還したが（『善隣国宝記』天智三年条所引海外国記）、今度は唐本国から劉徳高が派遣されてきたので、倭国はこれを入京・賜饗し、十二月に彼が帰国する時に送使を入唐させている（『書紀』天智四年九月壬辰条、十月己酉条、十一月辛卯条、十二月辛亥条・是月条、是歳条）。この遣唐使については、翌六六六年正月に行われた高宗の泰山の封禅に参加したか否かが一つの議論になっているが、六六五年八月熊津での新羅と百済の盟誓終了後に帯方州刺史劉仁軌が率いた新羅・百済・耽羅・倭国の使者（『唐会要』巻九十五新羅、『資治通鑑』巻二百一唐紀十七高宗上）、同年十月に洛陽を出発した倭国・新羅・百済・高句麗などの諸蕃酋長（『唐会要』巻七封禅）のいずれにも該当しないと考えられる。(14)十二月十四日以降に帰国した劉徳高の送使たる今回の遣唐使は、泰山の封禅には間に合わなかったと見ておきたい。

私は天智四年遣唐使は唐本国まで行ったが、基本的には送使であり、使命を果すと速やかに帰国したものと考える。したがって唐との安定的な通交関係形成はなかなか叶わなかったのではないかと思われる。これは天智八年（六六九）派遣の遣唐使にも該当し、『新唐書』日本伝には「咸亨元年（六七〇）、遣レ使賀レ平二高麗一」とあり、六六八年高句麗討滅を祝賀することで、唐との関係修復、また当時風聞のあった倭国征伐（『書紀』持統四年（六九〇）十月乙丑条、『三国史記』新羅本紀文武王十一年（六七一）七月二十六日条文武王返書）を回避する意図があったのかもしれないが、その後半島では新羅と唐の戦争が始まり、倭国はその行方を観察し、半島の唐軍からの救援要請に応じず、新羅による半島統一の方向を黙認したようであるから、(15)唐との関係確立は果せなかった。倭国はその後三十年間も遣唐使を派遣せず、この間外務に煩わされることなく、律令国家建設に邁進することができたのである。

以上、本節では前期遣唐使の諸相を見たが、結局のところ七世紀の東アジアの動乱の中で、倭国は唐との安定した関係を築き得ていなかったのではあるまいか。これが前期遣唐使の特色であり、唐文化を安定的に移入するための遣唐使事業の確立は後期遣唐使の段階を待たねばならなかったのである。(16)そこで、次にその後期遣唐使の出発点となる大宝度の遣唐使の分析に進み、その画期性をまとめてみたい。

三　大宝度遣唐使とその画期性

大宝度の遣唐使の様相に関する史料は日唐双方に残されているので、相互の認識を含めて比較・検討することが可能である。まず全体的評価に関わる史料としては、次のものがある。

h『旧唐書』日本国伝

長安三年、其大臣朝臣真人来貢二方物一。朝臣真人者、猶二中国戸部尚書一。冠二進徳冠一。其頂為レ花、分而四散。身服二紫袍一、以レ帛為二腰帯一。真人好レ読二経史一、解レ属レ文、容止温雅。則天宴二之於麟徳殿一、授二司膳卿一、放二還本国一。

i『続紀』慶雲元年七月甲申朔条

正四位下粟田朝臣真人自二唐国一至。初至レ唐時、有レ人来問曰、何処使人。答曰、日本国使。我使反問曰、此是何州界。答曰、是大周楚州塩城県界也。更問、先レ是大唐、今称二大周一、国号縁レ何改称。答曰、永淳二年天皇太帝崩、皇太后登レ位、称二聖神皇帝一、国号二大周一。問答略了、唐人謂二我使一曰、承聞、海東有二大倭国一、謂二之君子国一。人民豊楽、礼儀敦行。今看二使人一、儀容大浄。豈不レ信乎。語畢而去。

hは今回の執節使粟田真人が中国的服装に身を包み、それに相応しい中国的教養を有する人物として評価され、則天武后により内朝たる麟徳殿での賜宴・官賞に与り、日唐通交の円滑化に努めたことを示すものである。この点に関連して、前章で紹介した徐州刺史杜嗣先墓誌（先天二年（七一三）葬）には「又属　皇明遠被、日本来庭。有レ勅、令下公與二李懐遠・豆盧欽望・祝欽明等一賓二于蕃客一、共レ其語話上」とあり、学者としての経歴を有する杜嗣先や宰相経験者の人々による一種の「品定め」があり、日本側の遣使意図や粟田真人らの教養ぶりが判定され、唐側としては慎重な協議の上、日本の遣唐使を受け入れたものと考えられる。

この杜嗣先墓誌には日本国号が見えるが、iによると、唐側は倭国が国号を日本と改称したことを知らなかったようであり、大宝度の遣唐使において初めて国号日本が国際的に明示され、一応の承認を得た次第であった。但し、hの『旧唐書』日本国伝冒頭部分には次の如き記載が存し、倭国から日本への国号変更の理由については、充分に納得のいく説明がなされた訳ではなかったことが窺われる。

日本国者、倭国之別種也。以三其国在二日辺一、故以二日本一為レ名。或曰、倭国自悪二其名不レ雅、改為二日本一。或云、日本旧小国、併二倭国之地一。其人入朝者、多自矜レ大、不二以レ実対一。故中国疑焉。

それにもかかわらず、日本国号が承認され、唐との通交関係確立が実現したのは、前章で指摘したように、則天武后期の東方諸国との関係の稀薄化（新羅が唐と積極的な通交を展開するのは七〇三年以降である）をふまえた外交の立て直しの時期にあたっていたという僥倖性によるものであろう。iによれば、日本側はそうした唐の方策を知るべくもなかったと思われる（則天武后による周の成立すら知らなかった）が、全くの主体的な通交がむしろ東方諸国入唐の先蹤となり、唐側に歓待されたのだと考えられる。

j『続紀』慶雲四年五月癸亥条

讃岐国那賀郡錦部刀良、陸奥国信太郡生王五百足、筑後国山門郡許勢部形見等、各賜二衣一襲及塩・穀一。初救二百済一也、官軍不レ利。刀良等被二唐兵虜一、没作二官戸一、歴二卅余年一乃免。刀良至レ是遇二我使粟田朝臣真人等一、随而帰朝。憐二其勤苦一、有二此賜一也。

jは遅れて帰朝した副使巨勢邑治らに随伴して四十余年ぶりに帰国を遂げた百済の役の際の日本の軍士に関する記

事である。こうした事例としては持統朝に新羅を経由して帰国する者が知られており（『書紀』持統四年十月乙丑条、十年四月戊戌条）、jはその最後の関係史料ということになる。これによりかつて唐と戦った白村江の敗戦の戦後処理が完了したと見ることができ、これも大宝度の遣唐使が日唐通交の新たな展開を構築し得た要因である。

k『天台霞標』初編巻之三開成五年（八四〇）八月十三日維蠲書状

六月一日天台山僧維蠲謹献二書於郎中使君閣下一。維蠲言、去歳不レ稔、人無二聊生一。皇帝憂勤、択レ賢救レ疾。朝端選二於衆一、得二郎中一以恤レ之。伏惟郎中天仁神智、沢潤二台野一。新張二千里之懤一、再活二百霊之命一。風雨応レ祈、稼穡鮮茂。凡在二品物一、罔レ不二悦服一。昔南嶽高僧思大師、生二日本一為レ王、天台教法大行二彼国一、是以内外経籍一法二於唐一、約二二十年一来朝貢一。貞元中、僧最澄来、会二僧道邃一為二講義一。陸使君給二判印一、帰レ国大闡二玄風一。去年僧圓載、奉二本国命一、送二太后納袈裟一、供二養大師影一、聖徳太子法華経疏、鎮二天台蔵一、齎二衆疑義五十科来問一、抄二写所レ缺経論一。禅林寺慶修答一本、已蒙二前使李端公判印一竟。維蠲答一本、并付二経論疏義三十本一、伏乞、郎中賜以二判印一。光浮二日宮一、不レ冒二避裔一、思流二永劫一、道徳日新。煩黷二聴覧一、不レ任二悚懼一。僧維蠲謹言。開成五年八月十三日天台僧維蠲謹献郎中使君閣下。

kは承和度の遣唐留学僧円載が齎した難義に対して、唐の天台山側が答釈（唐決）を付与する際に、台州刺史の判印を乞うた文書である。その中に「約二二十年一来朝貢一」と、日本が二十年一貢の朝貢＝遣唐使派遣を約束していたとする文言があり、それは大宝度の遣唐使の時になされたのではないかとの指摘が行われている(17)。その論拠として、大宝度から延暦度の遣唐使くらいまではほぼ二十年に一度の遣使であることや遣唐使が唐で官賞に与るのはhが明確な初例で、日本側が遣唐使を朝貢と認識していたと考えられることなどは有力な証左であると思われる（『性霊集』巻五「為二橘学生一与二本国使一啓」に「豈待二廿年期一」とあり、二十年一貢の意識が浸透していたことが窺われる）。またkには「是以内外経籍一法二於唐二」とあるが、『性霊集』巻五「与二越州節度使一求二内外経書一啓」には「昔者、天后皇帝、因二国信帰一、寄二送経論律等一」と記されており、大宝度の遣唐使が則天武后から経典を賜与されたことが知られ、こうした唐の経典・書籍の安定的な入手も大宝度から始まることを付言しておきたい。

l『続紀』宝亀十年四月辛卯条

（上略）又奏曰、往時遣唐使粟田朝臣真人等発レ従二楚州一到二長楽駅一、五品舎人宣　レ勅労問。此時未レ見二拝謝之礼一。（下略）

その他、遣唐使に対する賓礼の先例においても、大宝度の遣唐使が一つの基準をなしていた。lは宝亀度①の帰朝に随伴して来日した唐使に対する賓待方法を検討した際のものであるが[18]、日本の遣唐使が受けた唐の賓礼としては大宝度の事例のみが勘申されており、その始源性・画期性を窺う材料とすることができよう。

以上を要するに、大宝度の遣唐使の画期性とは、前期遣唐使の段階では充分に果せなかった、唐との通交関係の確立、通交のための合意形成を実現したところにあると言える。但し、前章で見たように、唐が日本の遣唐使に付与した国書の書式は、大宝度のものは不明であるが、霊亀度には君臣関係を示さない〔c〕「致書」、次いで朝貢国として天平度に〔b〕論事勅書（「勅某」の形式で、〔a〕よりも劣る相手に出す）、そして勝宝度に〔a〕慰労制書（「皇帝（敬）問某」の形式、「璽書」・「勅書」とも称する）になり、以降は〔a〕に落ち着くようであるから、唐側の日本に対する評価が安定するにはまだ何度かの通交を重ねなければならなかった訳である[19]。

また唐文化移入を担う留学生派遣の点においても、大宝度で知られるのは僧の弁正と道慈くらいである。

m『懐風藻』釈弁正

弁正法師者、俗姓秦氏。性滑稽、善二談論一。少年出家、頗洪二玄学一。大宝年中、遣二学唐国一。時遇二李隆基龍潜之日一。以レ善二囲碁一、屢見二賞遇一。有二子朝慶・朝元一。法師及慶在レ唐死。元帰二本朝一、仕至二大夫一。天平年中、拝二入唐判官一、到二大唐一見二天子一。天子以二其父故一、特優詔、厚賞賜。還至二本朝一、尋卒。

n『続紀』天平十六年十月辛卯条

律師道慈法師卒〈天平元年為二律師一〉。法師俗姓額田氏、添下郡人也。性聡悟、為二衆所一レ推、大宝元年随レ使入唐。渉二覧経典一、尤精二三論一。養老二年帰朝。是時釈門之秀者、唯法師及神叡法師二人而已。著二述愚志一巻一、論二僧尼之事一。其略曰、今察二日本素緇行二仏法一、軌模全異下大唐道俗伝二聖教一法則上。若順二経典一、能護二国土一、如違二憲章一、不レ利二人民一。一国仏法、万家修繕、何用二虚設一、豈不レ慎乎。弟子伝レ業者、于レ今不レ絶。属レ遷二造大安寺於平城一、勅二法師一勾二当其事一。法師尤妙二工巧一、構作形製稟二其規模一、所レ有匠手莫レ不二歎服一焉。卒時年七十有余。

mによると、弁正は即位前の玄宗と囲碁を通じて親しくなったとあり、弁正自身は『懐風藻』に「在レ唐憶二本郷一」の五言絶句を残し、「日辺瞻二日本一、遠遊労二遠国一、長恨レ苦二長安一」と詠じているが、帰国することはなかった。しかし、唐生まれの子秦忌寸朝元は帰国し、その後天平度の遣唐使として入唐した時に、玄宗から賞賜されたといい、また勝宝度の遣唐使が玄宗に歓待されたのも、霊亀度以来在唐の阿倍仲麻呂の存在とともに、この弁正が築いていた玄宗との信頼関係が作用したところも大きかったものと思われる。

nの道慈は次の霊亀度に帰朝して、日本国内で活躍するが、『懐風藻』には「時唐簡二于国中義学高僧一百人一、請入二宮中一、令レ講二仁王般若一。法師学業穎秀、預入二選中一。唐王憐二其遠学一、特加二優賞一」とあり、唐でも屈請に与ったことが知られる。[20] 彼は唐の西明寺を模して大安寺を造営したといい（『今昔物語集』巻十一第十六話）、唐風の寺院の様態を学ぶことができた。但し、nによると、日本の仏教界には僧尼のあり方、戒律の護持については不充分な面が残っていたらしく、[21] これが天平度の普照・栄叡らの派遣による戒師招聘の候補者探索、勝宝度の鑑真招聘へとつながる課題であったようである。

別に指摘したように、遣唐使に随伴する留学生派遣は、次の霊亀度（阿倍仲麻呂・吉備真備・玄昉、そして最近知られるようになった井真成など）から本格的になり、留学生の入唐や唐文化の移入・唐風化の推進、また唐人・唐僧の来日いずれも勝宝度くらいまでが最も熱心に推進されたと考えられる。(22) 大宝度の遣唐使自体はまだ唐との安定した通交が確立するかどうか不明であるという段階であったので、留学生同行者も少なかったと推定されるが、遣唐使事業の中心的課題である大々的な唐文化移入への先鞭をつけた点で、その意義は寔に大きかったと言うことができよう。特に玄宗との人的つながりを持つことができたのは僥倖に恵まれたと評されるべきところであるものの、これがその後の通交の積み重ねを展開する重要な足がかりになったのである。

むすびにかえて

本章では遣唐使の歴史の中での大宝度遣唐使の意義を明らかにしようと試みた。大宝度以前の前期遣唐使が七世紀の東アジアの動乱の中で総体的には唐と充分な関係構築を実現できなかったことをふまえて、大宝度には日本国号の認知など、唐と良好な通交確立に成功し、百済の役の総決算を遂げ、二十年一貢の朝貢年期制の成立、唐の日本に対する賓礼の先例形成、国書の書式など、日唐間の交流原則が定立される基点となったとまとめることができよう。この大宝度の遣唐使の成果を出発点に、遣唐使による唐文化の移入、日本の律令国家の整備・完成が可能になるのであり、ここに大宝度遣唐使の画期性があったと言える。

第三節で述べたように、以後は霊亀度、天平度、勝宝度と、安定した通交が続くが、唐における安史の乱勃発や玄宗の死去など、日本が依拠した安定情勢が崩れた段階では、新たな関係構築の努力も必要になったのではないかと考えられ、さらに個別の遣唐使について、時々の国際情勢をふまえた考究が必要であると思われる。この点を今後の課題とし、今はここで擱筆することにしたい。

註

（1）篠川賢「遣隋使の派遣回数とその年代」（『日本古代王権と王統』吉川弘文館、二〇〇一年）、榎本淳一「『隋書』倭国伝の史料的性格について」（『アリーナ』五、二〇〇八年）など。
（2）東野治之「遣唐使と海外情報」（『図書』五二八、一九九三年）。
（3）その他、山里純一「南島路の存否」（『古代日本と南島の交流』吉川弘文館、一九九九年）が南島路の存在を認めている。なお、山尾幸久「遣唐使」（『東アジア世界における日本古代史講座』六、学生社、一九八二年）は、遣唐使を前期（山尾氏の次数は異なるが、本書では1～6）、後期（7～18）に区分するが、南島路の存在は認めているようである。
（4）田中史生「七～十一世紀の奄美・沖縄諸島と国際社会」（関東学院大学経済学部総合学術論叢『自然・人間・社会』三八、二〇〇五年）は、開元通宝の分布・出土はこれらの地域が直接に唐とヤコウガイ交易を行って入手したものであり、遣唐使の南島路の存在を証明するものではないという見方を紹介している。なお、田中氏は日本と南島のヤコウガイ交易は九世紀以降に広がったものと見ている。
（5）東野治之「ありねよし、対馬の渡り」（『続日本紀の時代』塙書房、一九九四年）。なお、山尾註（3）論文の如く「対馬」に幻惑され、対馬経由で「朝鮮半島西南部の島から東シナ海に乗り出し」たと説明するものが多いので、注意が必要である。
（6）山尾註（3）論文、東野治之『遣唐使船』（朝日新聞社、一九九九年）、古瀬奈津子『遣唐使の見た中国』（吉川弘文館、二〇〇三年）など。なお、保立道久『黄金国家』（青木書店、二〇〇四年）は、光仁朝の宝亀度①以降を後期として区分しており、皇太子の決定と関連する代替り事業としての性格が顕著になることを指標にしている。
（7）拙著『「白村江」以後』（講談社、一九九八年）。

（8）「王」は『新唐書』日本伝、『善隣国宝記』舒明三年条所引「唐録」などによる。池田温「裴清世と高表仁」（『東アジアの文化交流史』吉川弘文館、二〇〇二年）を参照。

（9）西嶋定生『日本歴史の国際環境』（東京大学出版会、一九八五年）。

（10）池田註（8）論文。

（11）拙稿「加耶滅亡後の倭国と百済の「任那復興」策について」（『東洋大学文学部紀要』史学科篇二七、二〇〇二年、本書第二部第四章所収）。

（12）山尾幸久「大化前後の東アジア情勢と日本の政局」（『日本歴史』二二九、一九六七年）、八木充『日本古代政治組織の研究』（塙書房、一九八六年）前編第五章、金鉉球『大和政権の対外関係研究』（吉川弘文館、一九八五年）第四編などは、親唐・新羅の方針を伝えたとし、西本昌弘「東アジアの動乱と大化改新」（『日本歴史』四六八、一九八七年）は、百済支持の立場から高句麗・百済と唐・新羅の仲介を行おうとしたと見ている。

（13）五世紀の倭王武の上表文や神代紀に見える「海北」の意識は、五六二年加耶諸国の新羅への併呑とともになくなり、この頃には「西」という認識が生まれたのであろう。とすると、神功元年二月条の「西征」は後代の意識を反映したものということになる。なお、本書第二部第五章も参照。

（14）日本古典文学大系『日本書紀』下（岩波書店、一九六五年）三六四頁頭注・五八一頁補注、新蔵正道「第五次遣唐使と六六六年の封禅の儀」（『古代史の研究』八、一九九〇年）は、封禅に参加するための遣唐使説、鈴木靖民「百済救援の役後の日唐交渉」（『続日本古代史論集』上巻、吉川弘文館、一九七二年）は、封禅に参加したのは劉仁軌に率いられた倭人で、彼らは白村江の敗戦以後、熊津に留置されていたが、倭国の朝廷と連絡を有し、ある程度の意志を受け継いでいたと見ている。その他、松田好弘「天智朝の外交について」（『立命館文学』四一五・四一六・四一七、一九八〇年）は、今回の遣唐使人のうち、守君大石＝熊津に留置されていた「倭人国使」、坂合部石積＝白雉四年五月の遣唐使以来唐に留まっており、洛陽から従駕したものと見て、『書紀』の大幅な読み替えを行おうとしている。

（15）拙稿「古代耽羅の歴史と日本」（『古代日本の対外認識と通交』吉川弘文館、一九九八年）。

（16）なお、天智八年遣唐使として入唐した黄書造本実は水準器や仏足石の写本を持ち帰っており、唐文化移入に努めている。

また『懐風藻』釈智蔵伝によると、彼は「淡海帝世、遣二学唐国一。時呉越之間、有二高学尼一。法師就レ尼受レ業、六七年中、学業穎秀。」とあり、「太后天皇世、師向二本朝一。」と見えるので、おそらくは天智八年に入唐し、持統朝に帰朝したものと考えられ、白村江の敗戦後の遣唐使の間にも遣唐留学する者はいたようである。

(17) 東野治之「遣唐使の朝貢年期」(『遣唐使と正倉院』岩波書店、一九九二年)。

(18) 宝亀度①に伴う唐使来日をめぐる問題については、拙稿「古代日本における対唐観の研究」(註(15)書)を参照。

(19) その他、註(18)拙稿で指摘したように、養老賦役令外蕃還条「凡以二公使一外蕃還者、免二一年課役一。其唐国者、免二三年課役一。」の大宝令文には「其唐国」以下の規定はなかったと考えられ、大宝度の遣唐使による唐との実際の通交確立の過程で、養老令文における付加が行われたことが知られる。

(20) その時期は不明であるが、七〇四年則天武后死去による唐の復活、七一〇～七一二年在位の睿宗の治世を経て、七一二年から始まる玄宗代と彼の在唐期間は重なっているので、あるいは彼も玄宗とのつながりを有したのかもしれない。

(21) 曾根正人「平安初期南都仏教と護国体制」(『古代仏教界と王朝社会』吉川弘文館、二〇〇〇年)。

(22) 拙稿「古代日本における在日外国人観小考」(註(15)書)、「遣唐使と唐文化の移入」(『白山史学』四四、二〇〇八年、本書第一部第五章所収)。

(補注) 史料gについては、私信の形ではあるが、池田温氏より、「日本天皇」に文飾があるとすれば、後文の「天皇隣重」も文飾であった可能性があること、もしここが「天子憐重」であれば、主語が唐皇帝になることなどの御教示を賜っている。同じく唐代史が御専門の石見清裕氏からも、国書の書式変還を含めて、日唐関係を史料の文字通りに理解することに対する御忠言を頂戴しており、こうした対唐観を遣唐使が表明したとする点には違和感が存するようである。そうした懸念にも留意すべきかとは思うが、ここは白村江戦に突き進む倭国の国際認識の一端を読み取ることができるのではないかとも考えられ、本文のように理解してみた。

第四章　七世紀の国際関係と律令体制の導入

――永徽律令の将来時期をめぐる憶説――

はじめに

日本の古代国家の完成形態としての律令国家は、大宝元年（七〇一）制定の大宝律令で律・令がともに揃い、一つの達成点を迎える。大宝律令の藍本は唐・高宗の永徽二年（六五一）成立の永徽律令であったと考えられており、(1)隋・唐代に完成した中国の律令法の体系を継受するものであった。この永徽律令の日本への将来に関しては、確証はないが、遣唐使によるものと見るのが有力で、白雉四年（六五三）・五年（六五四）の遣唐使や斉明五年（六五九）の遣唐使による将来が想定されている。(2)したがって大宝律令に先行する天武・持統朝の飛鳥浄御原令（天武十年（六八一）編纂開始、持統三年（六八九）施行）の藍本も永徽令であったと考えられ、また天智朝の近江令の存否にも関連する論点を投げかけているところである。

私は先に中大兄皇子＝天智大王の足跡を検討し、孝徳朝における中大兄はむしろ急進的な改革には賛同しない「抵抗勢力」とでも称すべき存在であり、天智二年（六六三）の白村江の敗戦を経て、称制という形で国政運営の最高責任者となった段階で、中央集権体制の必要性を実感し、律令国家構築への歩みを始めていったことを述べた。また中大兄を助けて活躍するとされる中臣（藤原）鎌足が政治の表舞台に登場するのは天智朝になってからのことであって、

『家伝』上（大織冠伝）の「先是、帝令大臣撰述礼儀、刊定律令、通天人之性、作朝廷之訓、大臣与時賢人、損益旧章、略為条例、一崇敬愛之道、同止奸邪之路、理慎折獄、徳洽好生、至於周之三典、漢之九篇、無以加焉」は、『書紀』天智九年正月戊子条「宣㆔朝庭之礼儀与㆓行路之相避㆒。復禁㆓断誣妄妖偽㆒」を参考にすると、「これより先、帝、大臣をして礼儀を撰述せしむ。律令を刊定し、天・人の性に通じて、朝廷の訓を作る。大臣、時の賢人と旧章を損益し、ほぼ条例を為す。一に敬愛の道を崇び、同じく奸邪の路を止む。理は折獄を慎み、徳は好生に洽う。周の三典、漢の九篇に至るも、以て加うる無きなり」と読むべきで、鎌足が近江令を作ったとする根拠にはならないことを指摘した。(3)

私は近江令は存在し得なかったと考えるが、上掲史料に「律令」が見えるのは、『三国史記』新羅本紀太宗武烈王元年（六五四）五月条「命㆓理方府㆒令㆔良首等詳㆓酌律令㆒、修㆗定理方府格六十余条㆖」とあるような、律令参酌に基づく礼儀の整備という方法は認められるから、この「律令」＝永徽律令の将来時期・方法はなお探究すべき課題となる。先に遣唐使の様相を検討した際に、大宝度遣唐使に始まる後期遣唐使以前の前期遣唐使の段階では、七世紀後半の激動する東アジア情勢の中で、日本は唐と安定した関係を築くことができなかったのではないかと考えた。(4)そこで、本章ではこの七世紀後半の国際関係や文化移入の様相をもう少し詳解することで、(5)永徽律令の将来時期や日本の律令体制構築の過程を検討する論点を深化してみたいと思う。(6)

一　前期遣唐使と留学者の様態

前期遣唐使が唐と安定した政治・文化的関係を形成し得なかったことは別に述べたところであり、ここではその内実をさらに探るために、遣隋使も含めて、当該期の留学者のあり方を検討したい。まず遣隋・遣唐留学者を一覧する

表3　遣隋使および前期遣唐使に随伴した留学者

推古16年（608）の遣隋使…学生倭漢直福因（→推古31年7月条帰朝），奈羅訳語恵明，高向漢人玄理（→舒明12年10月乙亥条帰朝，孝徳朝の国博士），新漢人大圀／学問僧新漢人日文（→舒明4年8月条帰朝；僧旻，孝徳朝の国博士），南淵漢人請安（→舒明12年10月乙亥条帰朝；大唐学問僧清安），志賀漢人慧隠（→舒明11年9月条帰朝，同12年5月辛丑条；無量寿経講説），新漢人広済ら8人

年次不明の遣隋使…大唐学問者僧恵斉・恵光（→推古31年7月条帰朝），医恵日（→推古31年7月条帰朝，遣唐使として2度渡海），学問僧霊雲（→舒明4年8月条帰朝，大化元年8月癸卯条；十師），勝鳥養（→舒明4年8月条帰朝），大唐学問僧恵雲（→舒明11年9月条帰朝，大化元年8月癸卯条；十師）

※『隋書』倭国伝には大業3年（607＝推古15）にも「兼沙門数十人来学仏法」とある.

白雉4年（653）の遣唐使…学問僧道厳，道通，道光（→持統8年4月庚午条；律師と見ユ，『依四分律撰録行事』），恵施（→文武2年3月壬午条；僧正），覚勝*，弁正，恵照，僧忍，知聡*，道昭《25歳》（玄奘に師事，飛鳥寺禅院→元興寺禅院は「此院多有経論，書迹楷好，並不錯誤，皆和上之所将来者也」〔『続紀』文武4年3月己未条〕），定恵《11歳》（中臣鎌足の子，→天智4年帰朝），安達（中臣渠毎の子），道観（春日粟田臣百済の子真人，→天武10年12月癸巳条以前に帰朝），知弁，義徳（→持統4年9月丁酉条帰朝，27年間在唐），道福*，義向*／学生巨勢臣薬（豊足の子），氷連老人（真玉の子，→天智10年帰朝〔持統4年10月乙丑条〕，17年間在唐），坂合部連磐積（『新字』一部44巻）

白雉5年（654）の遣唐使‥学問僧恵妙*，智国*，智宗（→持統4年9月丁酉条帰朝，26年間在唐）／学生高黄金

天智8年（669）の遣唐使…釈智蔵（『懐風藻』，三蔵要義を齎す→持統朝に帰朝し僧正に）／使人；黄書造本実（水臬（水準器）・仏足石図を齎す）

入唐年次不明…大唐学生土師宿禰甥・白猪史宝然（→天武13年12月癸未条帰朝，文武4年6月甲午条；ともに大宝律令編纂に参与）

（備考）（　）内は帰朝時期やその後の足跡・著書などを示す.《　》は渡海時の年齢が判明するもの. 人名の左肩の＊は唐または途中で客死，あるいは行方不明になり，帰国しなかった者を示す.

と、表3の如くである。

『隋書』倭国伝には「大業三年、其王多利思比孤、遣レ使朝貢。使者曰、聞二海西菩薩天子重興一仏法、故遣朝拝。兼沙門数十人来学二仏法一」とあり、表3によると、確かに留学者として名前が知られる者には僧侶が多い(7)。勿論中には後に還俗して粟田真人となり、律令体制確立期の官人、律令に精通した存在として活躍する白雉四年入唐の道観のような人物も含まれている。しかしながら、多くの留学僧は仏法を学ぶことが基本であって、律令法導入の意図などはあまり明確には看取し難いというのが印象である。

彼ら留学者の帰朝後の活動を見ると、医（薬師）恵日は『書紀』推古

三十一年七月条で帰朝した時、「留二于唐国一学者、皆学以成レ業、応レ喚。且其大唐国者法式備定之珍国也。常須レ達」と奏上し、その後の遣隋留学者の帰朝実現、そして彼自身が舒明二年の第一回遣唐使と白雉五年の遣唐使でいずれも副使として二度入唐するという足跡を残している。また僧旻は『家伝』上に、「嘗群公子、咸集二于旻法師之堂一、読二周易一焉。大臣後至、桉作起立、杭礼倶坐。講訖将レ散、旻法師撃目留矣。因語二大臣一云、入二吾堂一者、無レ如二宗我太郎一。但、公神識奇相、実勝二此人一。願深自愛」とあり、帰朝後に自堂で『周易』の講説を行っていたことが知られる。ここには蘇我入鹿や中臣鎌足など次代を担おうとする人々が参集しており、新知識に対する渇望が存したことが窺われよう。

『書紀』舒明九年二月条「大星従レ東流レ西、便有レ音似レ雷。時人曰、流星之音。亦曰、地雷。於レ是、僧旻曰、非二流星一、是天狗也。其吠声似レ雷耳。」によると、僧旻は新しい学識により人々を教導する役割を果しており、白雉改元の際に、白雉が祥瑞であることを中国の古典を引用しながら説明しているのも、同様に解することができる（白雉元年二月戊寅条）。その他、南淵請安については、『書紀』皇極三年正月乙亥朔条「而倶手把二黄巻一、自学二周孔之教於南淵先生所一。遂於二路上往還之間一、並レ肩潜図、無レ不二相協一」によれば、やはり儒教の講説を行っており、中大兄皇子、中臣鎌足などが参来していたことがわかる。

このように遣隋留学僧の中には中国の古典、特に儒教についての知識を修得し、帰朝後に宗教面以外でも活動を行う者がいた。僧侶は当時にあっては最高の知識人の一翼を成す存在であり、やや後の事例になるが、白村江の敗戦後の天智三年に、旧百済領に駐留する唐の鎮将から初めての遣使が到来した時、僧智弁（『善隣国宝記』天智三年条所引「海外国記」）、智祥（『書紀』天智三年十月乙亥朔条）などを迎接にあたらせる、天智七年の新羅使来朝の際にも、僧法弁・秦筆に応接させる（天智七年九月丁未条）といった活躍が見られる。その他、上述の道観＝粟田真人や『書紀』持統六年十月壬申条に「授二山田史御形務広肆一。前為二沙門一、学二問新羅一」とあり、学士として著名な山田史御方（『続紀』養老六年四月庚寅条も参照）など、還俗して律令官人として様々な知識・技能を以て奉仕する人材も多かった。[8]

では、彼らは官人たるに相応しい律令などの専門知識をも学習してきていたのだろうか。乙巳の変後、孝徳朝に国博士になった高向玄理・僧旻は遣隋留学者であり、唐代初の貞観の治下も体験している。『書紀』大化五年二月是月条「詔二博士高向玄理与二釈僧旻一、置二八省百官一」とあり、彼らは孝徳朝の改革に参画・立案を行っていたことがわかる。この時に設置された新官職としては、刑部尚書、衛部、祠官頭などを知られており、確かに彼らが官制改革に参与したことが裏付けられるのである。[9]

但し、祠官頭は「掌下叙二王族一、宮内礼儀、婚姻、卜筮上」（『古語拾遺』白鳳（雉）四年）とあり、その職務内容は大宝令制下では治部省、式部省、神祇官などに分散していくもので、奈良時代以降の律令国家の中央官制に直結するものではなかった。その規範となったのは隋・唐以前の中国北朝の官制であることが指摘されている。[10]即ち、彼らは最新の隋・唐の制度を意識的に学習した訳ではなく、僧旻の『周易』講説に窺われるように、むしろ中国古代の理想としての周制を基本とする北朝の官制を、知識の一つとして知り得たに過ぎなかったのではないかと思われるところである。

同様に、天智十年の太政官制に関しても、大納言の名称（『書紀』天智十年正月癸卯条分註）は、隋・唐以前の北周の官制に存在し、太政官制の中に皇帝の意志を審査する門下省的な役職を置かないのも北周制に拠ったと見なされるので、[11]天智朝の官制改革は北周の制度に依拠したことを窺わせ、孝徳朝以来の国政改革の延長線上にあるもので、その規範とする知識が変わらなかったことを示していよう。このいわば机上の知識である周制に依拠した方策は宮殿造営にも該当し、孝徳朝の難波宮の三朝制導入や『周礼』の面朝後市型の都城を現出した藤原京など、周制の参酌は七世

紀末まで優勢であったと位置づけることができる。(12)

以上を要するに、遣隋留学者および前期遣唐使に伴う留学者の内実を検討すると、その主目的は僧侶を中心とする仏教の整備にあり、総合的宗教としての仏教の理解に必要な学芸一般を深化することにあったと見なされる。国家統治の技術については、最新の隋・唐制を意識して吸収しようとした訳ではなく、一般的知識として中国歴代の制度、特に隋・唐が歴史的に起点とした北朝、さらにはその淵源にある中国古典の周制を修得したものであって、この机上の知識を現出することに努めたとまとめることができるのである。では、隋・唐代に完成した律令体制、特にその直近の手本とすべき永徽律令はどのようにして将来されたのであろうか。

二　新羅制の参酌

前節では前期遣唐使の段階では遣唐使そのものが律令体制の導入に積極的に取り組んだかどうか疑問である旨を述べた。とすると、永徽律令の将来方法としては、①遣唐留学生の帰朝時に将来、②来朝した新羅使によって齎される、といった可能性を想定せねばなるまい。①の可能性は、表3の土師宿禰甥・白猪史宝然らによる将来ならば、彼らは大宝律令編纂にも従事しており、律令の価値を充分に理解した上での行動であったと位置づけることができるが、これだと「はじめに」で触れた鎌足の礼儀制定時の「律令」刊定には間に合わなかったことになる。そこで、天智四年の定恵帰朝時の将来も考慮すべきであり（道観＝粟田真人の帰朝年次は不明であるが、定恵とともに帰国した可能性もある）、この場合は鎌足も永徽律令を参照できたと思われる。なお、鎌足は僧旻から『周易』、南淵請安から儒教諸教典を学んでいたので、その古典学に関する知識により、律令の内容を咀嚼することができたと考えられる所以である。

こうした遣唐使を中心に検討する方向とともに、②の新羅経由の蓋然性も充分に考慮すべきであろう。新羅では『書紀』大化三年（六四七）是歳条「新羅遣二上臣大阿飡金春秋等一、送二博士小徳高向黒麻呂・小山中中臣連押熊一、来献二孔雀一隻・鸚鵡一隻一。仍以二春秋一為レ質。春秋美二姿顔一、善談咲」とある金春秋（後の太宗武烈王）が、貞観二十二年（大化四＝真徳王二＝六四八）閏十二月に入唐し、唐・太宗に謁見して対高句麗・百済の出兵の約束をとりつけ、三国抗争を有利に進める足がかりを得るという成果を上げていた。また春秋は国学での祭礼や講義・討論などを見学し、唐と同様の国家組織を構築し、同質の文化を形成することで、唐の信頼を深めようとしたのである（『旧唐書』巻三太宗下、巻百九十九上・新羅伝、『三国史記』新羅本紀真徳王三年冬条など）。

　春秋は翌年二月に新羅に戻り（『冊府元亀』巻一百九・帝王部宴享一）、一連の唐風化政策を推進する。真徳王三年（六四九）、中国風の衣冠を服す、同四年（六五〇）唐の年号を使用する、把笏（中国風の衣冠着用に伴って、官人が威儀を正すために笏を持つこと）の制度を導入する、同五年（六五一）賀正の礼を開始する、そして「はじめに」で触れた太宗武烈王元年（六五四）唐の律令を斟酌して理方府格六十余条を修定する、などである。新羅は唐と安定した関係を築いた段階で、唐からの文物供与を得ることが可能になり、永徽律令についても参酌することができたと考えられる。

　ちなみに、新羅は唐の介入を得て百済・高句麗を討滅し、三国抗争を勝ち抜くことができたのであるが、今度は朝鮮半島全体を植民地化しようとする唐の勢力を駆逐して、文武王十六年（六七六）頃に半島統一、統一新羅の成立を実現することになる。この過程で唐との関係は一時険悪になり、新羅王が官爵を削除されることもあったが、次の神文王の時代には関係を修復し、「垂拱二年（神文王六＝六八六）、政明（神文王のこと）遣レ使来朝。因上表請二唐礼一部并雑文章一。則天令三所司写二吉凶要礼一、并於二文館詞林一、採下其詞渉二規誡一者上、勒成二五十巻一、以賜レ之」（『旧唐書』新羅伝）とあるように、文物供与を得ることができている。唐の文物獲得にはやはり唐との良好な関係維持が必要であったと思われる所以である。

さて、この新羅は上述の半島統一の過程で、対唐戦争完遂のために日本に対して外交攻勢をしかけた時期があった。白村江戦後の最初の新羅使来朝は天智七年（六六八）九月で、この段階ではまだ高句麗は滅亡していなかったが、新羅は高句麗滅亡を予告するとともに、やがて始まる対唐戦争に際して、少なくとも日本が唐側に味方しないように懐柔し、また新羅がかつての百済に代わる文物供与を行い得る存在であることを示そうとしたものと考えられる。今回の新羅使を応接したのは中臣鎌足であり、『家伝』上によると、「大臣、即付二使金東厳一、賜二新羅上卿庾信船一隻一。或人諫レ之。大臣対曰、普天之下、莫レ非二王土一、率土之賓、莫レ非二王臣一也」というエピソードが記されており（船賜与の件は『書紀』天智七年九月丁未条にも見える）、丁寧な対応を行っている。

『家伝』の構成ではこの新羅使応接の次に「はじめに」で触れた鎌足による礼儀の編纂が記されており、②天智七年来朝の新羅使が永徽律令を日本に齎し、それを参酌して礼儀を撰述したという可能性は充分に成り立ち得ると思われる。上述のように、鎌足には漢文としての律令を理解する能力はあったと推定され、「律令」刊定による礼儀の編纂は不可能ではなかったと見られるのである。『書紀』天武十年二月甲子条の飛鳥浄御原令編纂開始の詔では、「朕今更欲下定二律令一、改中法式上。故倶修二是事一。然頓就二是務一、公事有レ闕、分レ人応レ行」とあり、律令そのものの編纂は大事業であって、専修体制を整えることは難しかったことが窺われる。永徽律令の将来が天智七年であったとすると、天智朝の近江令編纂はやはり想定し難いものと考えるが、新羅の理方府格の事例から見て、単行法令である礼儀の撰述は可能であったと解される。

ところで、遣唐使は天智八年派遣以降、後期遣唐使の始まりとなる大宝度遣唐使まで約三十年間も派遣されなかった。この間、日本は新羅から様々な文物を導入し、律令体制の確立に努めたのは周知の通りであり、上掲の山田史御

表4　律令体制の整備と唐風化の過程（○で囲んだ月は閏月）

年　月	事　　項
673(天武2).5	大舎人経由の出仕法を定める
676(天武5).4	地方豪族子弟の出仕法を定める
678(天武7).10	考選基準（「公平・恪勤」の優劣）を定める
679(天武8).正	正月の拝賀の礼式（「兄姉以上親」＝父母などの年長三等以上親と自分の一族の氏上以外は不可），卑母（自分より氏族としての出自が低い母）拝礼の禁止を定める
681(天武10).2	浄御原令の編纂開始
.4	禁式92条の立制（一部に服飾に関する規定を含んでおり，服飾に関する禁制は八・九世紀の律令制下にしばしば発布されている）
.9	氏上未定の氏に氏上を決定して理官に送るように促す
682(天武11).3	皇族以下の官人に旧来の服装を禁止
.4	男女の結髪を指示（男子の髻，女子の垂髪を禁止）．婦人が鞍に跨って乗馬することを許可
.6	男子に結髪をおこない，漆紗冠を着させる
.8	宮廷においてとるべき礼儀，使用すべき言語を規定．族姓・景迹を基準とする考選方法を示す
.9	跪礼・匍匐礼をやめ，「難波朝庭の立礼」採用を指示
684(天武13).④	男女の衣服の制を指示．女子の結髪，乗馬の際の縦横の規定を緩和
685(天武14).正	新冠位制度を施行
.7	朝服の色を定める
.9	王卿に衣・袴を賜与
686(朱鳥元).7	男夫の脛裳着用，婦女の垂髪を旧制通り許可
689(持統3).正	公卿に袍・袴を賜与
.6	筑紫大宰らに衣裳を賜与．浄御原令を施行
.9	位記を始用する
690(持統4).4	考仕令による考選方法を実施
.6	位次と年齢による官人の序列方法を示す
.7	公卿・百寮人が新朝服を着す
.11	元嘉暦と儀鳳暦を採用
697(文武元).⑫	正月の礼法（浄御原朝庭制により決罰）確認．祖兄・氏上の拝賀は認める
698(文武2).8	朝儀之礼を定める
701(大宝元).3	五位以上には袴着用を義務付け，六位以下は脛裳着用も可とする
704(慶雲元).正	跪伏礼停止を令する
706(慶雲3).12	脛裳着用を禁止し，袴着用を令する
707(慶雲4).12	跪伏礼停止を再度令する

方などの事例に見られるように、遣唐留学に代わる新羅への留学者派遣も行われ、遣唐留学者に匹敵する学識習得・帰朝後の活躍が知られている。当該期の法令や文化において新羅に依拠する側面が大きかったことは既に指摘されているところであるが、(13)ここでは律令体制の構築とともに推進された唐風化の様子を比較してみたい。

表4によると、天武・持統朝における律令体制の成立、豪族を官人化するための諸方策の実施とともに、礼式・服装面など視覚的な部分で唐風化への転換を進め、律令体制の基盤となる社会の変革にも努めたことが看取できる。その過程は六五〇年代の新羅の唐風化と相似しており、永徽律令が新羅から将来されたとすると、固有の伝統社会から律令法という普遍的法制を施行するのに相応しい新しい意識・慣習を構築する手順も新羅から学んだところが大きかったのではないかと考えられよう。

ちなみに、『書紀』持統四年十一月甲申条「奉レ勅始行三元嘉暦与二儀鳳暦一」とある儀鳳暦は、天智四年（六六五＝唐・麟徳二）に頒行された唐の李淳風の麟徳暦のことであり、天武三年（六七四）に新羅に齎され（『三国史記』新羅本紀文武王十四年正月条）、新羅では儀鳳年間（六七六～六七九年）に始用されたので、この名称になったとされている。儀鳳暦も新羅経由で受容されたものであり、当該期の唐制導入を考える上で、新羅との関係が重要であったことを如実に示す事例と見ることができる。

むすびにかえて

本章では日本の律令体制成立過程の理解とも関わる唐・永徽律令の将来時期・方法について考察を試み、天智七年（六六八）来朝の新羅使によるとする可能性に留意すべきことを述べた。この知見をふまえて、律令体制の確立過程を示せば、次のようになる。

天智朝…中臣鎌足による「律令」を参酌した礼儀の撰述
　＝新羅の「詳酌律令」による理方府格編纂（六五四年）と同様、まず中国の律令（永徽律令か）を手本
　とする礼式の制定を実施

天武朝…やはり新羅を手本として風俗の唐風化を進める
　↑新羅との交流、新羅への留学
　以前に派遣した（斉明五年遣唐使（唐に抑留されており、留学は無理）よりも以前か）遣唐留学生が帰国＝唐
　の最新の知識も入手可
　↓浄御原令編纂に着手
　　藤原京造営に着工

持統朝…浄御原令の施行、藤原京完成・遷都
　さらに大宝律令編纂に向けた作業にも着手か
　～「大略以二浄御原朝庭一為二准正一」とあり、天武・持統朝で進められた方向に即したもの

文武朝…大宝律令の成立、大宝度遣唐使派遣　↓ズレに気づく

律令体制は大宝律令編纂によって完成すると見られてきたが、大宝律令の完成度如何には疑問が呈されており、大宝律令と養老律令の差違は意外に大きかったのではないかとする見解も示されている[14]。『続紀』大宝元年八月癸卯条には「撰二定律令一、於レ是始成。大略以二浄御原朝庭一為二准正一」とあり、この文言には大宝律令の前代的性格、過渡的性格が表現されているものと見ることができる。大宝律令施行から養老律令の編纂までの間には、律令制度を実施・

運営した上での経験の積み重ねや中国社会で発展してきた律令法と日本の現況との相違を認識した上での改訂点の判明などがあり、また大宝度・霊亀度遣唐使派遣により唐の最新の姿を実見したことによって、唐制の導入・実現をさらに図るべき事柄も生じていたと思われる。

『続紀』和銅四年七月庚戌朔条「張二設律令一年月已久矣、然纔行二一二一、不レ能二悉行一」、同五年五月乙酉条「制レ法以来年月淹久、未レ熟二律令一、多有二過失一」などにおいて、律令の浸透が不充分であると考えられていたのは、あるいはこうした不適合部分の存在も一因ではなかったかと思われる。大宝度遣唐使の派遣による唐の実情の実見、新たな留学者派遣などを経て、『周礼』に依拠した藤原京を放棄して、現実の長安を模した平城京造営に転換したように、和銅～養老年間の諸制度の整備、養老律令の編纂を進める中で、新たな律令体制の確立・定着が企図されていくのである。[15] こうした律令体制の整備・確立の端緒としての藍本・永徽律令の導入について私案を示した拙文はこのあたりで擱筆することにしたい。

註

（1）佐藤誠実「律令考」（『國學院雑誌』五の一三～六の三、一八九九年）、仁井田陞・牧野巽「故唐律疏議製作年代考」（『譯註日本律令』一、東京堂出版、一九七八年）など。唐代七世紀の律令編纂には、武徳七年（六二四）頒行の武徳律令、永徽二年（六五一）の永徽律令があり、この間貞観十一年（六一七）、また儀鳳二年（六七七）・垂拱元年（六八五）に律令の冊定が行われているが、武徳律令・永徽律令を中心に考えてよいとされる。日本の律令が七世紀代の唐令、就中この中では最新の永徽律令を藍本としてことは、中宗の諱「顕」の忌諱を行っていないことや開元初年の改訂に係る「璽」、「詔書」などの用語を使用していることからも明らかであると言われている。

（2）坂上康俊「書禁・禁書と法典の将来」（『九州史学』一二九、二〇〇一年）は、『唐会要』巻三十九定格令・文明元年（六

八四）四月十四日勅（景龍三年八月九日勅所引）などに官人への律令の周知・徹底が述べられ、また科挙により合格して官僚になる人々への試験のためにも、律令の知識・条文が秘密にされていたとは想定し難いことを指摘しており、発布直後の将来も可能だったと見ているようである。

（3）拙稿「中大兄の軌跡」（『海南史学』四三、二〇〇五年）。鎌足については、拙稿「中臣鎌足と乙巳の変以降の政権構成」（『日本歴史』六三四、二〇〇一年）を参照。

（4）拙稿ａ「遣唐使の時期区分と大宝度の遣唐使」（『国史学』一八九、二〇〇六年、本書第一部第三章所収）、ｂ「唐皇帝と日本の遣唐使」（『東アジアの古代文化』一二九、二〇〇六年）。

（5）孝徳朝の改革の評価に関わる部民制のあり方については、拙稿「民官と部民制」（『弘前大学国史研究』一一八、二〇〇五年）、税制に関しては、拙稿「七世紀の荷札木簡と税制」（『木簡研究』二八、二〇〇六年）を参照。

（6）大隅清陽「大化改新論の現在」（『日本歴史』七〇〇、二〇〇六年）は、孝徳朝の改革開始時点では隋・唐の律令法は将来されておらず、北魏・隋制に由来する要素が大きかったことを指摘し、唐令に依拠して律令を編纂していく「狭義の律令制」の段階と「プレ律令制」とを区別して論ずべきことを提言している。

（7）専修大学・西北大学共同プロジェクト編『遣唐使の見た中国と日本』（朝日新聞社、二〇〇五年）でその存在が明らかになった霊亀度遣唐使に随行した留学生井真成のように、正史に名前が残らなかった者がいた可能性は考慮しておくべきである。

（8）田中卓「還俗」（『続日本紀研究』一の一二、一九五四年）、関晃「遣新羅使の文化史的意義」（『古代の帰化人』吉川弘文館、一九九六年）など。

（9）拙稿「倭国から日本へ」（『日本の時代史』3倭国から日本へ、吉川弘文館、二〇〇二年）。

（10）東野治之「大化以前の官制と律令中央官制」（『長屋王家木簡の研究』塙書房、一九九六年）。

（11）東野治之「大宝令前の官職をめぐる二、三の問題」（註（10）書）。

（12）豊田裕章「前期難波宮と「周制」の三朝制について」（『ヒストリア』一七三、二〇〇一年）、小澤毅「古代都市「藤原京」の成立」（『日本古代宮都構造の研究』青木書店、二〇〇三年）。

(13) 関註(8)論文、林紀昭「飛鳥浄御原律令に関する諸問題」(『史林』五三の一、一九七〇年)、鈴木靖民「日本律令制の成立・展開と対外関係」、「日本律令国家と新羅・渤海」(『古代対外関係史の研究』吉川弘文館、一九八五年)、李成市「統一新羅と日本」(『古代を考える　日本と朝鮮』吉川弘文館、二〇〇四年)など。

(14) 榎本淳一「養老律令試論」(『日本律令制論集』上巻、吉川弘文館、一九九三年)。

(15) 吉田孝「律令国家の諸段階」(『律令国家と古代の社会』岩波書店、一九八三年)。

第五章　遣唐使と唐文化の移入

はじめに

二〇〇四年一〇月、中華人民共和国の西北大学歴史博物館所蔵の墓誌に日本の遣唐使として入唐し、彼の地で死去した井真成なる人物が見えることが公表され、この井真成墓誌をめぐっては西北大学と日本の専修大学との共同研究プロジェクトが発足し、シンポジウムの開催という形でその研究成果が示されている(1)。井真成墓誌の出現に突如として刺激された訳ではないが、私も予てより古代日本の対外関係に興味を抱いており(2)、対唐認識や賓礼のしくみをふまえて、個別の通交事例にもさらに目配りする必要を感じていたところであった。

井真成は霊亀度の遣唐使で渡海し(3)、留学生として唐に滞在、次の天平度の遣唐使が到来する直前の開元二十二年(天平六＝七三四)正月に死去している。彼は今回初めてその存在が知られた遣唐留学生であるが、八世紀以降の遣唐使は船四隻・六百人程度で派遣されていたから、このような無名の留学生が含まれていたとしても不思議ではない。この点は遣唐使の帰朝に随伴して来日する唐人についても該当することは、別に指摘している通りである(4)。この他にも遣唐使をめぐる埋もれた史料はいくつか「発掘」されており(5)、それらの成果をふまえて、個々の遣使内容や遣唐使全体について考究すべき段階にあると思われる。

個別の遣唐使については分析例として大宝度の遣唐使を検討しているが(6)、今回の遣唐留学生井真成の「出現」により、留学生の様態や唐文化移入の状況、また遣唐使派遣の全体的動向との関係などを整理したいと考えた次第である。以下、留学生の動向や移入された唐文化・典籍の特色などに留意しながら、表題のテーマに接近したい。(7)

一　留学生と請益生

遣唐使に随行して入唐し、学問・修行に努める人々には、長期滞在の留学生と短期滞在の請益生とがあった。遣唐使の職階名を一覧できる『延喜式』巻三十大蔵省の入諸蕃使の条には、学生について留学生と請益生、僧侶に関しては学問僧と還学僧という語が見えるが、実例に即して留学生（僧）、請益生（僧）として区別しておきたい。留学生（僧）は八世紀においては基本的に次の遣唐使が来るまで二十〜三十年間在唐して、学問や宗教だけでなく、唐の文化全般や寺院のあり方などを広く修得することを目的としていた。一方、請益生は遣唐使の滞在中のみ特定の目的を果し、遣唐使とともに帰国する短期留学とも言うべき形態をとっている。

遣唐使の官人の中にも唐文化の移入に尽力した例はあるが、様々な学芸・技能や宗教の面で、日本に唐文化を導入する原動力となったのはやはり彼ら留学生（僧）・請益生（僧）たちであったと評さねばならない。では、彼らはどのような分野の唐文化を、如何なる形で修得して、日本に移入したのであろうか。ここではまず遣唐留学生・請益生の具体的な活動を探ってみたい。

留学生は長期滞在、請益生は短期留学という入唐目的に違いがあったためか、表5により入唐時の年齢を比べてみると、留学生は二十歳前後のやや若い者が派遣され、請益生は短期間に必要な成果を達成できるだけの学芸・経歴を有する者が選定されたので、年齢はやや高めであることがわかる。但し、僧侶の場合は一定の修行の基礎が不可欠で

表5　遣唐留学生・請益生と唐文化の移入

(2)　留学僧；道厳，道通，道光（→律師，『依四分律撰録行事』），恵施（→僧正），覚勝*，弁正，恵照，僧忍，知聡*，道昭《25歳》（玄奘の弟子，飛鳥禅院→元興寺禅院は「此院多有経論，書迹楷好，並不錯誤，皆和上之所将来者也〔『続紀』文武4年3月己未条〕と見ユ」），定恵《11歳》（中臣鎌足の子），安達（中臣渠毎の子），道観（春日粟田臣百済の子真人），知弁，義徳（27年間在唐），道福*，義向*

留学生；巨勢臣薬（豊足の子），氷連老人（真玉の子，17年間在唐），坂合部連磐積（『新字』一部44巻）

(3)　留学僧；恵妙*，智国*，智宗（26年間在唐）

留学生；高黄金

(6)　留学僧ヵ；智蔵（三蔵要義を齎す→持統朝に帰朝し僧正）

※黄書造本実…水臬（水準器）・仏足石図を齎す

(7)　留学僧；弁正*（囲碁の技能あり，秦忌寸朝元の父），道慈《27歳》（16年間在唐→(8)，『続紀』天平16年10月辛卯条「著述愚志一巻，論僧尼之事」，西明寺図を将来し，大安寺造営に貢献）

※唐より「寄送経論律等」（『性霊集』巻5）／鳳凰鏡・窠子錦（『続紀』慶雲元年11月庚寅条）

(8)　留学僧；玄昉（18年間在唐，『開元釈教録』を齎す）

留学生；下道朝臣真備《22歳》（18年間在唐→(9)），阿倍朝臣仲麻呂*《16歳》―傔人羽栗吉麻呂　（唐女を娶り，翼・翔を生む），井真成*《18歳》

請益生；大和宿禰長岡《28歳》（『続紀』景雲3年10月癸亥条「凝滞之処，多有発明．当時言法令者，就長岡而質之．」）

※「所得賜賚，尽市文籍，泛海而還」（『旧唐書』日本伝）／孔子廟堂・寺観を見学（『冊府元亀』巻974外臣部褒異一・巻170帝王部来遠開元5年10月乙酉条／「入唐使等拝見．皆着唐国所授朝服．」（『続紀』養老3年正月乙亥条）／檀像1具（法隆寺伽藍縁起并流記資財帳）

(9)　留学僧；普照（→(11)で鑑真らを随伴）・栄叡*・玄朗*・玄法*，理鏡（菩提僊那を随伴，南天竺波羅門僧正碑并序には「学問僧」とあるが，請益僧ヵ）

請益生；秦大麻呂（『続紀』天平7年5月壬戌条「入唐使献請益秦大麻呂問答六巻」）

※判官秦忌寸朝元…『万葉集』巻17―3922～3926（天平18年正月）左注に王卿らが応詔作歌した時，「但秦忌寸朝元者，左大臣橘卿謔曰，靡堪賦歌，以麝贖之．因此黙止也．」とあり，唐物を所持していると思われていたか．／石山寺所蔵遺教経奥書「唐清信弟子陳延昌荘厳此大集経典附日　本／使国子監大学朋古満於彼流伝／開元廿三年二月八日従京発記」／『肇論疏』本奥書…開元23年閏11月に揚州大都督白塔寺沙門玄湜が「流伝日本国大乗大徳法師」ために勘校（→副使中臣朝臣名代の帰国に付託か）

(11)　留学僧；行賀《25歳》（31年間在唐，延暦3年帰国）

留学生ヵ；船連夫子（『続紀』勝宝6年11月辛未条「大唐学問无位船連夫子授外従五位下，辞而不受．以出家故也．」）

請益生ヵ；膳臣大丘（『続紀』景雲2年7月辛丑条「随使入唐，問先聖遺風，覧膠庠之余烈」）

※『薫集類抄』上…日本国使が供養香の製法を写取／「大小乗経論賢聖集別生并目録外経惣一百七巻」…「去天平勝宝六年入唐廻使請来」と見ユ（『大日本古文書』4―496～499，15―45）／三教殿を見学（『東大寺要録』所引延暦僧録逸文）

(14)　請益生；伊与部連家守（明経，公羊・穀梁伝を将来〔『紀略』延暦19年10月庚辰条・学令経周易尚書条集解所引延暦17年3月16日官符〕→帰国後に直講）

※准判官羽栗臣翼…揚州にて鋳工に鈍隠の鑑定を依頼（『続紀』神護2年7月己卯条），宝応五経暦経を将来（『三代実録』貞観3年6月16日条）

(16)　留学僧；空海《31歳》（→大同元年帰国）

請益僧；最澄《38歳》—沙弥訳語僧義真，従者丹福成，経生真立人

留学生；橘朝臣逸勢（→大同元年帰国），粟田朝臣飽田麻呂（『後紀』延暦24年10月甲寅条「授入唐留学生无位粟田朝臣飽田麻呂正六位上」）

請益生；豊村家長*（明経請益大学助教）

※伴宿禰少勝雄（囲碁）／遣唐舞生久礼真蔵（茂）（『教訓抄』によると，春庭楽・柳花薗を伝来）／唐物（彩帛・綾・錦・香薬）を献上

(17)　留学僧；円載—弟子仁好・順昌，傔従伴始満，真済—弟子真然（第3船漂没により入唐中止

請益僧；円仁—弟子性海・惟正，円行，戒明—弟子義澄，常暁（太元帥之法を伝える）

留学生；長岑宿禰氏主（紀伝），佐伯直安道（暦，逃亡により入唐せず），志斐連永世（天文，逃亡により入唐せず）

請益生；刀岐直雄貞（暦，逃亡により入唐せず），春苑宿禰玉成（『続後紀』承和8年正月甲午条「遣唐陰陽師兼陰陽請益正八位上春苑宿禰玉成，在唐間得難義一巻，令陰陽寮諸生伝学」），伴宿禰須賀雄（碁師，『入唐求法巡礼行記』巻1開成3年10月4日条に「別請益生」と見ユ）

※知乗船事菅原朝臣梶成（『文徳実録』仁寿3年6月辛酉条「以梶成明遠医経，令其請問疑義」）／准判官藤原朝臣貞敏《28才》（『三代実録』貞観9年10月4日条・宮内庁書陵部蔵「琵琶譜」（伏見家旧蔵）奥書〜琵琶を伝習）／『中右記』永長元年10月11日条「大極殿者是大唐大明宮含元殿之體也．遣唐使常副（嗣ヵ）申也．一事不違彼宮．」

（備考）　人名の右肩の*は唐または途中で客死，あるいは行方不明となり，帰国しなかった者を示す．《》は入唐時の年齢，※は留学生・請益生以外の人々による将来品．

あったと思われ、中臣鎌足の子定恵は措くとして、道昭・道慈・行賀・空海、あるいは渤海経由で宝亀三年に入唐し（三十歳）、三十年以上在唐して、延暦度の遣唐使に随伴して帰朝した永忠（『元亨釈書』巻十六）などの事例によると、二十五〜三十歳くらいで入唐留学するものと考えられる。

　留学生選定の基準については、遣隋留学生が渡来系氏族で占められ、表5—（2）には有力豪族の子弟が多いなど、七世紀には一定の傾向があったようであるが、律令体制が確立した八世紀以降は多士済々で、一定した基準の有無はよくわからない。表5—（8）の下道（吉備）真備は、『続紀』宝亀六年十月壬戌条の薨伝によると、父は右衛士少尉（相当位は正七位上）下道朝臣國勝で、母は天平

十一年八月二日楊貴氏墓誌に見える楊貴（八木）氏という畿内の小豪族の出自であった。和銅元年十一月二十七日下道圀勝母骨蔵器銘が備中地域で出土している（備中小田郡東実成村出土、同村圀勝寺所蔵）ので、父の代になって初めて中央に出てきた家系に属すると思われるから、必ずしも畿内に伝統を有する一族ではなかったことになる。したがって留学生に選抜されるのは当人の資質によるとしかまとめようがないところであるが、同時に入唐した阿倍仲麻呂や井真成が十代であるのに対して[8]、真備が二十歳を越えていたのは、畿内豪族としての伝統の有無による等差が存したものかもしれない。

なお、遣唐使の官員に関しては、大宝度の少録山上憶良は同族の執節使粟田真人の推輓による起用と推定され[9]、上位の職位にある者と同族の下位の職位者の存在例がしばしば見受けられる。さらに後代になると、延暦度の大使藤原葛野麻呂――承和度の大使常嗣父子、延暦度の菅原清公――承和度の善主（道真の父是善の兄）――寛平度の道真のように、代々遣唐使を輩出する「遣唐使の家」とでも称すべき伝統を有する家系も出てくるが、やはり畿内に基盤を持つ方が律令官人社会全般としても有利であったことは否めない。

さて、留学生らが齎した唐文化としては、いくつかの具体例を示し、表5を参考にして整理してまとめると、次のようなものが掲げられる。

a『続紀』天平七年四月辛亥条

入唐留学生従八位下下道朝臣真備献下唐礼一百卅巻、太衍暦経一巻・太衍暦立成十二巻、測レ影鉄尺一枚、銅律管一部、鉄如方響写律管声十二条、楽書要録十巻、絃纏レ漆角弓一張・馬上飲水漆角弓一張・露レ面漆二四節一角弓一張、射甲箭廿隻・平射箭十隻上。

b『続紀』養老三年正月乙亥条

表6　遣唐使が将来した唐文化

仏教関係…	教学の伝授，経典，仏像・図像，寺院の図，僧侶招聘
儒教関係…	教学の教授，孔子廟の見学，唐礼，公羊・穀梁伝，その他の書籍
その他の学芸…	律令・陰陽・医学関係の難義を尋ねる，香道・舞楽・囲碁・琵琶の伝授，暦の知識，関連の書籍
その他の将来品…	水臬・測影などの技術品，仏足石図，呂律の道具，弓・箭，工芸品
唐の風俗・慣習…	服制・儀礼，長安の実見

入唐使等拝見。皆着二唐国所レ授朝服一。

c

『続紀』養老三年二月己亥条

初令二天下百姓右レ襟、職事主典已上把レ笏。其五位以上牙笏。散位亦聴レ把レ笏。六位已下木笏。

d

『続紀』養老三年十二月戊子条

始制定二婦女衣服様一。

e

『続紀』天平四年正月乙巳条

御二大極殿一受レ朝。天皇始服二冕服一。

f

『続紀』神亀元年十一月甲子条

太政官奏言、上古淳朴、冬穴夏巣。後世聖人、代以二宮室一。亦有二京師一、帝王為レ居。万国所レ朝、非二是壮麗一、何以表レ徳。其板屋・草舎、中古遺制、難レ営易レ破、空殫二民財一。請仰二有司一、令下五位已上及庶人堪レ営者構二立瓦舎一、塗為中赤白上。奏可之。

g

『続紀』景雲二年七月辛丑条

大学助教正六位上膳臣大丘言、大丘天平勝宝四年、随レ使入唐、問二先聖遺風一、覧二膠庠之余烈一。国子監有二両門一、題曰二文宣王廟一。時有二国子学生程賢一、告二大丘一曰、今主上大崇二儒範一、追改為レ王。鳳徳之徴、于レ今至矣。然准二旧典一、猶称二前号一、誠恐レ乖二崇徳之情一、失二到レ敬之理一。大丘庸闇、聞斯行レ諸。敢陳二管見一、以請二明断一。勅号二文宣王一。

h

『紀略』延暦十九年十月庚辰条

外従五位下伊与部家守卒。宝亀六年兼補二遣唐一、習二五経大義并切韻説文字躰一。帰来之日、任二直講一、尋転二助教一。大臣奏、令レ講二公羊・穀梁三伝之義一云云。文宣王享座、諸儒所レ説不レ同。仍拠二勘経義及大唐所レ行、具録奉進、定二南面一畢。

i 衣服令朝服条集解私所引大同元年十月七日格

太政官符。応レ改二七位・初位当色一事。右被二右大臣宣一偁、奉レ勅、今聞、漢家之制、略異二此間一、緑・縹之浅、不レ著二当色一。知而不レ改、服制無レ節。蕃客朝覲、如レ見レ之何。宜下七位者同著二深緑一、初位者共服中深縹上。自レ今以後、立為二恒例一。

j『続後紀』承和九年十月丁丑条菅原清公薨伝

（弘仁）九年有二詔書一、天下儀式・男女衣服、皆依二唐法一、五位已上位記、改従二漢儀一、諸宮殿院堂門閣、皆着二新額一、又肆二百官舞踏一。如レ此朝儀、並得二関説一。

まずaによると、吉備真備は唐礼、暦法、測量道具、音楽関係の呂律や楽書、工芸品的な弓や様々な箭など幅広い分野の唐文化関連品を将来したことが知られ、これは「我朝学生播二名唐国一者、唯大臣及朝衡二人而已」（『続紀』宝亀六年十月壬戌条の薨伝）と評せられた真備ならではのこととも考えられるが、留学生が様々な分野の知識の吸収に努めたことが窺われる。またg・hは請益生の事例であるが、孔子廟の実見に基づき、帰国後に日本でも同様の制度を導入していることが知られ、唐制の実際を体験することも重要であった。hによると、そうした実見に依拠した発言は重みを持ち、無用の論争を封殺する効力を有したことが看取されるところである。

こうした貢献は宝亀度①の請益僧である大安寺僧戒明の場合も同様であり(10)、宝亀十年に日本で大仏頂経を偽経として廃棄しようとした時、「唐大暦十三年（七七八＝宝亀九）、広平皇帝《代宗》親請レ僧講二大仏頂経一」という知見を示し、「因㆓戒法師㆒、故大乗得㆑存、令㆔衆多僧脱㆓無間地獄苦㆒」となったという（『日本高僧伝要文抄』巻三所引延暦僧録第五智名僧沙門釋戒明伝）。その他、『続紀』延暦六年五月戊戌条「典薬寮言、蘇敬注新修本草、与㆓陶隠居集注㆒相検、増一百余条、亦今採用草薬、既合㆓敬説㆒。請行㆓用之㆒。許焉」とあるのも、宝亀度①または②の遣唐使の成果を示すもので、唐の新知識により旧説が修正される事例と見ることができる。ちなみに、gの場合もそうであったが、新知識が披露されるには若干時間がかかるようであり、hの伊与部家守による公羊・穀梁伝の講説が始まったのは延暦三年のことで（学令経周易尚書条集解所引延暦十七年三月十六日官符）、宝亀度①の遣唐請益生であった彼が帰朝した宝亀九年から数年を要している。

唐から将来される新文化は学芸・宗教的な知識や書物だけではなく、風俗・慣習も遣唐使の実見・将来品により改訂されることがあった。特に大宝度の遣唐使派遣による事実上の遣唐使再開を経た霊亀度の遣唐使の場合はその趣が著しく、bの唐国朝服の将来を参考にし、c～eの如き服制の変更、また長安の実見に基づくfのような瓦葺き建物の造営が企図されたものと思われる。その後も唐制との相違は折に触れて修正され、iに記されているように、国際的に違和感を醸成することがないように注意されたことが窺われる。

では、こうした唐文化を留学生たちはどのようにして修得したのであろうか。上述の吉備真備薨伝によると、日本人の留学生で唐の学生として修了まで行ったのは真備と阿倍仲麻呂の二人しかいなかったと特記されている。薨伝による誇張を差し引くとしても、日本人留学生で正規の学生になった者は少なかったと考えられ、『新唐書』新羅伝に「（開成）五年、鴻臚寺籍質子及学生歳満者一百五人、皆還之」とある、入唐留学で学識と人脈を培った新羅の場合とは様相を大きく異にしている。[11]

『旧唐書』日本伝には、霊亀度の遣唐使に関して、「因請㆓儒士㆒授㆑経。詔㆓四門助教趙玄黙㆒、就㆓鴻臚寺㆒教㆑之」とあり、表5の難義を問う請益生もこのような形で答釈の入手を図ったのかもしれない。この方法は公的な使節である遣唐使に付随した行動であるからこそ可能であったものと考えられる。しかし、正規の学生でない多くの留学生はどのような方法で自己の使命を達成しようとしたのだろうか。

k『日本国見在書目録』正史家・東漢観記百卌三巻

右、隋書経籍志所レ載数也。而件漢記、吉備大臣所二将来一也。其目録注云、此書凡二本。一本百廿七巻、与二集賢院見在書一合。一本百四十一巻、与二見書一不レ合。又得二零落四巻一。又与二両本目録一不レ合。真備在二唐国一多処営求、竟不レ得二其具本一。故且随二写得一如レ件。今本朝見在百四十二巻。

l『扶桑略記』延暦二十四年条

（上略）空海和尚随二大唐勅一、留二住唐西明寺永忠僧都故院一。（中略）空海和尚周二遊城中諸寺一、訪二択明徳一。値二遇上都長安青龍寺東塔院大徳内供奉阿闍梨恵果和尚一。（下略）

kは正規の学生として就学したと推定される吉備真備の事例であるが、彼が『東漢観記』を入手した具体的な方法が知られる。kによると、真備は集賢院の官蔵本を書写することは許されず、市井で諸本を入手するという手段を講じざるを得なかったようである。逆言すれば、そうしたことが可能であった背景として、禁書対象以外の書籍が市井で流通しており、皇帝は遣唐使や留学生が持ち帰る一々の書物までチェックしなかったので、様々なつてを辿って善本を求めることができたと考えられよう(12)。

そうした尽力は僧侶の場合も同様であり、天平度の遣唐留学僧として戒師招聘を目的に入唐した普照・栄叡らも長安・洛陽・揚州と、鑑真に辿り着くまで、諸寺を尋ねて日本行きが可能な適任者を探したようであって（『唐大和上東征伝』）、最初から師事すべき人物に当てがあった訳ではなく、入唐・滞留後に探索がなされているのである。この点はlの空海にも該当し、「周二遊城中諸寺一、訪二択明徳一」し、恵果に値遇したとあるから（『性霊集』巻五「与二本国使一請二共帰一啓」にも、「著二草履一、歴二城坤一、幸遇二中天竺国般若三蔵及内供奉恵果阿闍梨一」とある）、日本出発の時点で留学先が確固としているという状況にはなかったことが知られる。

m宮内庁書陵部蔵『琵琶譜』（伏見家旧蔵）奥書

大唐開成三年戊辰八月七日壬辰、日本国使作二牒状一、付二勾当官銀青光禄大夫検校太子詹事王友真一、奉二揚州観察府一、請二琵琶博士一。同年九月七日壬戌、依二牒状一、送二博士州衙前第一部廉承武一〈字廉十郎、生年八十五〉。則〔於〕二揚州開元寺北水館一而伝習、弄二調子一。同月二十九日、学業既了。於レ是博士承武送レ譜。仍記耳。開成三年九月二十九日。判官藤原貞敏記。

mは承和度の遣唐准判官で琵琶の名手として名高い藤原貞敏が揚州で琵琶の伝習を受けた状況を記したものであるが、この時も特定の師匠を指名して依頼したのではなく、人選は全く唐側に委ねられていた。『入唐求法巡礼行記』によると、遣唐使一行が揚州府に到着したのは七月二十五日のことであり、mの八月七日の牒状提出の時点では、日本側は具体的な人物を指名できる程の情報量はなかったと思われる。したがって「請二琵琶博士一」の如き要請にならざるを得なかったのである。また伝習期間は二十日間程であり、とにかく唐の琵琶博士に伝授されたという箔付けが重要だった訳である[13]。なお、中国側がつけてくれた琵琶博士は一番目の人物であったが、「前第一部」とあり、現役ではなく、年齢も八十五歳とかなりの高齢であった。これは三番目の名人と称して、一番目を出して勝負し、勝ちを得て、中国との格差を見せつけて承服させる手法と同様[14]、万一にも中国側の技量が下であった場合の言い訳を用意した周到な対応方法であったと評することができよう。

n『類聚国史』巻百四十七・『扶桑略記』延暦二十二年三月己未条行賀伝

（上略）生年十五出家、廿受二具足戒一。廿五被レ宛二入唐留学一。学二唯識・法花両宗一、住レ唐卅一年。帰来之日、歴二試身才一。東大寺僧明一難二問宗義一、頗有レ所レ塞。明一即罵云、費二粮両国一、学植庸浅、何違二朝寄一、不二実帰一乎。法師大愧、涕泣滂沱。久在二他郷一、頻忘二言語一。長途一躓、豈妨二千里之行一、深林枯枝、何薄二万畝之影一。何則在レ唐之時、居二百高座之第二一、有二法華経疏弘賛略・唯識僉議等四十余巻一。是則行賀法師之筆削也。又写得持来聖教要文五百余巻。聖朝深喜二弘益一、授以二僧綱一。詔付二門徒卅人一、令レ伝二其業一矣。

nは勝宝度の遣唐使で留学し、在唐三十一年の後に帰朝した行賀の帰国時の出来事を描いたものであるが、留学生らには入唐留学・請益の成果を試される場面が待ち受けていた。請益生の場合は、表5にいくつかの事例が存するように、各分野の難義に対して答釈を持ち帰ることで一応の使命を果すことができ、その答釈や新知見を国内に伝授することによって入唐の成果を示したものと認めることができる。留学生・僧もa・kの吉備真備やlの空海の如く、留学の成果を充分に発揮する者が多く、それ故に遣唐使による唐文化の移入が喧伝される所以である。

ところが、nの行賀は「難二問宗義一」に答えることができず、「費二粮両国一、学植庸浅、何違二朝寄一、不二実帰一乎」と罵倒されたという。nでは「久在二他郷一、頻忘二言語一」と弁護されているが、論争には論争術があり、学殖と必ずしも比例するものではないとの指摘もなされており[15]、nによると、唐での活動・肩書や将来した経典など、行賀は一応評価すべき成果を上げたと認定され、日本でも宗業伝授に資したと記されている。ただ、nには行賀本人が伝習にあたったとは記されておらず、あるいは明一との論争での失態が評判を下げたのではないかと同情されるところである。朝廷や仏教界としては、本人の学識もさることながら、新しい経典の将来という物実の獲得の方に重点を置いていたので、行賀が咎められることはなかったとも考えられるエピソードとなろう。

以上、留学生たちの様態や唐文化移入の様子を見たが、こうした個別事例の集積をふまえて、次に日本における唐文化移入の特色について全般的な考察を試みたいと思う。

二　唐文化移入の特色

前節で概観したように、唐文化の移入は遣唐使人や留学生・請益生らの実見によって、また前節末尾に触れた評価や『旧唐書』日本国伝に「所レ得錫賚、尽市二文籍一、泛レ海而還」（霊亀度の遣唐使）とあるように、書籍によって実現される場合も多かった(16)。但し、八世紀の遣唐使について見ると、二十〜三十年に一度の入唐であったから唐代の文化全般を移入した訳ではなく、まず時間的・地域的な限定や偶然性に左右される側面が存したことを指摘せねばならない。

時間的・地域的な制約に関連して、一つには時間差の問題を取り上げたい。史料b〜e・iで見たように、遣唐使帰朝時には唐の服制などを参酌した新制度が定立されることがあったが、これは唐制の実見によって、遅ればせながら唐と同様の制度を構築しようとしたものであり、唐を手本にして律令国家の体裁を整えようとする時、どうしても埋め難い時間差が生じることになる。こうした唐の実見→唐とは時間差を置いての日本での新制定立の事例としては、遣唐使派遣が中断していた間に造営された面朝後市型（『周礼』に依拠）の藤原京が僅か十六年間、しかも二時期の改変による整備や官衙空間などに余裕を残しながら放棄されたのは、大宝度の遣唐使が実見した北闕型の長安の衝撃の大きさを示すものであって、遣唐使帰朝後から早速に平城京造営が着手されることになった（『続紀』慶雲四年二月戊子条「詔二諸王臣五位已上一、議二遷都事一也」）という過程にも窺うことができる(17)。

また天平感宝・勝宝、天平宝字、天平神護、神護景雲という四字年号は、則天武后の天冊萬歳（六九五）、萬歳登封・萬歳通天（六九六）を藤原仲麻呂政権下に模倣したもので、この頃には玄宗の「天宝〇載」という年の表現を真似て、日本でも「天平勝宝七歳」、「天平勝宝八歳」、「天平勝宝九歳」（＝天平宝字元年）という言い方も使用された。但し、四字年号は藤原仲麻呂の乱以後も続いているので、孝謙＝称徳天皇の好みもあったと考えられる。(18) 孝謙天皇の宝字元年に起きた橘奈良麻呂の乱の際に、乱に加担した人々を拷掠する場面で、「黄文〈改二名多夫礼一〉」、「道祖〈改二名麻度比一〉」、「賀茂角足〈改二名乃呂志一〉」と、綽名をつけて罵倒しており（『続紀』宝字元年七月庚戌条）、同様の事例は称徳天皇治下の不破内親王事件の際に、不破内親王を「厨真人厨女」、県犬養姉女を「犬部姉女」と改名したこと（景雲三年五月壬辰・丙申条）や、宇佐八幡宮託宣事件に関連して、和気清麻呂を別部穢麻呂（景雲三年九月己丑条）、姉の法均尼（広虫）を別部狭虫（『後紀』延暦十八年二月乙未条）としたとあることが知られ、こうした貶姓名も則天武后のやり方を模した孝謙＝称徳天皇の意向によるところが大きいようである。(19)

こうした事例は則天武后代の流行が半世紀も後の日本の女帝の統治に影響を与えたものと言えようが、時間差の問題とともに、則天武后代の知識が日本に移入された背景として、則天武后統治の最末期に大宝度の遣唐使が三十年ぶりに入唐し、唐の最新のあり方を導入しようとしたという偶然性に作用されたところが大きかったことにも留意せねばならない。寛平三年成立の藤原佐世撰『日本国見在書目録』には則天武后の尊号である「聖母神皇」を冠した書籍がいくつか見られるが、平城宮跡出土の天平初年頃の木簡に「聖母神皇集□」の文字が見え（平城宮木簡一〇九〇二号）、則天武后時代に関わる知識が早くから将来されていたことが窺われる。(20)

その則天武后時代の文物と言えば、日本には珍しく則天文字の受容が行われていたことが知られ、「圀」以外にもいくつかの文字が墨書土器などに残されており、その浸透が地方にまで及んでいたことが看取できる。(21) なお、則天武后時代に関する知識は、早くに永昌元年（六八九＝持統三）の年号を有する那須国造碑に窺われるが、これは東国に移住してきた新来の新羅人などの知識によるものであろう。[22] 日本国内における則天文字の使用例としては、和銅元年十一月二十七日下道圀勝母骨蔵器銘に「下道圀勝、弟圀依朝臣」とあるのが早く、吉備真備の父である国（圀）勝は、大宝度の遣唐使が齎した最新の文物、尾籠な知識を逸早く取り入れる好奇心・奇矯さを有していたことが看取され、真備が生育した環境を探る材料を呈していよう。

以上のような唐文化移入における偶然性的要素は、遣唐留学生や請益生が伝えた学芸・宗教などの内容についても該当する。前節で触れたように、請益生の場合は唐側の紹介によって教授者を充てられており、留学生も滞留中に色々と師事先を探索しているのであった、日本出発時から特定の伝授希望の学者や僧侶がいた訳ではないようである。したがってどのような師匠に出会うかは偶然に左右される面が大きかった。

o『類聚国史』巻百七十九弘仁十三年六月癸亥条最澄卒伝

（上略）延暦末入唐請益。皇太子詹事陸淳左二降台州刺史一、会二屈天台宗道邃和尚一、為二座主一、儻預二講筵一、稟学略了。良縁有レ感、一面為レ歓、助二写宗書二百余巻一訖。即復二本職一、拝別上京。既而随帰来、弘二演宗義一云々。

oによると、最澄が道邃に天台宗を学ぶことができたのは、台州刺史陸淳が主催する法会で邂逅したことが契機とされ、空海が密教を伝授された恵果（l）は金剛界・胎蔵界の両系統を伝承する稀有な存在であったが、伝授後間もなく死去しているから、もう少しタイミングがずれると、空海との出会いすらなかったかもしれない。こうした意味では日本の唐文化移入の特色の一つとして、偶然性・僥倖性に依存するところが大であるという点を指摘することができよう。

前節の史料mは偶然性・僥倖性の事例の一つでもあるが、伝授の場所が揚州という遣唐使の到着地であった点、即ち中国文化といっても、全中国の文化ではなく、また長安を中心とする地域の文化でもなく、実は日本の遣唐使が到着した中国江南の文化を移入したものが意外に多かった点にも注意しておきたい。遣唐使は船四隻、六百人程度で入唐したが、長安に上京するのはごく一握りの人々であり、大多数を占める水手や多くの随行官人たちは長安上京組が戻って来るまで到着地で中国の文化に接することになるのである。『日本国見在書目録』中の史部のうち、土地家には「揚州図経」、「濮陽県図経」、「越州都督府図」の如き、遣唐使が到着する江南地方の地誌が多く見られ、この地域の地理への関心を物語る（勿論、遣唐使到着時の到着地理解に資するという意味もある）。また近年注釈作業が進められている聖武天皇宸筆『雑集』中の「鏡中釈霊実集」は遣唐使到着地で入手された文例集と考えられており(23)、こうした到着地の文化の影響が大きかったことには留意せねばならない。

p『続紀』養老四年十二月癸卯条

詔曰、釈典之道、教在二甚深一。転経唱礼、先伝二恒規一、理合二遵承一、不レ須二輙改一。比者、或僧尼自出二方法一、妄作二別音一、遂使二後生之輩積習成一レ俗、不レ肯二変成一。恐汙二法門一、従レ是始乎。宜下依二漢沙門道栄・学問僧勝暁等転経唱礼一、余音並停上レ之。

q『続紀』宝亀九年十二月庚寅条

玄蕃頭従五位上袁晋卿賜二姓清村宿禰一。晋卿唐人也。天平七年随二我朝使一帰朝。時年十八九。学二得文選・爾雅音一、為二大学音博士一。於レ後、歴二大学頭・安房守一。

r『性霊集』巻四「為二藤真川一挙二浄豊一啓」（弘仁七年十二月二十七日か）

（上略）故中務卿親王之文学正六位上浄村宿禰浄豊者、故従五位上勲十二等晋卿之第九男也。父晋卿遥慕二聖風一、遠辞二本族一。誦二両京之音韻一、改二三呉之訛響一、口吐二唐言一、発二揮嬰学之耳目一、遂乃位登二五品一、職践二州牧一。（下略）

s『日本紀略』延暦十一年閏十一月辛丑条

勅、明経之徒、不レ可レ習レ音、発声誦読、既致二訛謬一。熟二習漢音一。

t『日本紀略』延暦十二年四月丙子条

制、自レ今以後、年分度者、非レ習二漢音一、勿レ令二得度一。

u桃源瑞山『史記抄』九所引延暦十七年二月十四日太政官宣（『弘仁格抄』巻三か）

太政官宣。一諸読書出身人等皆令レ読二漢音一、勿レ用二呉音一。（下略）

その他、大宝度の遣唐使以後、八世紀になってからはpの道栄やq・rの袁晋卿など、来日した唐僧・唐人の発音を手本に、呉音から漢音への転換が進められたが、[24] s～uに窺われるように、伝統的な呉音はなかなか矯正できず、八世紀末～九世紀初においてもなお転換に努めねばならない状況であったことがわかる。その要因として五世紀の倭の五王の中国南朝との通交や六朝文化をベースとする渡来人によって日本文化の一つの基盤が形成されていたこととともに、八世紀以降も遣唐使一行の大部分が接するのがやはり江南の文化・言語であったという点を考慮しておきたい。

以上のように、日本の唐文化移入には時間的・地域的制約によるいくつかの特色が存したが、日本側の主体的立場に基づく選択性にも注目しておかねばならない。

v『唐大和上東征伝』

天宝十二載歳次癸巳十月十五日壬午、日本国使大使特進藤原朝臣清河・副使銀青光禄大夫光禄卿大伴宿禰胡萬・副使銀青光禄大夫秘書監吉備朝臣真吉備・衛尉卿安倍朝臣朝衡等、来至二延光寺一、白二和上一云、弟子早知下和上五遍渡レ海、向二日本国一、将上欲レ伝レ教、今親奉二顔色一、頂礼歓喜。弟子等先録二和上尊名并持律弟子五僧一、已奏二聞主上一、向二日本一伝レ戒。主上要レ令下将二道士一去上。日本君主先不レ崇二道士法一、便奏留二春挑原等四人一、令レ住二学道士法一。為レ此和上名亦奏退。願和上自作二方便一。弟子等自有下載二国信物一船四舶上、行装具足、去亦無レ難。

vには勝宝度の遣唐使の帰朝時に鑑真の正式な招聘が不調に終わり、密航を依頼する場面が描かれている。その理由として玄宗が道士随行を指示した際に、日本側としては「日本君主先不レ崇二道士法一」、即ち道教を受容していないので、結局道教学習のための滞留者を残して、この要求を回避し、同時に鑑真の正式招聘の要請も取り下げになったためであると述べられている。後代の『入唐求法巡礼行記』巻一開成三年十一月十八日条にも、「又問、有二道士一否。答云、無二道士一。」という問答が掲載されており、唐側の道教受容の存否への関心と日本側の忌避の姿勢が窺われる。道士の同行、教団道教の受容は戒律の伝授という国家的課題を捨てて（表面上）でも回避すべき事柄であったのである。(25)

日本が道教を拒否した明確な理由は不明だが、『周書』百済伝に「僧尼寺塔甚多、而無二道士一」とあり、日本が先進文物導入のルートとした百済において道教が受容されなかった点を指摘する見解も呈されている。(26)但し、教団道教は受容しなかったが、道教的知識そのものは様々な学芸・信仰、そして書籍の形で日本に導入されていた。(27)そうした唐文化の知の体系とでも称すべき書籍の受容にも選択性という特色が看取される。九世紀末成立の『日本国見在書目録』（寛平三年（八九一）藤原佐世撰）、即ち遣唐使の時代の一つの到達点を示す漢籍輸入の状況を総括してみると、隋・唐に比べて日本では経部（特に小学）と子部（特に天文・暦数・五行・医学）の比率が高く、これは後進国として切要な技術の導入に重点が置かれていたためではないかと言われている。(28)

ちなみに、『日本書紀』には漢籍に典拠を有する文章が多いが、それらはいちいち原典から引用している訳ではなく、『芸文類聚』の如き類書に依拠している場合が多いことが指摘されている。(29)その他、『典言』の如き類書の利用も明らかにされており、また出土文字資料には『論語』、『千字文』などの初歩的な習書が多く見られ、訓蒙書といわれる初学書類が多く輸入されていることと相俟って、実用書、類書、初学書を中心とした漢籍受容の状況から考えると、八〜九世紀の日本の学問的レベルを過大に評価することはできないとする見解にも留意しておきたい(30)。

では、その学問的レベルに関連して、遣唐使や来日唐人によって齎された学芸はどのように伝授されていったのであろうか。唐文化の移入、国内への定着の過程に関しても、外来文化受容の日本的特色が存する。

w『三代実録』元慶七年六月十日条

従五位下行丹波介清内宿禰雄行卒。雄行字清図。河内国志紀郡人也。本姓凡河内忌寸、後賜㆓清内宿禰姓㆒。昔者唐人金礼信・袁晋卿二人帰㆓化本朝㆒云々。年七十三。昔文徳天皇龍潜、御㆓梨本院㆒之時、雄行侍読、奉㆑講㆓孝経㆒。

x『書紀』推古十年十月条

百済僧観勒来之。仍貢㆓暦本及天文地理書并遁甲方術之書㆒也。是時選㆓書生三四人㆒、以俾㆑学㆓習於観勒㆒矣。陽胡史祖玉陳習㆓暦法㆒、大友村主高聡学㆓天文遁甲㆒、山背臣日並立学㆓方術㆒。皆学以成㆑業。

wには文章の省略があり、清内宿禰雄行の卒伝全体は不明であるが、雄行は本姓凡河内忌寸とあるので、「昔者唐人金礼信・袁晋卿二人帰㆓化本朝㆒云々」は雄行の祖先が唐人であることを述べている訳ではなく、八一〇年生の雄行の活躍年代と天平七年来日（q）の袁晋卿の経歴から考えて(31)、雄行の祖先が教導を受けた先生に関する記載であったと解される。金信礼は不詳であるが、袁晋卿はq・rに史料を掲げたように、天平度の遣唐使帰朝に随伴して来日した唐人で、来日時には十八・九歳であったというから、唐の太学などの修了者とは考えられず、『文選』、『爾雅』の音読、漢音の正しい発音ができるというだけで起用されたものであって、一流の知識人とは言い難い人物であった。

表7　音博士の就任者

人　　名	所見年次	備　　考
続守言	持統5・94	銀各20両を賜与
薩弘格		(百済の役の捕虜の唐人)
	持統6・12・14	水田各4町を賜与
袁晋卿	(史料q・rを参照)	天平7年来日の唐人
清内宿禰御薗	天長2〜承和4以前	
	(外記補任・法曹類林)	
六人部連門継	天長2頃ヵ(法曹類林)	
	天長10・2・癸酉条	右京人・従5下，高貞宿禰賜姓
物部弥範	嘉祥2・10・5	近江国愛智郡人・従5下，右京六条二坊貫附
上毛野朝臣永世	貞観2・1・16	外従5下，尾張介に
清内宿禰雄行	貞観6・1・7	正6上→外従5下
	貞観8・7・2	高山祭使
	貞観11・1・7	→従5下
	元慶7・6・10	卒（史料w）
秦忌寸永宗	元慶7・1・7	正6上→外従5下
	元慶7・12・25	山城国葛野郡人，惟宗朝臣賜姓
惟宗朝臣永宗	仁和3・2・17	摂津介に

ただ、表7によると、中国語の発音を掌る音博士は当初から唐人に依存せざるを得なかったようであり、百済の役の捕虜や袁晋卿の如き無名の青年を登用せねばならなかったのである。

袁晋卿の学芸は子の浄豊に伝えられたようであり、rによると、浄豊は親王家の文学などを勤めている。但し、表7によると、音博士の職位に関しては、袁晋卿の日本人の弟子である清内氏の者がまず登用され、以後は日本人による学芸の伝授がなされ、音博士を再生産し得る国内での伝授が可能になったことが看取されるところである。こうした文化の移入↓国内での伝習という流れは、朝鮮諸国からの伝播であるxにも窺われ、来朝者から早速に国内への伝習・修得が図られ、文化の獲得・定着に努めていることがわかる(32)。この日本人による伝習・技能修得を可能にした方式は、唐との頻繁な通交が行われ、遣唐留学による直接伝授や人脈形成が重視された新羅の場合とは異なって(33)、そうした通交がかなわなかった日本における外来文物受容・定着の一つの特色を示すものと位置づけることができよう。

なお、xの観勒の百済における位置は不明であるが、q・r・wの袁晋卿が一流の学者でなかったことはまちがいない。

日本の遣唐使が唐の一流の学者を招聘しようとした例としては、勝宝度の蕭穎士招聘計画が存するが、これは失敗している。こうした事例はこの一件のみで、しかも蕭穎士招聘については新羅によるものとする史料もあり、日本か新羅かは断定するのが難しい状況である。(34)仮に新羅による招聘が正しいとすると、日本が唐の一流の文人を招いて、学芸の伝授を企図することはなかったことになる。日本側としてはたとえ二流（以下）の唐人であっても、袁晋卿のようにとにかく来日して日本人に学芸を伝授してくれればよく、その後はその学芸を修得した日本人による定着・伝習や書籍の参照という形で唐文化の移入を実現しようとしたのである。勿論、そこには袁晋卿の如き無名の唐人であっても伝授可能という、彼我の学芸の格差が存したことを認めねばならない。

以上、本節では日本における唐文化移入の特色として、地政学上の位置や遣唐使の派遣間隔から生じる時間的・地域的制約の存在、それに伴って発現する時間差や偶然性・僥倖性、移入唐文化の地域的限定などを指摘し、また日本側の主体的な選択性、伝授の一回性と日本国内での定着・伝習を可能にする体制作りといった側面にも留意すべきことを述べた。では、こうした特色には時代による変化はあるのだろうか。遣唐使の歴史的意義の変遷をも考慮しながら、最後に唐文化移入の行方を展望してみたい。

三　遣唐留学の変化

九世紀に入ると遣唐使の回数は減少し、派遣間隔も広がり、八九四年菅原道真による寛平度の遣唐使中止の建議、その後九〇七年唐そのものの滅亡によって、遣唐使の歴史は幕を閉じる。既に八世紀中葉の安史の乱による唐の混乱以後、日本の遣唐使が唐の情勢不安定を理由に派遣中止されることもあり（『続紀』宝字七年正月庚申条）、また渡海・

入唐しても上京人数の制限を被るなど、遣唐使の使命を充分に果し得ない状況も出現していた（宝亀度①、延暦度）。こうした中で日本側の遣唐使派遣にも熱意・準備に欠けるところがあったのか、宝亀度①、延暦度、承和度と、八世紀後半以降の遣唐使は漂流・遭難による被害も甚大であった。そこで、九世紀中葉の承和度が実質的な最後の遣唐使になる訳であるが(35)、このような遣唐使の変遷の中で、遣唐留学のあり方や唐文化移入の様相はどのように推移したのであろうか。

表5によると、遣唐留学が最も盛んだったのは霊亀度・天平度で、大宝度から勝宝度くらいまでは留学生派遣による知の体系的導入や唐風化の推進に熱心であったと考えられ、唐人・唐僧の招聘も概ねこの頃を中心に行われている(36)。ところが、それ以降は僧侶の留学者は続くものの、俗人の留学生は事例が減少し、請益生派遣が中心となる傾向が看取される。また1の空海は延暦度の遣唐使の際に派遣された留学僧であったが、恵果と出会い、密教の伝授に与ると、早速に帰国の途を探り、この時点で在唐していた遣唐第四船の判官高階真人遠成の帰朝に随行して、大同元年十月に筑紫に帰着している（『性霊集』巻五「与二本国使一請二共帰一啓」、『平安遺文』四三二〇号大同二年四月二十九日大宰府牒、四三二七号僧空海請来目録など）。この時に留住学生として派遣されていた橘朝臣逸勢も同時に帰国しており、彼の留学切り上げ理由は次の如くであった。

y『性霊集』巻五「為二橘学生一与二本国使一啓」

留学生逸勢啓。逸勢、無二驥子之名一、預二青衿之後一。理須下天文地理、諳二於雪光一、金声玉振、縟中鉛素上。然今、山川隔二両郷之舌一、未レ遑レ遊二槐林一。且温レ所レ習、兼学二琴書一。日月荏苒、資生都尽。此国所レ給、衣糧僅以続レ命、不レ足二束修読書之用一。若使、専守二微生之信一、豈待二廿年之期一。非三只転二螻命於壑一。誠則、国家之一瑕也。今見二所レ学之者一、雖レ不二大道一、頗有二動天・感神之能一矣。舜帝撫以安二四海一、言二偃拍一而治二一国一。尚二彼遺風一、耽研功畢、一芸是立、五車難レ通。思下欲抱二此焦尾一、奏中之于天上。今不レ任二小願一、奉レ啓陳情。不宣謹啓。

橘逸勢は「唐中文人、呼為二橘秀才一」（『文徳実録』嘉祥三年五月壬辰条）とあり、唐人との交流もあったかに伝えられるが、yによると、「此国所レ給、衣糧僅以続レ命、不レ足二束修読書之用一」、即ち安史の乱以降の唐の混乱の余燼により唐の官費による留学生滞在支援の環境が悪化し、「豈待二廿年之期一」、二十年に一度くらいの割合で派遣される遣唐使の次回到来予定まで留学を続けるのが難しいと予想されると述べられている。唐側の受け入れ状況が悪化したことは次の承和度の遣唐使でも同様であり、『入唐求法巡礼行記』巻一開成四年（承和六）二月二十七日条によると、「又留学生道俗惣不レ許レ留二此間一、円載禅師独有二勅許一、往二留台州一。自余皆可レ帰二本郷一、又請益法師不レ許レ往二台州一」と、留学僧円載の滞在だけしか認められなかったことが知られる。その円載の滞在も「五年之内、宜レ終レ給二食糧一者」（二月二十四日条）と、期限が付けられていた(37)。

こうした唐側の状況とともに、日本側が遣唐使を派遣する意識においても、すべてを留学生に期待する時代は終わっていたこと、これも逸勢の早期帰国が許容された理由であろう。延暦度の遣唐使の官人を見ると、学芸に通じた人々が起用されていたことがわかり、彼らもまた唐文化移入の役割を担うことができた。録事上毛野朝臣穎人は「稍習二文章生小史事一」、「若有二訳語々所レ不レ通者、以レ文言二伝之一、唐人得レ意也」（『類聚国史』巻六十六弘仁十二年八月辛巳条卒伝）、准録事朝野朝臣鹿取は「少遊二大学一、頗渉二史漢一、兼知二漢音一、始試二音生一」（『続後紀』承和十年六月戊辰条薨伝）、そして道真の祖父である判官菅原朝臣清公は「年少略渉二経史一」（『続後紀』承和九年十月丁丑条薨伝）という学識が評価されるとともに、前掲史料jに嵯峨朝の唐風化政策の中心としての役割も特筆されており、多士済々であったと言えよう。

大宝度の執節使粟田真人や勝宝度の副使吉備真備のような先蹤も存するが、これだけの顔ぶれが揃うのはこの延暦度からであり、前節で触れた唐文化の移入と日本国内での伝習・定着の成果を反映する人材輩出の時期を迎えていたことが要因であったと考えられる。表5—(17)によると、承和度の官人にも同様の人材が選出されたようであり、長期に亘る遣唐留学に依存しなくても、遣唐使滞在期間内で官人の活動や請益生の勉学によって唐文化移入の目的を充足できるようになったこと、これが留学生、特に俗人の場合の減少につながる一因であったと見なしたい。

さらに言えば、九世紀後半頃以降であるが、学芸・技術の面で唐に匹敵ないしは凌駕するという意識も散見し始めることに留意したい[38]。例えば『三代実録』貞観四年八月十七日条讃岐朝臣永直卒伝には、「嘗大判事興原敏久・明法博士額田今人(足カ)等、抄二出刑法難義数十事一、欲レ遣二問大唐一。永直聞レ之、自請二解其義一。累年疑滞、一時氷釋。遣唐之問、因レ斯止矣」とあり、請益生派遣による難義提出→答釈伝習の必要すらなくなっていく様子が窺われる。こうした学芸面での唐に対する評価も遣唐留学の変化を齎した要因であったと思われる。

ところで、yの橘逸勢の早期帰国希望の理由を見ると、「山川隔二両郷之舌一、未レ遑レ遊二槐林一」、つまり中国語がわからないので、学校で勉強することができないという致命的な欠点、欠格事項が述べられていることにも注意せねばならない。前節で触れたように、q・r・wの唐人袁晋卿の来日やp・s〜tに看取される漢音定着の尽力などによって語学教育の充実が図られてきた筈であるが、s〜tの奈良時代末・平安時代初期、即ち延暦度の遣唐使派遣の頃から次のような状況が見受けられるようになる。

z—1『後紀』延暦二十三年正月癸未条

(上略、三論宗・法相宗の年分度者人数決定)其広渉二経論一、習レ義殊高者、勿レ限二漢音一。自レ今以後、永為二恒例一。

z—2『続後紀』承和十二年二月丁酉条善道朝臣真貞卒伝

(上略)真貞以二三伝・三礼一為レ業、兼能二談論一。但元来不レ学二漢音一、不レ弁二字之四声一。至二於教授一、惣用二世俗踳訛之音一耳。情在二進取一、不レ能二沈察一。比レ及二懸車一、被レ拝二東宮学士一。遭二皇太子廃一、出為二備後権守一。（下略）

z—1はtの緩和を示し、学識が優れていれば、必ずしも正確な漢音の発音に通じていなくてもよいとしたものである。実際に延暦度の遣唐請益僧になった最澄は、弟子義真を訳語として随伴しており、これは「最澄未レ習二漢音一、亦闇二訳語一、惣対二異俗一、難レ述二意緒一。当年得度沙弥義真幼学二漢音一、略習二唐語一、少壮聡悟、頗渉二経論一。殊蒙二天恩一、傔従之外、請二件義真一、為二求法訳語一、兼復令レ学二義理一」（『扶桑略記』延暦二十一年九月二日条）という事情によるものであった。最澄は中国語ができなかったのであり、以後の入唐・宋僧たちも概ね同様の状況で、弟子を訳語とするか、唐人・宋人の通事に依存するかになる。[39]

漢語教育の振興に関しては、唐風化が推進される嵯峨朝に、『日本紀略』弘仁八年四月丙午条「勅、云々。宜下択二年卅已下聡令〔聡聆カ〕之徒入色四人・白丁六人一、於二大学寮一使上レ習二漢語一」と（『弘仁格抄』巻三式部下・弘仁八年四月十七日「応レ習二漢語一事」に相当か）、漢語生の養成が企図されているが、z—2の善道真貞は弘仁四年に大学助教、十年に博士になったというから、これとは別の動向も存したことが窺われる。真貞は宝亀度の遣唐請益生伊与部連家守の子であり、「当代読二公羊伝一者、只真貞而已」（z—2の下略部分）と称され、hの家守の学芸を伝習・定着させている。hによると、父の家守は「切韻説文之字躰」にも通じており、語学力も抜群であったようである。ところが、子の真貞は語学は全く駄目で、漢音を学んでおらず、漢字特有の四つの声調（四声）も弁別できなかったという。僧侶と同様、俗人に関しても語学力軽視・低下の風潮があったのである。[40]

延暦度の次の承和度の遣唐使派遣の際、遣唐使船四隻に対して各船一人の訳語が就いたことが確認できるが、第二船の訳語紀朝臣春主は、『続後紀』承和三年閏五月辛巳条「是日、大安寺僧伝灯大法師位恵灵還俗。姓名紀朝臣春主。叙二正六位上一、為二遣唐訳語兼但馬権掾一」により、僧侶を還俗させて起用した人物であったことが知られる。そうした措置を講じなければ、訳語の人員を揃えることができない事態に陥っていたのであろう[41]。『平治物語』上「唐僧来朝の事」には、「唐僧なれば、いふ事を人聞知ず、鳥の囀がごとし」という唐僧に対して、信西が唐語で会話した様子が記されており、信西は「本我国に素生の者なれども、唐使にもや渡らせ給ふとて、吾朝のみならず天竺・震旦・新羅・百済をはじめて五六ケ国の間に、上一人より万人に申かへたる詞づかひを学したるなり」であったと見える。

承和度の遣唐使は二度の漂蕩を経て、漸く三度目で渡海することができたが、最初の漂蕩で第三船が壊滅し、僅かに存命した真言宗請益・留学僧の真済・真然を改替する（弁官から「如レ是之類船上所レ忌、縦換二他人一、更不レ可レ乗、仍従二停止一」との指示があった）時に、実恵は次のような上表を行い、円行との交替を求めている（『平安遺文』四四四〇号承和四年正月九日実恵上表文案）。

今真言宗新始二聖朝一、未レ経二幾年一、所レ遺経法及所二疑滞一無レ由二聞求一。此度不レ遣、何所二更求一。元興寺僧円行久習二真言一、稍得二精旨一。於二他学一、亦通悟。伏望、以二此僧一為二請益一。但留学従二停止一。

今回の遣唐使には天台宗では留学僧円載、請益僧円仁、法相宗の請益僧戒明、また元興寺の常暁などが参加しており、各宗派ともに遣唐留学・請益への熱意が窺われる。真言宗も空海が密教の正統な伝授に与ったとはいえ、まだ唐に学ぶべき事柄が存した。最澄の密教修得が不充分であった天台宗は、今回の円仁の活動によって台密の基礎を築いていくのは周知の通りである。したがって語学力の有無は別にして、仏教界からは入唐求法が続き、特に天台宗は難義提出と答釈獲得や経典の将来などで唐・宋の仏教界との交流を維持している。

学儒藤原通憲であり、むしろ出家後に院近臣として活躍した信西が宗教的目的で入宋に備えていたとは考え難いが、こうした天台宗を中心とする日中間の通交継続が、稀少な事例とはいえ、唐語学習の意欲と学習機会の存続を生み出す背景の一つであったと思われる。但し、実際には遣唐留学の様相が変化し始めた延暦度、そして承和度の遣唐使を以て遣唐使の実質的な歴史は終幕を迎えるのである。菅原道真による寛平度の遣唐使中止の建議については別途検討したいと考える（本書第一部第七章を参照）が、九〇七年に滅亡する唐の衰退とともに、こうした日本側の遣唐留学の変化による遣唐使事業の位置づけ如何を視野に入れておくべきであろう。

むすび

本章では遣唐留学の様相や唐文化移入のあり方、またそれらの変遷を探究することを通じて、遣唐使事業の中核となる唐文化の導入と定着の実態を明らかにしようと試みた。唐の太学などに正規に入学する者が殆どいなかった遣唐留学生は、各人が求める学芸の修得や日本に持ち帰るべき書籍の収集など、唐文化移入に手段を尽くしていた。僧侶の場合も同様で、日本出発当初から師事すべき学匠や寄宿すべき寺院が定まっていた訳ではなく、入唐後に留学先を探さねばならなかったのである。こうした状況が唐文化導入の特色として、時間的・地域的に制約され、偶然性・僥倖性に依存するところも大きいという点につながるのであろう。しかしながら、反面では自由で自主的な文化摂取が可能であり、選択性、自国の必要とするレベルのものを修得するという行為が実現するのであった。

また日本における外来文化移入に通有の事柄であるのかもしれないが、特に自由自在には往来できない環境の中で、一旦導入した唐の学芸などを以後は日本国内で伝習・定着することができる体制を作ったこと、これも唐文化移入の特色の一つである。これは学芸などを自国で再生産できる利点になるが、他面ではそれ以上高いレベルのもの、唐で時々刻々生じる新しい学芸・技能などに必ずしも関心が及ばず、唐に匹敵あるいは凌駕したという意識（錯覚？）を醸成し易いという特色にもつながる。九世紀後半頃から顕現するこうした認識が、遣唐留学の変化、長期留学による唐文化全般の学習ではなく、請益生による短期滞在、要須のものだけを学ぶという方向を導き、遣唐使事業そのものの意味合いの変容に帰着していくのではないかと考えられる。そうした中で、漢語教育の後退なども生じる訳である。

以上が本章の概要であるが、唐文化の影響の大きさ、日本文化への定着については、「国風文化」においても著しく、十世紀以降に関しても、唐・宋商人の来航による唐の文物将来に対する希求は益々大きくなり、唐への憧憬も存したとされる。(42)『徒然草』第百二十段に「唐物は、薬の外は、みななくとも事欠くまじ。書どもは、この国に多く広まりぬれば、書き写してん。唐土舟の、たやすからぬ道に、無用の物どものみ取り積みて、所狭く渡しもて来る。いと愚かなり。遠き物を宝とせずとも、また、得難き貨を貴まずとも、文に侍るとかや。」とあり、吉田兼好がこのような見解を述べた鎌倉時代後期こそ、逆に唐物の流入が食文化から社会の変化・生活様式の変化を齎したとも指摘されており、(43)中国文化の移入はさらに進められていくようである。但し、兼好がいみじくも述べているように、唐物の輸入という即物的な面が目立ち、中国文化総体の摂取としては如何であったか疑問がない訳ではない。こうした遣唐使以後の中国文化移入の様相を考究することを課題として、拙い稿を終えることにしたい。

註

(1) 専修大学・西北大学共同研究プロジェクト編『遣唐使の見た中国と日本』(朝日新聞社、二〇〇五年)。

(2) 拙稿 a「古代日本における対唐観の研究」、b「平安貴族の国際認識についての一考察」(『古代日本の対外認識と通交』吉川弘文館、一九九八年)、c「遣唐使が見た唐の賓礼」(『続日本紀研究』三四三、二〇〇三年、本書第一部第一章所収)。

(3)『弘決外典鈔』巻一(正暦二年、村上天皇の皇子具平親王著の仏教書の注釈)には「天平勝宝二年遣唐記」が見え、これは勝宝二年任命で、実際には勝宝四年に渡海した勝宝度の遣唐使の呈した正式の入唐記録を示しているようである。とすると、遣唐使は任命時点を起算とするのがよく、霊亀二年任命で、実際には養老元年に渡海した遣唐使を霊亀度の遣唐使と称する次第である。
(4) 拙稿「袁晋卿の生涯」(註(2)書)。
(5) 東野治之a『遣唐使と正倉院』(岩波書店、一九九二年)、b『遣唐使船』(朝日新聞社、一九九九年)、c「空海の入唐資格と末期の遣唐使」(『文化財学報』二三・二四、二〇〇六年)、池田温『東アジアの文化交流史』(吉川弘文館、二〇〇二年)、王勇『唐から見た遣唐使』(講談社、一九九八年)、坂上康俊「書禁・禁書と法典の将来」(『九州史学』一二九、二〇〇一年)など。その他、大平聡「秦姓弟兄と秦姓乙安」(『正倉院文書論集』青史出版、二〇〇五年)の考証に従うと、『続紀』神亀二年十一月己丑条「中務少丞従六位上佐味朝臣虫麻呂・典鋳正六位上播磨直弟兄並授従五位下一。弟兄初齎二甘子一従二唐国一来、虫麻呂先殖二其種一結レ子。故有二此授一焉」、天平二年三月辛亥条「又諸蕃異域、風俗不レ同。若無二訳語一、難二以通一レ事。仍仰二粟田朝臣馬養・播磨直乙安・陽胡史真身・秦忌寸朝元・文元貞等五人一、各取二弟子二人一令レ習二漢語一者」とある弟兄＝乙安で、オトヤスと訓まれたことが知られる。播磨直乙安が中国語に通暁していた理由として、入唐経験を有していた(大宝度か霊亀度か)ためと解することができ、入唐者の事例とその技能が結びつくことになる。
(6) 拙稿「大宝度の遣唐使とその意義」(『続日本紀研究』三五五、二〇〇五年、本書第一部第二章所収)。
(7) 遣唐使の次数および呼称については、本書第一部第一章註(4)および表1を参照。
(8) 井真成については、註(1)書でいくつかの説が呈されているが、畿内の渡来系中小豪族出身であったことはまちがいないようである。
(9) 佐伯有清「山上氏の出自と性格」(『日本古代氏族の研究』吉川弘文館、一九八五年)。
(10) 戒明の入唐については、拙稿「奈良時代後半の遣唐使とその史的意義」(『東洋大学大学院紀要』五一、二〇一五年)、拙著『古代日中関係の展開』(敬文舎、二〇一八年)などを参照。なお、石井正敏「日唐交通と渤海」(『日本渤海関係史の研究』吉川弘文館、二〇〇一年)は、宝亀三年に渤海経由で入唐し、延暦度の遣唐使に随伴して帰朝した永忠の事例により、渤海を経て入唐した僧侶も多かったと推測している。
(11) 濱田耕策「国学と遣唐留学生」(『新羅国史の研究』吉川弘文館、二〇〇二年)によると、新羅では十年(以上)の遣唐留学が求められ、しかも国内の国学は中級官吏養成用であったのに対して、遣唐留学生は王族の子弟や抜群の学力を有し、国家の中枢を担うことが期待される人々が派遣されたという。

(12) 坂上註(5)論文。なお、aに見える「唐礼一百卅巻」については旧版の顕慶礼と最新版の開元礼の二説があるが、坂上氏は顕慶礼（百三十巻）の本文に最新の開元礼（百五十巻）を書き込む形で最新知識の将来もあり得ると見ている。

(13) 『三代実録』貞観九年十月四日条藤原貞敏卒伝には、「（上略）少耽二愛音楽一、好学二鼓琴一、尤善レ弾二琵琶一。承和二年為二美作掾兼遣唐使准判官一。五年到二大唐一、達二上都一、逢下能弾二琵琶一者劉二郎上。貞敏贈二砂金二百両一。劉二郎曰、礼貴二往来一、請欲二相伝一。即授二両三調一、二三日間尽二了妙曲一。劉二郎贈二譜数十巻一。因問曰、君師何人、素学二妙曲一乎。貞敏答曰、是我累代之家風、更无二他師一。劉二郎曰、於戯昔聞謝鎮西、此何人哉。僕有二一少女一、願令レ薦二枕席一。貞敏答曰、一言斯重、千金還軽。既而成二婚礼一。劉娘尤善二琴箏一。貞敏習二得新声数曲一。明年聘礼既畢、解レ纜帰レ郷。臨レ別劉二郎設二祖筵一、贈二紫檀・藤琵琶各一面一。是歳、大唐大中元年、本朝承和六年也。（下略）」という長安における劉二郎との出会い、琵琶の伝授、劉娘との婚姻といった著名なエピソードが記されている。しかし、『入唐求法巡礼行記』巻一開成三年十月四日条の「入京官人」の中に貞敏は含まれておらず、彼は揚州に留まり、揚州残留組の指揮をとっていたらしい（十一月二十九日・十二月九日条など）。したがって貞敏が長安に上京した事実はないことになる。この作為に関して、古瀬奈津子「遣唐留学生と日本文化の形成」（『東アジア世界史研究センター年報』一、二〇〇八年）四四頁は、「帰国後やはり都長安に上ったことがステータスになるからであろう」と述べている。佐伯有清『最後の遣唐使』（講談社、一九七八年）は史料mを紹介する一方で（一一三～一一四頁）、劉二郎のエピソードを揚州でのことと見て、一応事実と解しているようである（一六〇～一六三頁）が、正史の卒伝に掲載されている話とはいえ、やはりかなり疑わしいものと見るべきではないかと思われる。なお、『尊卑分脈』京家・貞敏条（二―五四四頁）には「本朝琵琶濫觴之師也。承和年中遣唐使、在レ唐十五年、対二于大唐廉承武一令レ伝二琵琶曲一、弘通二当朝一畢。多渡二秘曲一。我朝比巴祖也」とある。

(14) 池田温「大中入唐日本王子説」（註(5)書）。

(15) 青木和夫『日本の歴史』奈良の都（中央公論社、一九七三年）五一三～五一四頁。

(16) 『参天台五臺山記』巻五熙寧五年（延久四＝一〇七二）十二月二十九日条所引「楊文公談苑」に引載された寛弘五年（一〇〇八）九月の治部卿源従英（俊賢か）書には、「所レ諳唐暦以後史籍及他内外経書未レ来二本国一者、因寄二便風一為レ望。商人重〻利唯載二軽貨一而来、上国之風絶而無〻聞。学者之恨在二一事一」とあり、重貨たる書籍は営利には適さないものであったから、国家的な使命を有した遣唐使の役割として書籍の将来は重要であったと思われる。

(17) 小澤毅「古代都市「藤原京」の成立」(『日本古代宮都構造の研究』青木書店、二〇〇三年)、鎌田元一「平城遷都と慶雲三年格」(『律令公民制の研究』塙書房、二〇〇一年)。

(18) 林陸朗『光明皇后』(吉川弘文館、一九六一年)一九五〜二〇〇頁は、則天武后を模した光明皇后の意向によると見るが、女帝としての孝謙＝称徳の方が相応しいと思う。なお、直木孝次郎「持統天皇と呂太后」(『飛鳥奈良時代の研究』塙書房、一九七五年)は表題の対照を行っており、女性の為政者が中国の先例を手本にした先蹤を知ることができる。

(19) 岸俊男『藤原仲麻呂』(吉川弘文館、一九六九年)。

(20) 東野治之「平城宮木簡にみえる「聖母神皇集」をめぐって」(『長屋王家木簡の研究』塙書房、一九九六年)。

(21) 東野治之「発掘された則天文字」(『書の古代史』岩波書店、一九九四年)、平川南「則天文字を追う」(『墨書土器の研究』吉川弘文館、二〇〇〇年)、高島英之「古代東国の在地社会と文字」(『古代出土文字資料の研究』東京堂出版、二〇〇〇年)。

(22) 東野治之「那須国造碑」(『日本古代金石文の研究』岩波書店、二〇〇四年)。

(23) 東京女子大学古代史研究会「聖武天皇宸翰『雑集』「鏡中釈霊実集」注解」(『続日本紀研究』三二五〜三六二、二〇〇〇年〜二〇〇六年)、研究代表者・勝浦令子「聖武天皇宸翰『雑集』所収「鏡中釈霊実集」の研究」(『東京女子大学比較文化研究所紀要』六八、二〇〇七年)、丸山裕美子「正倉院蔵聖武天皇『雑集』の中の唐文化」(『唐代史研究』二、一九九九年)、「正倉院の「書籍」と隋唐文化」(『シルクロード・奈良国際シンポジウム記録集』六、なら・シルクロード博記念国際交流財団シルクロード学研究センター、二〇〇三年)など。

(24) 東野治之「平安時代の語学教育」(『新潮四五』一二の七、一九九三年)、註(4)拙稿。

(25) 新川登亀男『道教をめぐる攻防』(大修館書店、一九九九年)。

(26) 東野治之「外来文化と日本」(註(5)a書)。

(27) 和田萃「日本古代の道教的信仰」、「呪符木簡の系譜」(『日本古代の儀礼と祭祀・信仰』中、塙書房、一九九五年)、東野治之「上代文学と敦煌文献」(註(5)a書)。

(28) 池田温「中国の史書と『続日本紀』」(註(5)書)。
(29) 小島憲之『上代日本文学と中国文学』(塙書房、一九六二～六五年)。
(30) 東野治之「『論語』『千字文』と藤原宮木簡」、「奈良時代における『文選』の普及」(『正倉院文書と木簡の研究』塙書房、一九七七年)、「美努岡万墓誌の述作」、「『続日本紀』所載の漢文作品」(『日本古代木簡の研究』塙書房、一九八三年)、「敦煌と日本の『千字文』」、「『典言』の成立と受容」(註(5)a書)、「『論語』と『爾雅』」(註(20)書)など。
(31) 註(4)拙稿。
(32) 拙稿「来日した唐人と奈良時代の国家・社会」(『シルクロード・奈良国際シンポジウム記録集』六、なら・シルクロード博記念国際交流財団シルクロード学研究センター、二〇〇三年)。
(33) 濱田註(11)論文。
(34) 東野治之「唐の文人蕭穎士の招聘」(註(5)a書)、池田温「天宝後期の唐・羅・日関係をめぐって」、「蕭穎士招聘は新羅か日本か」(註(5)書)。
(35) 佐伯註(13)書。
(36) 拙稿「古代日本における在日外国人観小考」(註(2)書)。
(37) その後の円載については、佐伯有清『悲運の遣唐僧』(吉川弘文館、一九九九年)を参照。
(38) 註(2)b拙稿。
(39) 拙稿「『参天台五臺山記』の研究と古代の土佐国」(『海南史学』四一、二〇〇三年)。なお、奈良時代の僧侶、例えば道鏡は『続紀』宝亀三年四月丁巳条に「略渉二梵文一、以二禅行一聞」と評されている。
(40) 東野註(24)論文。なお、『続後紀』嘉祥二年三月庚辰条には「唐乃詞乎不假良須書記須」とあり、木村茂光『「国風文化」の時代』(青木書店、一九九七年)一五一頁～一五五頁は、藤原良房の和歌に対する関心(『文徳実録』仁寿元年三月壬午条など)を示すものであり、そうした転換も考慮しておく必要がある。
(41) 訳語・通事の様態については、酒寄雅志「渤海通事の研究」(『渤海と古代の日本』校倉書房、二〇〇一年)を参照。
(42) 榎本淳一「文化移入における朝貢と貿易」(『唐王朝と古代日本』吉川弘文館、二〇〇八年)。

（43）五味文彦「鎌倉後期・在地社会の変質」（『土地と在地の世界をさぐる』山川出版社、一九九六年）。

第六章　漂流・遭難、唐の国情変化と遣唐使事業の行方

はじめに

寛平六年（八九四）九月、菅原道真が寛平度の遣唐使計画再検討を要請した時、道真は「臣等伏検二旧記一、度々使等、或有二渡レ海不レ堪レ命者一、或有二遭レ賊遂亡レ身者一」と、遣唐使事業に伴う犠牲者の存在に言及し、今回はさらに「唯未レ見三至レ唐有二難阻飢寒之悲一」という未曾有の事態が起こる可能性を指摘して再考を促したのであった（『菅家文草』巻九「請レ令三諸公卿議二定遣唐使進止一状」）。ここに道真が海路の危険を述べているように、早くも第二回の白雉四年の遣唐使のうち一隻が往路に薩摩方面で漂没してしまっている（『書紀』白雉四年七月条）(1)。

但し、その後は大宝度の遣唐使が、『続紀』大宝二年六月乙丑条「遣唐使等去年従二筑紫一而入レ海、風浪暴険不レ得レ渡レ海。至レ是乃発」と、渡海に慎重を期する例はあるものの、往路での漂蕩は殆ど見られず(2)、南路をとった後期遣唐使の段階では、帰路に南島に漂着する場合が多くを占めている。後期遣唐使の中でも、多くの留学生を送り込み、唐文化移入に熱心であった霊亀度、天平度、勝宝度などは、帰路はともかく、往路の渡海や在唐中に大過はなかったが、奈良時代後半以降には既に往路から支障が生じる事例が目立つようになる。平安時代初期の延暦度までは二十年一貢の年期をほぼ遵守して遣唐使が派遣されたが(3)、次の承和度までは約三十年の間隔があり、承和度の遣唐使は往路の渡海に二度も失敗し、在唐中の活動の制約、帰路も漂蕩するなど難阻が多かったので、次の寛平度までは約六十年

の間隔があき、寛平度の遣唐使は結局発動されず、承和度が実質上の最後の遣唐使になってしまう。

とすると、こうした漂蕩や在唐中の活動のあり方が遣唐使事業の行方を決定する一つの要因になったことが想定されてくる訳である。特に奈良時代後半以降は留学生の減少など、唐文化移入の方式にも変化が生じてくるものと考えられ(4)、そうした遣唐使をめぐる方策と如上の状況との関係は如何であったのだろうか。以下、本章では寛平度の遣唐使計画の中止に帰着する遣唐使事業の全体的な流れを考察するために(5)、奈良時代後半以降の事例について、漂流・遭難の様相や唐の国情変化に伴う賓待のあり方などに着目して検討を試みることにしたい。また実質上最後の遣唐使になった承和度の遣唐使において、こうした遣唐使事業への阻害要因がどのように発現しているのかを整理し、遣唐使事業の意義やその行方を展望したいと考える。

一　遣唐使の漂流・遭難

「はじめに」で触れたように、遣唐使が帰路に漂着して帰朝する例は多く、後期遣唐使でも既に大宝度から漂流・遭難によって帰朝が遅れたり、唐に滞留して次の遣唐使到来を待って帰国する場合が存した（『続紀』慶雲四年三月庚子条、養老二年十二月甲戌条）。広大な大陸から目標が小さい日本に帰る場合、こうした労苦は殆ど通例と言ってよいと思われるが、八世紀後半になると、往路からして既に苦難の状況が出現することに留意したい。

a『続紀』宝字六年四月丙寅条

遣唐使駕㆓船一隻㆒、自㆓安芸国㆒到㆓于難波江口㆒。着㆑灘不㆑浮、其柂亦復不㆑得㆓発出㆒、為㆑浪所㆑揺、船尾破裂。於㆑是、撙㆓節使人㆒、限以㆓両船㆒。授㆓判官正六位上中臣朝臣鷹主従五位下㆒為㆑使、賜㆓節刀㆒。正六位上高麗朝臣広人為レ副。

b『続紀』宝字六年七月是月条

送二唐人一使従五位下中臣朝臣鷹主等、風波無レ便不レ得レ渡レ海。

『延喜式』巻三臨時祭には「造二遣唐使船一木霊并山神祭」と「開二遣唐船居一祭〈住吉社〉」が見え、前者は遣唐使船の造営国で行われるもの、後者は住吉社、即ちヤマト王権以来の外港である大阪湾地域で挙行され、巻八祝詞「遣唐使時奉幣」によると、「大唐尓使遣佐牟止為尓、依船居無氐播磨国与理船乗止為氐使者遣佐牟止所念行間尓、皇神命以氐船居波吾作牟止教悟給比支」との由来を有するものであった。遣唐使船は住吉津ないしは難波津から出発しており（『万葉集』巻一―六三、十九―四二四三・四二四五）、航海の安全を祈る主神は住吉社の神主である津守氏の者が任命されている（『続紀』宝亀九年十一月乙卯条、『津守家譜』）ので、完成した遣唐使船は大阪湾地域に回漕されねばならなかった訳である。

aの難波江口での座礁は、難波の港湾機能の変化（淀川の運ぶ砂による埋め立てが進行）とも関係するのかもしれないが、[6]水路を熟知せずに航行する技術の低下も要因であったと思われる。この点は水手らの航海技術伝習に関わる事項である。bにより宝字度②の遣唐使派遣が中止された時、『続紀』宝字六年八月乙卯条では大宰府に対して、「其水手者、自レ彼放二還本郷一」と令しており、水手は九州、あるいは西日本地域の人々が差発されていたと考えられる。藤原仲麻呂の新羅征討計画では東海道節度使にも水手七五二〇人を課しているが、「数内二千四百人肥前国、二百人対馬島」となっており（宝字五年十一月丁酉条）、南海道・西海道の水手各四九二〇人にはこうした注記がないので、西日本・九州では水手を自弁し得た訳であり、遣唐使の水手も同様の地域の人々によって支えられていたものと推定できよう。彼らには唐との往復の経験や海路の知識などの伝習が求められるところであるが、遣唐使がある程度定期的に渡海しないと、こうした航海の経験が蓄積できず、技能の低下が展望されることになる(7)。

またaに見えるように、遣唐使船は概ね安芸国で建造されていた。大宝度の遣唐使船は周防国で造られたとあるが（『続紀』文武四年十月庚午条）、執節使粟田真人の船は「佐伯」という安芸国の郡名にちなむ船号であり（慶雲三年二月丙申条）、安芸国でも建造が行われたのではないかと思われる。その他、天平度には近江・丹波・播磨・備中で建造されたことが知られる（天平四年九月甲辰条）が、これ以外は管見の限りでは安芸国が造船地として見えている（『書紀』推古二十六年是年条〔第一回遣唐使に先行する計画があったか〕、白雉元年是歳条〔白雉四年遣唐使〕、『続紀』天平十八年十月丁巳条〔中止〕、宝字五年十月辛酉条〔宝字度②〕、宝亀二年十一月癸未朔条・同六年六月辛巳条〔宝亀度①〕、宝亀九年十一月庚申条〔宝亀度②〕など）。

c『三代実録』元慶七年十月二十九日条

勅令㆓能登国禁㆑伐㆓損羽咋郡福良泊山木㆒。渤海客着㆓北陸道岸㆒之時、必造㆓還船於此山㆒。任㆓民伐採㆒、或煩㆑無㆑材。故予禁㆑伐㆓大木㆒。勿㆑妨㆓民業㆒。

遣唐使船は一隻百五十人乗り程の大型の構造船であり、その建造には用材確保も重要であったと思われる。『新猿楽記』四郎君条に見える諸国の特産品の中には、安芸は榑、即ち木材が記されており、十一世紀頃においてもなお豊富な山林資源を有していたことが知られる。但し、大型船の建造に適した大木の確保には留意が必要であり、cは渤海使の船舶修造の場合であるが、用材確保に意を払わねばならなかった様子が窺われる。十五〜二十年に一度の遣唐使派遣とはいえ、用材の生育如何も考慮する必要があり、aの座礁にはあるいは短期間のうちの建造による船舶強度の不充分さも一因であったのではないかと考えられる。この遣唐使船建造の技術も遣唐使の間隔が大きくなれば、やはり技能の実習ができなくなり、造船技術の低下につながることに注意しておきたい。

以上の日本国内の問題に加えて、八世紀後半の宝亀度①の遣唐使は帰路に大きな被害にみまわれており、漂流・遭難の危険が強く印象づけられるようになった(8)。

d『続紀』宝亀九年十一月壬子条

遣唐使第四船来二泊薩摩国甑島郡一。其判官海上真人三狩等漂二着耽羅島一、被二島人略留一。但録事韓国連源等、陰謀解レ纜而去、率二遺衆卌余人一而来帰。

e『続紀』宝亀九年十一月乙卯条

第二船到二泊薩摩国出水郡一。又第一船海中々断、舳艫各分。主神津守宿禰国麻呂并唐判官等五十六人乗二其艫一、而着二甑島郡一。判官大伴宿禰継人并前入唐大使藤原朝臣河清之女喜娘等卌一人乗二其舳一、而着二肥後国天草郡一。（下略）

宝亀度①の遣唐使船四隻のうち、第三船のみは帰路も南路をとって肥前国松浦郡橘浦に帰着したが、これとても「九月九日、臣船得二正南風一、発レ船入レ海、行已三日、忽遭二逆風一、船着二沙上一、損壊処多、竭レ力修造。今月《十月》十六日、船僅得レ浮、便即入レ海、廿三日、到二肥前国松浦郡橘浦一」(『続紀』宝亀九年十月乙未条・判官小野朝臣滋野の報告)と、大変な労苦を体験せねばならなかった。d・eによると、他の三船はさらに辛苦を重ね、特に第一船では副使(大使佐伯今毛人が病と称して渡海を忌避したため、実質上は大使)小野朝臣石根と唐使趙宝英らが没死するという甚大な被害に遭っている。

e下略部分には遣唐使船が二つに分断される様子が記されており、まず「風急波高、打二破左右棚根一、潮水満レ船、蓋板挙流、人物随漂」となり、「着二舳檻角一、顧二眄前後一、生理絶レ路」となっているうちに、「帆檣倒二於船底一、断為二両段一、舳・艫各去未レ知レ所レ到」という最終局面を迎えたことが知られる。遣唐使船には船の左右に舷側の棚のよう

遣唐使船の復元イメージ（『シルクロード・奈良国際シンポジウム記録集』6より）

に張り出した部分（ふなだな）があり、それらが崩落して海水が侵入する被害を受ける例が見られ（『続後紀』承和三年八月丁巳条、『入唐求法巡礼行記』巻一開成三年六月二十九日条も参照）、横波に弱い構造であったと言われる所以である。帆柱が船の中央に存しており、これが船底を打ち破って船が両断されたのであるが、一方で舳・艫に分断されても、それぞれの部分が沈むことなく、何とか浮力を保っているので、船を横断する壁で仕切られた構造になっていたこともわかるという(9)。

こうした船自体の破損とともに、dによると、第四船は新羅の附庸国であった耽羅に漂着し、島人に抑留されるという事件にも遭遇している。この事件では、日本側は大宰少監下道朝臣長人を久方ぶりの遣新羅使として派遣し、新羅側と交渉、新羅による遣唐使救出と送使としての新羅使の来日という過程で解決が進められており（『続紀』宝亀十年二月甲申条、七月丁丑条、十一年正月辛未条）(10)、以後の遣唐使事業では事前に新羅に遣唐使漂着の際の対応を依頼することが例となった。

f　『後紀』延暦二十三年九月己丑条

遣㆓兵部少丞正六位上大伴宿禰岑万里於新羅国㆒。太政官牒曰、遣㆓使唐国㆒、修聘之状、去年令㆔大宰府送㆓消息㆒訖。

時無二風信一、遂変二炎涼一。去七月初、四船入レ海。而両船遭レ風漂廻、一船未レ審二到処一。即量二風勢一、定着二新羅一。仍遣二兵部省少丞正六位上大伴宿禰岑万里等一尋訪。若有二漂着一、宜二随レ事資給、令レ得レ還レ郷。不レ到二彼堺一、冀遣レ使入レ唐、訪覓具報。

g『古語拾遺』宮内庁書陵部所蔵明応元年書写本識語(11)

延暦廿二年三月乙丑、右京人正六位上忌部宿禰浜成等、改二忌部一為二斎部一。己巳、遣二正六位上民部少丞斎部宿禰浜成等於新羅国一。大唐消息。

h『日本逸志』延暦二十二年三月条

乙丑、賜二遣唐使彩帛一各有レ差〈日本紀略〉。右京人正六位上忌部宿禰浜成等、改二忌部一為二斎部一〈古記引国史云〉。己巳、遣唐使等於二朝堂院一拝朝〈日本紀略。o古記引国史云、己巳、遣二正六位上民部少丞斎部宿禰浜成等於大唐一〉。

i『続後紀』承和三年閏五月辛巳条

恐三遣唐使舶風濤或変漂二着新羅境一。所以太政官准二旧例一、牒二彼国執事省一、先告喩之曰、不レ渝二旧好一、隣穆弥新。廼発二皇華一、朝章自遠。仍今遣レ使修二聘巨唐一、海晏当時、雖レ知二利渉一、風濤或変、猶慮二非常一。脱有三使船漂二着彼境一、則扶レ之送過、不レ俾二滞閼一。因以二武蔵大掾紀三津一為レ使、齎レ牒発遣。賜二三津御被一。

f〜hが延暦度、iが承和度の遣唐使に伴うものであるが、iによると、こうした形での遣新羅使派遣が「例」になっていたことが知られる。延暦度の遣唐使は延暦二十二年四月に進発しており、g・hはそれに先立って派遣された遣新羅使で、fの「去年令三大宰府送二消息一」に相当するものである。ところが、『日本紀略』延暦二十二年四月癸卯条には、「遣唐大使葛野麿言、今月十四日、於二難波津頭一始乗レ船、十六日進発云々。廿一日暴風疾風、沈石不レ禁。

末初、風変打㆓破舟㆒云々。其明経請益大学助教豊村家長、遂波没不㆑知㆑所㆑著。沈溺之徒不㆑可㆑勝㆑数云々。今遣㆓右衛士少志日下三方㆒、馳㆓問消息㆒、廻㆓委曲㆒奏上」と見え、瀬戸内海航行中に暴風の被害を受け、結局「遣唐使奉㆑還㆓節刀㆒。以㆓船舶損壊不㆒㆑得㆑渡㆑海也」(五月辛未条)となって、この年は渡海できなかった(『扶桑略記』延暦二十二年閏十月二十三日条によると、請益僧の最澄は還京せず、大宰府竈門山寺に留まっていた)。そして、延暦二十三年七月に遣唐使が改めて進発すると(f、『後紀』延暦二十四年六月乙巳条)、再度のfの遣新羅使が派遣されており、新羅領への漂蕩対策に意を払った様子が窺われる。

g・hとfの遣新羅使は『三国史記』新羅本紀哀荘王四年(延暦二十二＝八〇三)七月条「与㆓日本国㆒交聘結好」、五年五月条「日本国遣㆑使、進㆓黄金三百両㆒」に相当するものと思われる(後者は月は合わない)が、[12] fによれば、g・hに対して新羅側の反応がなかったことが指摘されており、新羅には日本側の意図が充分には伝わっていなかった可能性も考えられる。しかし、それでも日本側は遣新羅使を送らなければならなかったところに、遣唐使の漂流・遭難が深刻な問題になっていたことが看取できよう。dに伴う耽羅抑留事件の記憶は、次の延暦度の遣唐使の際に、「摧㆓肝耽羅之狼心㆒」(空海の『性霊集』巻五「為大使与福州観察使書」)と強く意識され、『今昔物語集』巻三十一第十二話「鎮西人、至㆓度羅島㆒語」に見える「其ノ島ノ人ハ、人ノ形チニテハ有レドモ、人ヲ食ト為ル所也」という評言につながっていくのであった。[13]

以上、本節では八世紀後半以降、遣唐使には往路から、しかも日本国内の段階において漂蕩の危険が存し、復路には新羅領域への漂着という新たな事態が現れてくること、そしてこうした事柄の背景の一つには港湾整備のあり方、航海技術や造船技能の継承といった要素も重要だったのではないかという点を指摘した。これらは遣唐使をめぐる物理的環境の変化と位置づけることができるが、こうした物的側面とともに、人的関係においても日唐通交には変化が看取できるので、次にその点を検討することにしたい。

二　唐の国情と迎接の変化

史料a・bで中止になった宝字度②の遣唐使は、宝字度①の帰国時に「初高元度自㆑唐帰日、唐帝語之曰、属㆓禄山乱離㆒、兵器多亡。今欲㆑作㆑弓、交要㆓牛角㆒。聞道、本国多有㆓牛角㆒。卿帰㆑国、為求使次相贈」との要請があり、東海・東山・北陸・山陰・山陽・南海道諸国に貢させた牛角七八〇〇隻を送付しようとして計画されたものであった（『続紀』宝字五年十月辛酉条）。時あたかも藤原仲麻呂の新羅征討計画が発動される時期であり（十一月丁酉条）、玄宗（在位七一二～七五六年）の次の粛宗（在位七五六～七六二年）とも良好な関係を結び、仲麻呂の対外政策を円滑に執行するにはそうした根回しも必要であったのかもしれない。

しかしながら、宝字度②の遣唐使は、前節で見た漂蕩の危険性だけでなく、「唐国荒乱、両家争㆑雄、平殄未㆑期、使命難㆑通」という判断（宝字七年正月庚申条）、即ち唐における安史の乱（七五五～七六三年）の継続と混乱により遣唐使が入唐できないかもしれないという国際情勢は如何ともなし難く、仲麻呂も遣唐使派遣を断念せざるを得なかった訳であり、唐との政治的関係の構築は果せなかった。こうした唐の国情変化、安定から混乱が日本の遣唐使事業に与えた影響を見ていきたい。

j『続紀』宝亀九年十月乙未条（第三船判官小野朝臣滋野の報告）

（上略）《宝亀八年》八月廿九日、到㆓揚州大都督府㆒。即依㆓式例㆒安置供給。得㆓観察使兼長史陳少遊処分㆒、属㆓禄山乱㆒、常館彫弊。入京使人、仰限㆓六十人㆒。以㆓十月十五日㆒、臣等八十五人発㆑州入㆑京。行百余里、忽據㆓中書門下牒一、撙二節人数一、限以二廿人一。臣等請、更加二廿三人一、持節副使小野朝臣石根、副使大神朝臣末足、准判官羽栗臣翼、録事上毛野公大川、韓国連源等卌三人、正月十三日、到二長安城一。（下略）

k『続紀』宝亀九年十一月乙卯条（第一船判官大伴宿禰継人の報告）

（上略）八月廿九日、到二揚州大都督府一。即節度使陳少遊且奏且放、六十五人入京。十月十六日、発二赴上都一、至二高武県一、有二中書門下勅書一、為二路次之一車馬一、減二却人数一、定二廿人一。正月十三日、到二長安一。（下略）

l『後紀』延暦二十四年六月乙巳条

（上略）《延暦二十三年》八月十日、到二福州長渓県赤岸鎮已南海口一。時杜寧県令胡延沂等相迎、語云「常〔當カ〕州刺史柳冕、縁レ病去レ任。新除刺史未レ来、国家大平」者。其向レ州之路、山谷嶮隘、擔行不レ穏。因廻レ船向レ州。十月三日到レ州、新除観察使兼刺史閻済美処分、且奏、且放二廿三人入京一。十一月三日、臣等発二赴上都一。此州去レ京七千五百廿里、星発星宿、晨昏兼行。十二月廿一日、到二上都長楽駅一。（下略）

m『性霊集』巻五「為二大使一与二福州観察使一書」

（上略・以前は上客を以て遇し、「竹符銅契」・「文契」を求めることなし）然今、州使責以二文書一、疑二彼腹心一、検二括船上一、計二数公私一。斯乃、理合二法令一、事得二道理一、官吏之道、実是可レ然。雖レ然、遠人乍レ到、触レ途多レ憂、海中之愁、猶委二胸臆一。徳酒之味、未レ飽二心腹一、率然禁制、手足無レ厝。又建中以往、入朝使船、直着二揚蘇一、無二漂蕩之苦一。州県諸司、慰労慇懃、左右任レ使、不レ検二船物一。今則、事与レ昔異、遇将二望疎一。底下愚人、竊懐二驚恨一。

（下略）

日本の遣唐使に対する唐の賓礼の全体像については別に検討しているので、そちらを参照していただきたいが[14]、ここではA到着地での行事、B京上までの過程における変化を取り上げる。まずBに関して、j・k・lによると、京上人数の制限が行われるようになったことが知られる。これら以前にはこれ程詳しい京上過程が記された史料がないので、確言できないところも残るが、こうした京上人数の制限が問題になった事例はなく、jに「属二禄山乱一、常館彫弊」と述べられているように、やはり安史の乱による混乱・余燼を契機とする事態であったと見なしたい。勝宝度の遣唐大使で唐に滞留を余儀なくされていた藤原清河（河清）を帰国させるための宝字度①の遣使は、唐側に「特進秘書監藤原河清、今依二使奏一、欲レ遣二帰朝一、唯恐残賊未レ平、道路多レ難」と告げられており（『続紀』宝字五年八月甲子条）、この頃が転換点であった。

そして、mでは船物検括の不満が述べられている。この延暦度の遣唐使が州使に船物に関する文書提出を求められたのは、lにも見えるように、福州という到着地（遣唐使到着の前例は括州が最南端）、福州観察使の交替時という事情、そして上述の安史の乱後の唐側の入京人数や貿易の制限などが重なったためと考えられる。[15] mによると、建中年間（七八〇〜七八三）以前、つまり宝亀度①の遣唐使まではこうした扱いを受けたことがなかったと記されており、船物検括は新儀であったらしい。但し、承和度の遣唐使の事例を見ると、『入唐求法巡行記』巻一開成三年（八三八＝承和五）八月十日条に「請益・留学両僧随身物等斤量之数定録、達二使衙一了」とあり、これは個人の携行品であるが、その勘定が行われていたことが知られる。承和度の遣唐使船は第二船以外はすべて到着地で破損し、国信物などを小船に乗せ替えているから（開成三年七月十八日・二十四日、八月八日・十七日条など）、船物の検括の様子は不詳であるものの、自ずと唐側の掌握下に置かれたものと思われる（八月十七日条では鎮家に一時安置）。したがって以後は概ねこうした検査に応じることが必要になり、規制強化の方向にあった訳である。

ちなみに、延暦度の遣唐使の帰朝報告によると、徳宗（在位七七九〜八〇五年）の死去、順宗即位（在位八〇五年）の中、「淄青道節度使青州刺史李師古〈正己孫、納之男〉養二兵馬一五十万。朝廷以二国喪一告二于諸道節度使一、入二青州界一。

師古拒而不レ入。□兵十万以レ弔二国喪一為レ名、自襲二鄭州一。諸州戮力逆戦相殺。即為レ宣二慰師古一、差二中使高品臣希倩一発遣。又蔡州節度使呉少誠、多養二甲兵一、竊挟二窺窬一」と、国内の混乱、また吐蕃からの公主降嫁要請に対する対応など、外交面でも不安定な要素があり、「内疑二節度一、外嫌二吐蕃一。京師騒動、無二暫休息一」という状況であったことが指摘されており（1下略部分）、唐の国情には安心できないところが続いていたことがわかる。[16]

では、こうした中で何故延暦度の遣唐使は唐の元日朝賀に参列し、朝貢の意を示す努力を重ねたのであろうか。ここで延暦度の前の宝亀度①の遣唐使帰朝に随伴して唐使が来日していたことに留意してみたい（延暦度の前は宝亀度②であるが、これはこの唐使の送使として派遣されたもので、本筋の遣唐使とは異なる）。史料e下略部分によると、副使（大使格）小野朝臣石根の第一船に同乗した唐使趙宝英ら二十五人が没入したが、判官四人のうち同船の一人とその一行は生存して到着したことが知られる。また唐使は第三船（『続紀』宝亀九年十月乙未条）やdで耽羅に抑留された第四船（宝亀十年十月癸丑条に高鶴林ら五人と見える）にも同乗していたことがわかるので、おそらくは判官四人とその一行が四隻に分乗する形で来日が企図されたものと推定され、全体の人数は不明であるが、数十人規模のかなりの人員が派遣されたと考えられる。

n『続紀』宝亀九年十月乙未条（宝亀度①第三船判官小野朝臣滋野の帰朝報告）

（上略）四月十九日、監使揚光耀宣二口　勅一云、今遣二中使趙宝英等一、将二答信物一、往二日本国一。其駕船者仰二揚州一造。卿等知レ之。廿四日、事畢拝辞。奏二云、本国行路遥遠、風漂无レ准。今中使云レ往、冒二渉波濤一、万一顚躓、恐乖二王命一。勅答、朕有二少許答信物一。今差二宝英等一押送、道義所レ在、不二以為一レ労。即賜二銀鋎酒一以惜レ別也。六月廿四日、到二揚州一。中使同欲二進発一、船難二卒成一。所由奏聞、便寄二乗臣等船一発遣。其第一船・第二船並在二揚子塘頭一、第四船在二楚州塩城県一。（下略）

nによると、唐使派遣は玄宗―粛宗の次の代宗（在位七六二～七七九年）からの提案によるものであったことが知られる。日本側は海路の危険を述べて（実際に漂没した）、違例の唐使来日を何とか回避しようとしているが、唐側はむしろ積極的であったと言える。宝字度①の帰国に際して沈惟岳ら唐人の来日があったが、彼らは越州浦陽府の折衝・別将を中心とした人々で、軍官・水手として遣唐使を送ってきただけであり、唐皇帝の意を帯した使者ではなかった。[17]唐使来日は第一回遣唐使の際の高表仁以来、約百五十年ぶりのことであり、高表仁は「与レ王争レ礼」（『新唐書』日本伝など）、おそらくは唐側の冊封の意図を日本が拒否したため、使命を遂げることができず、爾来唐からの使者派遣は行われていなかったのである。

　ところが、今回は久方ぶりに唐側から使者派遣の意志が示されている。その背景としては、本節冒頭で触れた宝字度①の帰国時の粛宗の日本との提携の意図と同様、玄宗の死去、[18]安史の乱後の混乱の中で、東方世界との安定した関係維持を改めて確認することが必要であったのではないかと考えてみたい。[19]来日した唐使の賓待に関しては、日本側でも事大主義的立場と日本中心主義的立場の二つの対唐観の狭間で若干の議論があったが、結局は唐使の賓待は特例扱いで、「降二御座一」（大沢清臣本壬生家文書）、即ち天子北面の形で唐使の使旨伝達を受ける礼式がとられたようである。[20]

　『続紀』宝亀十年五月丁巳条には「又　勅曰、客等比在二館中一、旅情愁鬱。所以聊設レ宴饗。加二授位階一、兼賜二禄物一。卿等宜レ知レ之」と、唐使に官賞を行おうとする混乱も見受けられるが、[21]日本側は概ね朝貢国として唐使来日を受諾し、唐側の通交維持の意志を尊重したものと思われる。これが延暦度の遣唐使派遣、唐の元日朝賀への参加につながる訳である。ちなみに、『新唐書』日本伝では、遣唐使としては霊亀度の次に阿倍仲麻呂のエピソードを記した後に、宝亀度①の帰朝に随伴して来日した今回の唐使の送使である宝亀度②に言及し、次いで延暦度の遣唐使が取り上げられている。宝亀度②の入唐は、「建中元年（七八〇）、使者真人興能献二方物一。真人蓋因レ官而氏者也。興能善レ書。其紙似レ繭而澤、人莫レ識」と記されているが、特に宝亀度②に触れられているのは、珍しい紙のことだけではなく、[22]唐側にとって日本との関係維持に成功したものとして記憶に留められたという位置づけがあったためではないかと考えられる。[23]

以上を要するに、安史の乱後の唐の国情推移の中で、遣唐使に対する賓待は従前のように快適なものではなくなっていくが、唐側でも玄宗代以来の日本との通交維持に意が払われ、日本側も宝亀度①の帰朝に随伴して来日した唐使を受け入れ、朝貢関係の継続を確認したので、次の延暦度の遣唐使の派遣につながると考えた次第である。では、実質上最後の遣唐使となった、延暦度の次の承和度の遣唐使の様相は如何であったのだろうか。第一・二節で見た遣唐使をめぐる状況の変化が承和度にはどのように作用しているかに着目しつつ、この最後の遣唐使のあり方を整理し、遣唐使事業の行方を展望してみたい。

三　最後の遣唐使

承和度の遣唐使は『続後紀』に詳細な記述がなされ、また請益僧として入唐し、滞留・求法巡礼を続けた円仁の『入唐求法巡礼行記』、留学僧円載の数奇な足跡、その他の関係文書など多種多様な史料が残っており、遣唐使の掉尾を飾るに相応しく最も豊富な考察材料が存している。[24]まず今回の遣唐使一行を一覧すると、表8の如くである。

表8から承和度遣唐使の構成員に関わる問題を見てみたい。今回の大使藤原常嗣は延暦度の大使葛野麻呂の子で、「近代父子相襲、預二専対之選一、唯一門而已」（『続後紀』承和七年四月戊辰条）と評せられている。この常嗣の例を筆頭

に、表8には代々遣唐使に派遣される「遣唐使の家」とでも称すべき先例を蓄積する氏族が散見しており、副使小野篁は遣隋使小野妹子以来、遣新羅使や遣唐使（宝亀度①の石根・滋野）など外交でも活躍する一族に属し、その他、延暦度の菅原清公に始まる菅原氏、遣唐使官人を輩出した多治比氏の者等々、一つの伝統が形成されていく様子を看取することができるのである。

但し、伝統への配慮が遣唐使として最善の編成につながるかと言うと、必ずしもそうは考えられない面も存した。表8によると、遣唐使船四隻に各一人の訳語が配置されたことが知られるが、第二船の紀朝臣春主は大安寺僧伝灯大法師位恵霊を還俗させ、賜姓名・遣唐訳語に起用したもので（『続後紀』承和三年閏五月辛巳条）、訳語に相応しい漢語能力を有する者の欠如という事態も生じていたことが窺われる。[25] このような技能評価が明瞭な場合は、必ずしも伝統に拘泥することなく、必要な対応をとることが可能であるが、使人の統率能力のような明確な基準がないものについては、人材の一新は難しかったと思われる。

承和度の遣唐使は渡海に二度も失敗し、三度目の渡海で漸く入唐を遂げるのであるが、その三度目の渡海を目前にして、副使小野篁が入唐を拒否、待機中に「作二西道謡一、以刺二遣唐之役一」として嵯峨太上天皇の怒りを買い、隠岐に配流されるという事件が起きている（『続後紀』承和五年六月戊申条、十二月己亥条、『文徳実録』仁寿二年十二月癸未条）。その契機として、篁側の主張としては「朝議不レ定、再二三其事一。亦初定二舶次第一之日、択二取最者一為二第一舶一、分配之後、再経二漂廻一、今一朝改易、配二当危器一、以二己福利一代二他害損一。論二之人情一、是為二逆施一。既無二面目一、何以率レ下」（『文徳実録』仁寿二年十二月癸未条）という大使常嗣の不当な措置があったと記されている。この件は『続後紀』承和五年十二月己亥条にも、「初造レ舶使造レ船之日、先自定二其次第一名レ之。非二古例一也。使等任レ之、各駕而去。一漂廻後、大使上表、更復卜定、換二其次第一。第二船改為二第一一、大使駕レ之。於レ是副使篁怨懟、陽病而留」と描かれてい

表8　承和度遣唐使の構成員

Ⅰ—①	大使	参議従4上左大弁藤原朝臣常嗣（39才）	
（Ⅱ）	副使	従5下弾正少弼小野朝臣篁（33才）…渡海せず	
	判官	弾正少忠藤原朝臣松影（28才）…母老により固辞→渡海せずか	
Ⅳ—③		正6上弾正少忠菅原朝臣善主	
Ⅱ		正6上	藤原朝臣豊並…唐で客死
Ⅲ×			丹墀真人文雄…漂没
Ⅰ—②	准判官	外従5下	長岑宿禰高名（41才）
Ⅰ—④		従6下	藤原朝臣貞敏（28才）…揚州に残留し，上都せず
Ⅱ—Ⅱ		従6下	良峯朝臣長松（21才）
Ⅳ—⑤		備後権掾	伴宿禰須賀雄…碁師か．⑤→⑧に変更
	録事	従7上	松川造（高峯宿禰→朝臣）貞嗣
⑥		正6上	大神朝宗雄
⑦		正6上	山代宿禰氏益
	准録事		県主（和気宿禰）益雄
⑧		正6上	高丘宿禰百興
Ⅳ—⑨		正6上讃岐権掾丹墀真人高主	
Ⅱ—Ⅱ			粟田某
	知乗船事	従8上	香山連（宿禰）清貞
			槻本連（安墀宿禰）良棟
			深根宿禰文主
		従7下	伴宿禰有仁…渡海せず（逃亡）
			春道宿禰永蔵
Ⅱ—Ⅱ		正6上	菅原朝臣梶成
Ⅳ	訳語	従8下	大和真人耳主
Ⅲ×		大初下	廬原公（朝臣）有守
Ⅱ—Ⅱ		正6上	紀朝臣春主
Ⅰ			大宅年雄
Ⅰ	新羅訳語		金正南…楚州にて帰国の新羅船を確保
Ⅱ			朴正長
			劉慎言
Ⅱ			道玄（道玄闍梨）
	医師		朝原宿禰岡野
	陰陽師	正8上	春苑宿禰玉成
	画師	雅楽答笙師	良枝宿禰朝生，散位春道宿禰吉備成
	史生		道公（当道朝臣）広持，大宅臣（朝臣）福主，越智貞厚
Ⅱ—Ⅱ	音声長	外従5下	良枝宿禰清上…南海賊地に漂着し殺害せらる
	ト部		ト部宿禰平麿（28才），ト部諸公
	射手		壬生開山，大宅宮継，丈部貞名，上教継，身人部貞浄
	船師		佐伯金成
	准船師		矢侯糸丸（楊侯糸麿）
	水手長		佐伯全継
	水手		丁勝小麻呂（丁雄満・丁雄万）

①			甑稲益
	雑使		山代吉永
	傔従		粟田家継《江博士・近江権博士》，井俰替（〜大使）
			白鳥村主清岑（〜判官長岑高名）
	暦請益	従6下	刀岐直雄貞…渡海せず（逃亡）
	暦留学生	少初下	佐伯直安道…渡海せず（逃亡）
	天文留学生	少初下	志斐連永世…渡海せず（逃亡）
	紀伝留学生		長岑宿禰氏主
	法相請益		戒明法師（→入京できず）—弟子義澄…俗人の姿で入京
	擬遣唐伝燈法師位俊貞ら8口…承和3年3月癸丑条に見えるのみで，その後は？		
Ⅳ	元興寺僧伝燈住位常暁		
Ⅲ×	真済—弟子真然…渡海せず		
Ⅰ	円載—弟子仁好・順昌，傔従伴始満		
Ⅰ—②	円仁—弟子性海・惟正→唐に不法滞在・求法巡礼し，今回は帰国せず		
Ⅳ	円行		

＊左端の数字は往路—復路の乗船番号を示す．復路は第2船以外は破損のため，新羅船9隻を雇ったので，①以下はその船番号を示している．なお，遣唐使人の年齢は承和元年の遣唐使任命時点で計算した．

る。

この遣唐使船の交換が直接的契機ではあるが、より根元的な理由としては大使常嗣の統率力不足があったことは否めないであろう。篁以外にも表8の知乗船事伴宿禰有仁、暦請益刀岐直雄貞、暦留学生佐伯直安道、天文留学生志斐連永世らも入唐を忌避・逃亡して処罰されており（『続後紀』承和六年三月丁酉条）、これも篁の事件の余波、この大使の下での渡海を不安視する見地からの行動であったと思われる。そして、大使常嗣は唐からの帰路にも判官長岑宿禰高名らと航路選択をめぐって対立、帰路に用いた新羅船九隻のうち五隻の使人が高名を支持するという具合であり（『入唐求法巡礼行記』巻一開成四年四月一日〜四日条）、最終的には風向きを見て、高名の主張する航路をとることが決まったので、何とか無事帰国ができたのである。これも常嗣の判断能力や統率力如何を窺わせる事例になろう。

一方、表8を見ると、篁が乗船する筈だった第二船は、大使常嗣の船を交換したにもかかわらず、唯一破損なく唐に到着し、帰路も利用可能だったことが知られる。二度に亘る渡海失敗と合せて、この第二船だけが大きなダメージや漂蕩を被っていなかったのである。即ち、第一回目は第一・四船は漂蕩・破損の上、肥前国に漂着、第三船は損壊してしまったが、第二船は肥前国松浦郡別島に帰着しており、勅符には「今案二来奏一、船舶有レ損、艤艇亦失」とあるものの（『続後紀』承和三年七月壬辰条）、第二船の損傷はそれ程でもなかったと思われる。第二回目は一・二・四の三船が進発し、「第一・四船忽遭二逆風一、流二着壱岐島一。第二船左右方便漂二着値賀島一」とあり（承和四年七月癸未条）、第二船だけが最初の目的地である松浦郡旻楽埼＝『肥前国風土記』松浦郡値嘉島条の遣唐使の出発地点美禰良久之済に近づいて前進している。そして、第三回目で入唐を果した時、上述のトラブルで一・四船とは別に進発した第二船は、一・四船がかなり苦労して揚州に到着したのに対して、それよりも北の海州に無事に到着していたようであり（『入唐求法巡礼行記』巻一開成三年八月十日条）、やはり航路選択や航海技術などの差を考えざるを得ない状況である。

　前掲史料ｉで遣唐使の新羅領漂着の場合に備えて新羅に派遣された紀三津は、首尾一貫しない説明を行ったため、新羅側からその遣使目的を疑われ、日本にとっては無礼な執事省牒を齎すことになるが、そのちぐはぐな説明の一つに、「但其牒中亦云、小野篁船帆飛已遠、未下必重遣二三津一聘中于唐国上。夫修二聘大唐一、既有二使頭一、篁其副介耳。何除二其貴一、軽挙二其下一。加以当二尓之時一、篁身在二本朝一、未レ及二渡海一。而謂二帆飛已遠一。斯並聞二商帆浮説一、妄所レ言耳」とあり（『続後紀』承和三年十二月丁酉条）、小野篁の名前が新羅にも知られていたことがわかる。この点に関して、篁の父岑守は天長元年前後に大宰大弐、篁自身も赴任はしなかったが、天長九年に少弐になっており（『文徳実録』仁寿二年十二月癸未条「有レ詔不レ許レ之官」）、承和四〜六年には小野末嗣が筑前権守と、篁周辺には大宰府を介して新羅の動向など国際情報が入手し易い環境があったのではないかとの推測も示されている[26]。上述の還俗者の訳語紀朝臣春主は第二船に配せられており、こうした優秀な人材の吸引、水手などの統率力、国際情勢や航海関係の情報把握など、小野篁には第二船を無事に入唐させる指揮官としての能力が充分にあったと推定される次第である[27]。

以上、日本側の遣唐使人の問題やそれに伴う航海技術・国際情勢の掌握力に言及したが、遣唐使を受け入れる唐側にもいくつかの不充分な点があった。

o『入唐求法巡礼行記』巻一開成三年（八三八＝承和五）七月二十日条

（上略）又云、今日州使来、始宛二生料一。従二先導一、新羅国使而与二本国一一処。而今年朝貢使、称二新羅国使一、而相労疎略。今大使等先来二鎮家一、既定下本国与二新羅一異隔遠邈上、即県州承知、言上既畢。乍レ聞忻然、頗慰二疲情一。（下略）

p『入唐求法巡礼行記』巻一開成四年二月二十四日条

（上略）蒙二勅報一偁、使者等帰国之日近、自二揚州一至二台州一、路程遥遠、僧到レ彼、求二帰期一、計不レ得レ逢二使等解纜之日一、何以可レ得レ還二帰本国一。仍不レ許レ向二台州一。但其留学僧一人許レ向二台州一、五年之内、宜二終給二食糧一者。対見之日、復奏、勅全不レ許。後復重奏、遂不レ被レ許。（下略）

q『入唐求法巡礼行記』巻一開成四年二月二十七日条

（上略）又留学道俗惣不レ許レ留二此間一。円載禅師独有二勅許一、往留二台州一。自余皆可レ帰二本郷一。又請益法師不レ許レ往二台州一。

まずoによると、当初唐側は日本の遣唐使一行を新羅使と誤解し、やや疎略な扱いを行ったことが知られる。日本側が新羅との差異を説明して、漸く相違を理解してもらったといい、唐側の認識不充分なところがかいまみられよう。日本使人と新羅使人で具体的にどのような待遇の違いがあったのかは不明であるが、例えば『入唐求法巡礼行記』巻一開成四年二月六日条で上京せずに到着地である揚州に留まっていた人々に対して唐側が絹各人五疋を支給した際に、「准二貞元廿一年二月六日勅一、毎レ人各給二絹五疋一」とあり、延暦度の遣唐使の時の先例が蓄積されていたことが窺われ、日本の遣唐使賓待の先規が存したものと考えられる。

次に留学生の受け入れや請益生の活動に対する厳しい制限である。延暦度の遣唐使を迎えた徳宗—順宗の後、唐では憲宗（在位八〇五～八二〇年）、穆宗（八二〇～八二四年）、敬宗（八二四～八二六年）と続き、承和度は文宗（八二六～八四〇年）の治世末期で、三武一宗の廃仏で著名な武宗（八四〇～八四六年）の時代を迎える直前であった。全般的には皇帝一代の治世期間が短くなり、総体的に不安定な様相を呈しつつあったと言えよう。p・qによると、今回の一行のうち、正規に留学・滞在が認められたのは天台留学僧の円載だけであり、上京した大使藤原常嗣が何度か上奏してくれたにもかかわらず、請益僧円仁の天台山行きは遂に許可されなかった（常嗣は円仁に親切に接してくれており、その意味では「善人」であったが、上述の如く、全体の統率者としては問題があったと思われる）。このあたりに円仁が不法滞在という形で、求法巡礼の道を選ばざるを得なかった理由の一端があるようであるが、入京人数の制限（『入唐求法巡礼行記』巻一開成三年十月四日条）、「法相請益法師不レ得レ入レ京。更令二弟僧義澄著レ冠、成二判官傔従一令レ入レ京」（開成四年二月二十日条）という制約ぶりなど、唐側の姿勢は固かったと評さざるを得ない。

またpによると、留学僧円載に対する唐の官費支給は五年間という期限が設定されており、留学生に対する待遇も悪化していた。円載の在唐は四十年にも及び、彼は何回か弟子や唐商人に託して消息を日本に齎し、学費としての砂金給付に与るという形で滞在を続けたが、これはこの承和度の遣唐使の頃から唐商人来航による彼我の交通が頻繁になるという条件があったからこそ可能であった[28]。元来日本の遣唐留学生は次の遣唐使が到来するまで二十～三十年間在唐するのが通例であったが、滞在費用に困ることはなかったようであり、唐の官費支給による庇護が続けられたものと思われる。ところが、延暦度の留学生橘逸勢は、「此国所レ給、衣糧僅以続レ命、不レ足二束修読書之用一」（『性霊集』巻五）と述べており、既にこの頃から唐の留学生に対する待遇が低下していたことが窺われよう。こうした唐での待遇低下も遺唐使が辛苦する所以であったのである。

延暦度の遣唐使が帰国を急ごうとした時、唐側は「宣レ勅云、卿等銜二本国王命一、遠来朝貢、遭二国家喪事一。須二緩々将息帰郷一。縁二卿等頻奏二早帰一。因レ茲賜二纏頭物一、兼設レ宴。宜レ知レ之。(下略)」(『後紀』延暦二十四年六月乙巳条)と述べたといい、むしろ遣唐使にゆっくりとした逗留を勧めている。しかしながら、pによると、今回は帰国を急がせ、滞在期間を切り詰めようとしており、円仁の天台山参詣もその期日内では無理であるとして、何としても認められなかったのである。また円仁の台州行きが実現しなかった理由としては、次のような唐の国内情勢も考慮されねばならない。『入唐求法巡礼行記』巻一開成四年正月十七日条で円仁が揚府都督の李徳裕(「相公」)に「殊蒙二相公牒一、得レ往二台州一否」と尋ねたところ、「相公所レ説、揚州文牒、出到二浙西道及浙東道一、不レ得二一事一。須レ得二聞奏一。勅下即得、余不レ得。又相公所レ管八州、以二相公牒一、便得二往還一。其潤州・台州別有二相公一、各有二管領一、彼此守レ職、不二相交一。恐若非二詔勅一、无二以順行一矣」と教示されたといい、節度使による分掌が進み、円滑な行動ができない状況にあった訳である。

このような唐の国情変化は前節で触れた延暦度の遣唐使の帰朝報告などからも予想が可能であったと思われる。承和度の遣唐使の中の上京組は開成三年十二月三日に長安に到着したというから(開成四年正月二十一日条)、朝貢使として唐の元日朝賀に参列、皇帝との礼見・対見を果すことを使命としたものと位置づけられ、やはり前節で触れた宝亀度①以来の日唐関係維持が図られている。しかしながら、延暦度から三十年近い間隔で派遣された今回の遣唐使は、このような渡海・在唐時の労苦の中で、朝貢関係の維持以外に、どのような意図で入唐を完遂しようとしたのであろうか。

r『続後紀』承和六年八月甲戌条

（上略）各造レ船聯次入レ都耳。就レ中如有二大使常嗣朝臣引レ之共発一者、任聴レ之。又信物要薬等、差二検校使一、取二陸路一逓運。自余人物等、陸行水漕可レ有二議定一。宜レ待二後　勅一。（上略）

s『続後紀』承和六年十月辛酉条

奉二唐物於伊勢大神宮一。

t『続後紀』承和六年十月癸酉条

是日、建礼門前張二立三幄一、雑二置唐物一。内蔵寮官人及内侍等交易、名曰二宮市一。

u『続後紀』承和六年十二月辛酉条

天皇御二建礼門一、分二遣使者一、奉二唐物於後田原〔光仁〕・八嶋〔崇道〕・楊梅〔平城〕・柏原〔桓武〕等山陵一。

v『続後紀』承和六年十二月庚午条

天皇御二建礼門一、奉二唐物於長岡〔藤原乙牟漏〕山陵一。為レ漏二先日之頒幣一也。

rは遣唐使らが肥前国松浦郡生属島に廻着したとの報に接した時、朝廷が指示を下したもので、上略部分では大使らに「宜三依レ例労来式寛二旅思一」と、旅の労苦をねぎらう一方で、「但自レ陸入京事須二省約一。何則時属二秋穫一、恐妨二民業一」として、船により順番に帰京すべき旨を伝えている。但し、「信物要薬等」、即ち下賜された唐物については陸路で逓送すべきことを命じており、人よりも物の方が重視されていたことを窺わせる扱いではあるまいか。大使常嗣は九月十六日に節刀を返上しているから、この頃までには入京していたのであろうが、sやt・uの伊勢神宮・山陵への唐物奉納、そしてtの「宮市」における官人に対する唐物の頒賜と、唐物の獲得と頒布とが成果明示の方法として重要であった訳である。

伊勢神宮に対する唐物奉幣は『日本紀略』大同二年八月癸亥条「遣レ使奉二神宝并唐国信物於伊勢大神宮一」が初見

であり、延暦度からの慣行になっていた。(29)『文徳実録』仁寿元年九月乙未条藤原朝臣岳守卒伝には、「(承和)五年為二左大弁一、辞以二停耳不レ能二聴受一。出為二少弐一。因レ検二校大唐人貨物一、適得二元白詩筆一奏上。帝甚耽悦、授二従五位上一」とあり、時あたかも唐物入手への熱意が彷彿とする時期を迎え(三善清行意見封事序文に「仁明天皇即位、尤好二奢靡一」とあるのは、こうした風潮を指すか)、遣唐使派遣の原動力にはこうした唐物獲得の目的があったのではないかと考えられる。ただ、丘守は「検二校大唐人貨物一」により元白詩筆を得たとあり、遣唐使以外による唐物入手の方法も存したことが知られ、こうした状況の出現も遣唐使事業の行方を考究する上では留意しておかねばならない。

以上、本節では実質的に最後の遣唐使となった承和度の遣唐使について、使人編成や航海技術上の問題、唐側の迎接状況、そして日本側の遣使目的如何などの点を整理した。こうした遣唐使をめぐる諸問題は既に八世紀末の宝亀度以降に顕著になっていたが、今回は特に負の側面が明確に発現したところが大きかったと思われる。遣唐使派遣の目的にも唐物の獲得という点が強調されてくると、別の獲得手段も考えられ、遣唐使事業そのものの存在意義が問われる次第である。これらの要素をふまえて、遣唐使事業の行方を展望し、むすびとしたい。

むすびにかえて

本章では八世紀後半以降に顕在化する遣唐使事業に対する阻害要因のうち、漂流・遭難という日本側の使節編成・準備や技術面での問題に起因する要素と、唐側の国情混乱や遣唐使への待遇低下などに言及した。これらは既に寛平度遣唐使の中止事情をめぐる考察の中で、関連する論点として取り上げられている事柄であるが、(30)本章ではその他に宝亀度①に伴う唐使来日の意味にも触れ、唐側の日本来貢維持を求める声と日本側の遣唐使事業継続により、延暦度、承和度と遣唐使派遣が続けられたものの、承和度にはいくつかの阻害要因が出揃った様子を整理してみた。

では、承和度の遣唐使以降の日唐通交はどのように展開していくのだろうか。最後にその点に触れ、むすびにかえたい。

w『三代実録』貞観十六年六月十七日条

遣二伊予権掾正六位上大神宿禰己井・豊後介正六位下多治真人安江等於唐家一、市二香薬一。

x『朝野群載』巻一捴持寺鐘銘

(上略) 多以二黄金一、附二入唐使大神御井一、買二得白檀香木一、造二千手観世音菩薩像一躰一。仍建二衢場於摂津国島下郡一、安二置此像一、号曰二捴持寺一。(下略)

y『三代実録』元慶元年八月二十二日条

先レ是、大宰府言、去七月廿五日、大唐商人崔鐸等六十三人駕二一隻船一、来二着管筑前国一。問二其来由一、崔鐸言、従二大唐台州一、載二貴国使多安江等一、頒二齎貨物一。六月一日解レ纜、今日得レ投二聖岸一。是日、勅、宜レ依レ例安置供給一。

表8の承和度の遣唐使の官員には外交交渉に活躍する氏族の者が多く見え、また副使小野篁には父祖の代から培った大宰府を中心とする活動の場や通交経験の蓄積が窺われることを指摘したが、承和度以降、遣唐使事業に依存しなくても、来日する唐商人の船を利用して、渡海・交易に活躍する事例が散見し始める。w・xの大神宿禰己井はその一人であり、彼のことは『入唐求法巡礼行記』巻四大中元年（八四七＝承和十四）六月九日条に、「得二蘇州船上唐人江長、新羅人金子白・欽良暉・金珍等書一云、(中略) 書中又云、春太郎・神一郎等、乗二明州張友信船一帰レ国也。来時得二消息一、已発也。春太郎本擬下雇二此船一帰上国。太郎往二広州一後、神一郎将二銭金一付二張友信一訖。仍春太郎上二明州

船一発去。春太郎児宗健兼有レ此、物今在二此船一云々。（下略）」と見え、既に早くから海外で活動していたことが知られる。「春太郎」は『三代実録』元慶元年六月二十五日条に、渤海使が献上した「珍翫玳瑁酒盃等」に対して「通事園池正春日朝臣宅成言、昔往二大唐一、多観二珍宝一、未レ有二若レ此之奇恠一」と評言した人物に比定され[31]、中・下級官人クラスでこのような処世の道を選ぶ者がいた訳である。

w〜yで朝廷はこうした人々を入唐させ、唐物入手を企図したのであり、遣唐使以外による日唐通交の維持が可能になったこと[32]、これは大きな「発見」である。承和度の遣唐使をめぐる諸問題の発生、唐商人の来航という新たな通交の環境と早速にそれらを利用して渡海する求法巡礼僧や交易従事者たち、このような新しい情勢に如何に対処するかは、遣唐使事業執行に着手する上で考慮すべき要素であったと思われる。八世紀後半以来の様々な変化がこうした新状況に帰結することを指摘し、遣唐使事業の最終的な行方を左右する前提要因を探究した拙い稿をここで終えることにしたい。

註

（1）遣唐使の次数および呼称については、本書第一部第一章註(4)および表1を参照。なお、拙稿「遣唐使の時期区分と大宝度の遣唐使」（『国史学』一八九、二〇〇六年、本書第一部第三章所収）で指摘したように、これらを前期遣唐使（1〜6）、後期遣唐使（7〜18）と二区分して把握したい。

（2）『書紀』斉明五年七月戊寅条分註所引伊吉連博徳書によると、この時の一隻は往路に爾加委という名の南海之島に漂到し、五人以外は島人に殺害されてしまったというが、この場合は渡海そのものは果している。

（3）東野治之「遣唐使の朝貢年期」（『遣唐使と正倉院』岩波書店、一九九二年）。『性霊集』巻五「為二橘学生一与二本国使一啓」に「豈待二廿年期一」とあり、二十年一貢の意識が浸透していたことが窺われる。

(4) 拙稿「遣唐使と唐文化の移入」(『白山史学』四四、二〇〇八年、本書第一部第五章所収)。
(5) 寛平度の遣唐使については、拙稿「菅原道真と寛平度の遣唐使計画」(『続日本紀研究』三六二、二〇〇六年、本書第一部第七章所収)を参照。
(6) 梶山彦太郎・市原実『大阪平野のおいたち』(青木書店、一九八六年)、高橋学「臨海平野における地形環境の変貌と土地開発」(『古代の環境と考古学』古今書院、一九九五年)などを参照。なお、難波の外交機能の変化については、拙稿「古代難波の外交儀礼とその変遷」(『古代日本の対外認識と通交』吉川弘文館、一九九八年)を参照。
(7) 松木哲「遣唐使船とその航海」(『シルクロード・奈良国際シンポジウム記録』六、なら、シルクロード博記念国際交流財団シルクロード学研究センター、二〇〇三年)は、南路による日本と唐の渡海距離六三〇キロメートルよりも長い日本と渤海(七五〇キロメートル)の往来で、遣唐使船ほどには海難が少なかったのは、頻繁な通交の結果として航海に必要な知識が蓄積されていたことを指摘している。
(8) 宝亀度①の遣唐使については、青木和夫『日本の歴史』3奈良の都(中央公論社、一九六五年)、東野治之『遣唐使船』(朝日新聞社、一九九九年)、拙稿「古代日本における対唐観の研究」(註(6)書)などを参照。
(9) 東野註(8)書、「遣唐使船の構造と航海術」(『九州史学』一一一、一九九四年)、松木註(7)論文など。
(10) 拙稿「耽羅方脯考」(註(6)書)。
(11) 石井正敏「『古語拾遺』の識語について」(『日本歴史』四六二、一九八六年)。
(12) 石上英一「古代国家と対外関係」(『講座日本歴史』二、東京大学出版会、一九八四年)。なお、酒寄雅志「華夷思想の諸相」(『渤海と古代の日本』校倉書房、二〇〇一年)は、哀荘王代の新羅の「中華思想」回帰に利用されたと見る。
(13) 森克己「日宋交通と耽羅」(『続日宋貿易の研究』国書刊行会、一九七五年)。
(14) 拙稿「遣唐使が見た唐の賓礼」(『続日本紀研究』三四三、二〇〇三年、本書第一部第一章所収)。
(15) 註(8)拙稿、榎本淳一「唐代の出入国管理制度と対外方針」(『唐王朝と古代日本』吉川弘文館、二〇〇八年)。
(16) 山内晋次「遣唐使と国際情報」(『奈良平安期の日本と東アジア』吉川弘文館、二〇〇三年)。
(17) 拙稿「古代日本における在日外国人観小考」(註(6)書)。

(18) 玄宗と日本の遣唐留学生や阿倍仲麻呂などとの関係が日唐関係の安定に資したことについては、註(1)拙稿を参照。

(19) 『唐大和上東征伝』末尾には第四船の帰朝に随伴して遅れて来日した唐使高鶴林の漢詩文が掲載されており、「因レ使二日本一頂二謁鑑真和上一、和尚已滅度不レ観二尊顔一、嗟而述レ懐。都虞天侯冠軍大将軍試大常卿上柱国高鶴林」と見え、鑑真との面会も目的だったかに記されているが、これは来日後に副次的に付加されたものと思われる。

(20) 註(8)拙稿。なお、大沢清臣本壬生家文書の記述については、田島公「日本律令国家の「賓礼」」(『史林』六八の三、一九八五年)、坂上康俊「大宝律令制定前後における日中間の情報伝達」(『日中文化交流史叢書』二法律制度、大修館書店、一九九七年)、保立道久『黄金国家』(青木書店、二〇〇四年)などは、これを当時の史料と見てよいとし、東野註(8)書、廣瀬憲雄「倭国・日本の隋使・唐使に対する外交儀礼」(『ヒストリア』一九七、二〇〇六年)は疑念を呈する。水野柳太郎「新羅進攻計画と藤原清河」(『日本古代の史料と制度』岩田書店、二〇〇四年)は疑問を示しつつも、肯定の姿勢も見せていると思われる。

(21) 東野註(8)書三八〜三九頁を参照。

(22) 紙については、池田温「前近代東亜における紙の国際流通」(『東アジアの文化交流史』吉川弘文館、二〇〇二年)を参照。

(23) 真人興能に関しては、送唐客使の布勢朝臣清直、あるいは判官甘南備真人清野・多治比真浜成(『続紀』宝亀九年十二月己丑条)のうちの誰かに比定されようが、河内春人「遣隋・遣唐使の名のり」(『律令制国家と古代社会』塙書房、二〇〇五年)、「遣唐使の改名」(『東アジアの古代文化』一二三、二〇〇五年)などによっても、定説はないようである。

(24) 承和度遣唐使の概要については、佐伯有清『最後の遣唐使』(講談社、一九七八年)、円載については同『悲運の遣唐僧』(吉川弘文館、一九九九年)を参照。

(25) 註(4)拙稿を参照。

(26) 西別府元日「九世紀前半の日羅交易と紀三津「失使旨」事件」(科研報告書『「中国地域」を中心とする東アジア社会の交流に基づく史的特質の形成とその展開』〈代表・岸田裕之〉、二〇〇〇年)、山崎雅稔「新羅国執事省牒からみた紀三津「失使旨」事件」(『日本中世の権力と地域社会』吉川弘文館、二〇〇七年)。その他、河内春人「新羅使迎接の歴史的展開」(『ヒストリア』一七〇、二〇〇〇年)、田中史生「承和期前後の国際交易」(科研報告書『「入唐求法巡礼行記」に関する文献校定および基礎的研究』〈代表・田中史生〉、二〇〇五年）なども参照。

(27) 承和度の大使藤原常嗣は遣唐使としての心労の故か、帰国した大使としては珍しく、帰朝後間もなく四十五歳の若さで死去しており（『続後紀』承和七年四月戊辰条）、大使たるに相応しくない者の起用は互いにダメージを被るものであったらしい（父葛野麻呂は弘仁九年に六十四歳で死去と、帰朝後も官人としての勤務を続け、一応天寿を全うしているし、大宝度の粟田真人は養老三年死去、霊亀度の多治比県守は天平九年に七十歳で死去、天平度の多治比広成（県守の兄弟）は天平十一年死去となっており、帰朝直後に死去する例はない）。

(28) 拙稿「大唐通事張友信をめぐって」（註(6)書）。『文徳実録』仁寿二年十二月癸未条小野篁薨伝によると、小野篁が渡海を拒否した時、「太宰鴻臚館有㆓唐人沈道古者㆒、聞㆓篁有㆓才思㆒、数以㆓詩賦㆒唱㆑之」とある。

(29) 三宅和朗「古代伊勢神宮の年中行事」（『史学』七二の三・四、二〇〇三年）四九頁は、『続紀』慶雲元年十一月庚寅条「遣㆓従五位上忌部宿禰子首㆒、供㆓幣帛・鳳凰鏡・窠子錦于伊勢大神宮㆒」を大宝度の遣唐使が将来した舶載品の奉納と見る。註(1)拙稿で指摘したように、大宝度の遣唐使は三十年ぶりの派遣で、遣唐使事業全体の中でも一つの画期をなすものであるから、このような唐物の奉納が行われたのかもしれない。但し、「唐物」という認識はまだ充分ではなく、またその後はこの種の記事が見えないので、承和度に直接つながる行為ではなかったと考えておきたい。なお、『醍醐天皇御記』延喜八年十一月二十六日条に「左大臣令㆑奏㆘鋳銭司所㆑進新銭依㆑例可㆑班㆓仏神㆒事㆖云々。（中略）召㆓左大臣㆒仰曰、云々。見㆓前記㆒、唐使廻著時、唐物皆奉㆓神社陵廟㆒、何無㆓此事㆒。但勘㆓前例之綾帛幣㆒、奉㆑綾時即焼㆑之。而此物不㆑可㆑焼。又無㆑所㆑納。仍不㆑奉㆑之」とある。

(30) 佐藤宗諄「寛平遣唐使派遣計画をめぐる二、三の問題」（『平安前期政治史序説』東京大学出版会、一九七七年）、鈴木靖民「寛平の遣唐使をめぐる基礎的考察」（『古代対外関係史の研究』吉川弘文館、一九八五年）、保立註(20)書など。

(31) 佐伯有清「承和の遣唐使の人名の研究」（『日本古代氏族の研究』吉川弘文館、一九八五年）。

(32) 榎本淳一「遣唐使と通訳」（註(15)書）。

第七章　菅原道真と寛平度の遣唐使計画

はじめに

寛平六年（八九四）に承和度の遣唐使から約六〇年の間隔を置いて遣唐使派遣が計画されたが、結局のところ大使菅原道真自身の建議によって中止、その後九〇七年には唐そのものが滅亡してしまうので、ここに遣唐使の歴史は幕を下ろすことになった。(1)この寛平度の遣唐使については、遣唐使事業の廃止そのものを意図していたのか否か、一旦は大使を拝命した道真が遣唐使派遣中止を建言したのは何故かなど疑問点が多い。(2)

寛平度の遣唐使はまた遣唐使停止により国風文化が成立したという誤解も依然として見受けられる程のインパクトを与えたものと位置づけられている。「国風文化」の時代にこそ唐文化・唐の文物の影響が益々大きくなったことは既に指摘されている通りであり、(3)異論はないが、遣唐使中止は果して重大事と考えられていたのであろうか。今回の遣唐使をめぐる史料についてはその基本的理解にも対立が存し、やはり関係史料の正確な読解を定立せねばならない。その作業を経てこそ遣唐使中止の意義づけも可能になると思われる。

そこで、本章では菅原道真の建議の分析を柱として、基本的事項を確認しながら、寛平度の遣唐使の真相を探ることにしたい。結果としては計画だけに終わったが、今回の遣唐使が計画のみのものも含めた全遣唐使事業の最後になったことはまちがいなく、その中止事情を解明することは、以後の日本の外交方策を考える上でも資するものと思われる。以下、寛平度の遣唐使の概要を説明した上で、道真の建議内容に検討を加えていきたい。

一　寛平度遣唐使の概要

寛平度の遣唐使の時代はちょうど六国史が終わり、編年体の信頼すべき年代記に欠ける時期で、かといって貴族社会の内実を知ることのできる古記録もまだ本格的なものがなく、関係史料は断片的なものに留まっており、これが遣唐使計画とその推移の詳細を把握し難い要因になっている。まず今回の遣唐使の計画→任命→中止の建議の骨子を示す史料を掲げると、次の如くである。

a『扶桑略記』寛平六年五月条

唐客含㆑詔入朝。

b『日本紀略』寛平六年七月二十二日条

太政官牒㆓送在唐僧中瓘㆒報書上表状。

c『日本紀略』寛平六年八月二十一日条

以㆓参議左大弁菅原朝臣㆒為㆓遣唐大使㆒、以㆓左少弁紀朝臣長谷雄㆒為㆓副使㆒。

d『扶桑略記』寛平六年八月二十一日条

遣唐大使参議左大弁兼勘解由長官菅原道―〈五十一〉、遣唐副使紀長谷雄〈四十九〉。

e『日本紀略』寛平六年九月三十日条

其日、停㆓遣唐使㆒。

これらのうち、aに関しては後述の中瓘表を齎した商客王訥の入朝を示すものとする見方があるが、(4)『扶桑略記』寛平七年五月十五日条「止二唐使入朝一」は前年十二月二十九日に伯耆国に到着した渤海使の入京→『日本紀略』寛平七年五月十五日条「参議左大弁菅原朝臣向二鴻臚館一、賜二酒饌於客徒一」とあるのに対応し（入朝を止むとは朝廷での行事を行わないで、鴻臚館での賓待のみを実施したことを意味するか）、渤海使を「唐客」・「唐使」と記す事例があることから考えて、渤海使関係の記事の誤入と解すべきだとする見解が存する。(5)

この点に関しては、『扶桑略記』では「唐客」が渤海使を示す事例が存し（延喜八年五月十二日条、同二十年五月八日条）、やはり後者の理解を支持しておきたいと思う。ちなみに、この混同は意識的に行われているものと考えられ（延喜八年五月十二日条の本文は「法皇賜二唐客一書」とあるが、分註には「已上法皇賜二渤海客一書也」と記されている）、別稿で指摘したように、「唐」がすべての外国を代表するようになる、あるいは中国を含めてすべての外国が相対化・一般化され、それらを代表する表現として「唐」が用いられるようになるという新たな対外認識の成立を展望することができる。(6)

またeの「其日」については、『日本紀略』に散見する「其日」記事として理解すべきであり、『日本紀略』の其日・某日条は編者が文飾・作文を加えたものであることも多く、それ故に日付が曖昧になっているとの指摘もなされている。(7) この点はeそのものの信憑性に関わり、遣唐使の中止が決定されたか否かも不明になるという論につながる重要な問題であるから、その当否はもう少し私なりに寛平度の遣唐使に関する論点を検討した上で言及することにしたい。

次に今回の遣唐使に関しては、c・dの大使・副使以外にも何人かの関係者名が知られるので、一覧しておく。

大使―参議左大弁兼勘解由長官従四下菅原朝臣道真（五十歳）…式部権大輔・春宮亮

副使―右少弁従五上紀朝臣長谷雄(8)（五十歳）…式部少輔
判官―藤原朝臣忠房(9)…『古今和歌集』巻十八―九九三番歌
録事―従八下左大史阿刀連春正…東南院文書一―七二号昌泰元年十月五日太政官牒
遣唐装束使―参議従四下源昇…『公卿補任』寛平七年条尻付に「同六八―兼遣唐装束使」と見ユ、時に左中弁・蔵人頭・木工頭・美濃権守

源昇が装束使になったのは木工頭であったことによると思われるが、彼は源融の子で、道真の次に蔵人頭になった人物である。遣唐使官人の面々に関しては、文人として道真に親しかったと言われる紀長谷雄（式部省の同僚でもある）、弁官の下級官人である阿刀春正と、大使菅原道真とつながりを有する人脈から構成されていることが看取されよう。藤原忠房については、『古今和歌集』に「寛平御時に、もろこしのはう官にめされて侍りける時に、東宮のさぶらひにて、をのこどもさけたうべけるついでによみ侍りける」として、「なよ竹のよながきうへにはつしもの、おきゐて物を思ふころかな」（九九三）とあり、春宮亮でもあった道真との関係、あるいは『尊卑分脈』には「延喜十六法皇御賀之時楽行事」と見える（二―五四五頁）ので、宇多天皇とのつながりから起用されたものと推定され、やはり道真に収斂する人脈にあった。

以上、今回の遣唐使人が大使菅原道真を中心とする人脈の中から宇多天皇によって任命されたことを見たが、彼らの遣唐使としての肩書存続期間にも留意しておきたい。この点に関しては、eを遣唐使中止の史料と見なし、それ以後も道真らが遣唐使の肩書を称し続けたのは、これを名誉的呼称とする見方があり、一方、遣唐使の肩書の存続は実質的な意味、即ち遣唐使計画が中止されていなかったことを示すとする理解も存する。(10)菅原道真は『公卿補任』では寛平八年まで遣唐大使を兼帯しており、紀長谷雄は古文書では延喜元年十月二十八日まで（『東南院文書』一―一三二号

太政官牒）、おそらく延喜二年正月二十六日に参議になるまで副使の肩書を用いたものと考えられる。録事阿刀春正は上掲の如く、昌泰元年にもその職位を帯していた。したがって少なくとも宇多朝においては遣唐使の職位が存続していたことはまちがいなく、長谷雄・春正の事例によると、醍醐天皇の昌泰四年（延喜元年）正月に起きた大使道真の左降事件（昌泰の変）までは遣唐使官人の編成が実質的な意味を有していたと見ることができよう。

寛平度の遣唐使の概要は以上の如くであるが、①遣唐使計画の中止を示すとされる史料eには考慮すべき点があること、②遣唐使官人は大使菅原道真を中心とする人脈の人々を宇多天皇が任命したもので、③道真左降の昌泰の変まではその職位が実質的な意味を持っていたと考えられること、などに注目しておきたい。では、遣唐使計画の立案過程、そして道真の遣唐使中止の建議内容はどのようなものであったのだろうか。節を改めて寛平度の遣唐使を理解するために中核的史料の検討に進みたいと思う。

二　遣唐使中止の建議

寛平度の遣唐使について、その中核となる史料は次のA・Bであり、これらをもとに様々な論点が呈されてきた。まず史料を掲げた上で、その内容を確認しながら、私見を整理してみることにしたい。

A『菅家文草』巻十「奉　レ勅為二太政官一報二在唐僧中瓘一牒」（六三二）

太政官牒在唐僧中瓘。報二上表一状。牒、奉　レ勅、省二中瓘表一悉レ之。久阻二兵乱一、今稍安和、一書数行、先憂後喜。緇（脳・璽カ）源茶等准レ状領受。誠之為レ深、溟海如レ浅。来状云、「温州刺史朱褒、特発二人信一、遠投二東国一。波浪渺焉、雖レ感二宿懐一、稽二之旧典一、奈二容納一何、不二敢固疑一。」中瓘消息、事理所レ至、欲レ罷不レ能。如レ聞、商人説二大唐之事一之次多二云、「賊寇以来、十有余年、朱褒独全二所部一。天子特愛二忠勤一。」事之髣髴也。雖レ得二由緒於風聞一、苟為二人君一者、孰不二傾レ耳以悦一レ之。儀制有レ限、言申志屈。迎送之中、披二陳旨趣一。又頃年頻災、資具難レ備。而朝議已定、欲レ発二使者一。弁整之間、或延二年月一。大官有レ問、得レ意叙レ之者。准レ勅、牒送。宜レ知二此意一。沙金一百五十小両、以賜二中瓘一。旅庵衣鉢、適支二分銖一。故牒。寛平六年七月廿二日左大史云々。

B『菅家文草』巻九「請レ令三諸公卿議二定遣唐使進止一状」（六〇一）

右臣某、謹案下在唐僧中瓘去年三月附二商客王訥等一所レ到之録記上、大唐凋弊、載之具矣。更告二不朝之問一、終停二入唐之人一。中瓘雖二区々之旅僧一、為二聖朝一尽二其誠一。代馬越鳥、豈非二習性一。臣等伏検二旧記一、度々使等、或有二渡レ海不レ堪レ命者一、或有二遭レ賊遂亡レ身者一。唯未レ見三至レ唐有二難阻飢寒之悲一。如三中瓘所二申報一、未然之事、推而可レ知。臣等伏願、以二中瓘録記之状一、遍下二公卿・博士一、詳被レ定二其可否一。国之大事、不二独為一レ身。且陳二欵誠一、伏請二処分一、謹言。寛平六年九月十四日大使参議勘解由次官従四位下兼守左大弁行式部権大輔春宮亮菅原朝臣某。

関係史料の順序としては、B所引の「在唐僧中瓘去年三月附二商客王訥等一所レ到之録記」が寛平五年三月付託、Aの太政官牒が史料bと同じものを示し、寛平六年七月二十二日、そして、Bの菅原道真奏状がc・dとeの間で、寛平六年九月十四日ということになる。B所引の中瓘の録記については、Aで「朝議已定、欲レ発二使者一」と、遣唐使派遣の決定を伝えているのに、Bでは一転して再考を求めているので、Aの「中瓘表」・「中瓘消息」とは別のもので、Aよりも遅れて到着した新情報と解する見方もあるが[11]、この間に新たな情報が齎されたか否かは判断材料がなく、後述のように、両者の内容を異なるものと解する必要はないと思うので、やはり同一のものと見なしたい（内容理解は後述）。

ここに登場する在唐僧中瓘は、Aに「久阻二兵乱一、今稍安和、一書数行、先憂後喜」とあり、以前にも通信があったかに読めるが、実際に彼は『三代実録』元慶五年（八八一）十月十三日条で高岳親王（真如）の死去を伝えたことが知られ、「今得二在唐僧中瓘申状一偁、親王先過二震旦一、欲渡二流沙一。風聞、到二羅越国一、逆旅遷化者。雖二薨背之日不一レ記、而審問之来可レ知焉」と、その情報が信頼すべきものと位置づけられていた。またA・Bの後にも、『日本紀略』延喜九年二月十七日条「遣二在唐僧中灌一牒状」、『扶桑略記』同日条「於二弁官結政一、令レ請下印遣二在唐中瓘一牒上。外記即受、入レ函書レ封。加二沙金百両一、入二木壺一、以レ絹裹レ之」とあり、この頃にも連絡が交わされている。中瓘の渡唐年次は不明であるが、三十年以上在唐が確認できる人物で、Aや延喜九年条で砂金を賜与されているように、真如親王のような日本人の高位者の情報や唐の国情を日本に伝達して、滞在の資を得て活動していたものと考えられる。

このような事例としては、『入唐五家伝』「頭陀親王入唐略記」所引の唐・景福二年（寛平五＝八九三）閏五月十五日在唐僧好真牒に登場する好真を挙げることができる。好真は師の師良大徳に従って入唐したが、師良が唐で死去してしまったので、単身在唐して修行を続けていると記されている。師良・好真ともに渡海時期・事情不明であるが、当時こうした形の在唐日本僧が何人か存在していたことが窺われよう。但し、彼らは特定の通達回路を有していた訳ではなく、日本に渡航する唐商人に消息を託するという形をとらざるを得なかったので、それ程頻繁に通信を寄せることはできなかったと思われる。[12] また中瓘は情報提供の対価に砂金を得ており、それで当座の滞在費は工面できたので、余程の激変がない限り、短期間に何度も情報を寄せる必要はなかった（一回の情報の価値が下がる）と考えられる。これもAの中瓘の表や消息とBの録記を別物と見なくてもよいと解する予見の根拠である。

以上、中瓘の如き在唐日本僧が何人かいて、時々の情報を齎したことやその情報には一応信頼が置かれていたことを指摘したが、中瓘が提供する情報を伝来したのは唐の商客王訥であった（B）。Aによると、「商人説二大唐事一之次多云」と、日本側は来日する唐商人から得た情報にも依拠して唐の情勢把握に努めていたことが窺われる。同様の事例としては、『寛平御遺誡』に「外蕃之人必可二召見一者、在二簾中一見レ之、不レ可二直対一耳。李環朕已失レ之。新君慎レ之」とある李環、あるいは次の史料の盧知遠の場合を挙げることができる。

f『大日本史料』第一編之二補遺（八～九頁）「革暦類」善相公奏状

昌泰三年十一月上二密奏一云、明年辛酉歳、所謂天下革命之会、君臣剋賊之期也。以二易卦一、而推レ之、其灾可レ在二正二月一。宜レ預二防備一之。（中略、道真の反対・道真左降）《昌泰四》同年二月兼二大学頭一。三月重奏云、革命之歳、宜レ改二年号一。其奏在レ別。朝廷信納、乃改レ元為二延喜一。無レ幾、唐人盧知遠来云、辛酉之年正月、大唐有二劉庸均之乱一、宮中屍数千人、数月乃定、改レ年為二天福（復）一。即知、天地災祥之会、出レ自二卦象之中一、猶如二四時代謝一、日月出入、皆有二定期一者也。

これらの事実は平安京に来て政府要人と会っていた唐人が複数存在したこと、当時の政府中枢の人々が的確な東アジア情報を有していたことなどを教えてくれるものと言えよう。[13]

では、中瓘はどのような情報を齎し、日本側はそれに如何なる形で対応しようとしたのだろうか。以下、A・Bの内容を私なりに解読してみたい。まずAは管見の限りでは元慶五年以来久方ぶりの中瓘の表（Bの「去年三月附二商客王訥等一所レ到之録記」）が到来したのに対して、それに応答するとともに、砂金百五十小両を下賜する旨を伝えたものである。中瓘は「久阻二兵乱一、今稍安和」と、元慶五年（八八一）以後に黄巣の乱（八七五～八八四）が激化して（八八一～八八四年には長安付近での攻防が激化し、黄巣の長安入城（八八〇年一二月）、僖宗の成都蒙塵（八八五年三月還京）という事態になっていた）、漸く余燼が終息したことを伝えている。[14]また「来状云」（表・録記と同じものか）として、括弧内で温州刺史朱褒の日本との通交の意図を仲介しているものと思われる。[15]

これに対して、朝廷は「中瓘消息、事理所レ至、欲レ罷不レ能」と、中瓘の伝達内容が理に適っていることを評価している。そして、来航する唐商人たちからの情報と合せて、中瓘が伝える温州刺史朱褒の統治ぶりや皇帝との良好な関係を確認できると述べる。その上で、日本側の立場・事情を説明して、朱褒の統治の様子を風聞ではあるが知って、君主として悦ばない訳にはいかないが、「儀制有レ限」なので、「言申志屈」となり、「迎送之中、披二陳旨趣一」であること（国家としての外交は急にはできず、中瓘や唐商人を介して意を陳べることしかできないの意味か）を記している。また「又頃年頻災、資具難レ備」と、寛平五年の内裏火災を始め災禍が相次ぎ、遣使準備をなかなか進めることができなかった点にも触れる。

　こうした日本側の通交の意志があることをふまえて、「而朝議已定、欲レ発二使者一。弁整之間、或延二年月一。大官有レ問、得レ意叙レ之者」と、遣唐使派遣計画が決定したことを通告するとともに、しかしながら実際の派遣までには時間がかかる場合もあるので、「大官」（朱褒か）に尋ねられたならば、その旨を説明しておいて欲しいと指示しているのである。以上を要するに、Aは温州刺史朱褒を介して（さらにその意を受けた中瓘の表文によって）、中国側が来貢を打診してきた（黄巣の乱平定後の唐王朝の権威維持に資する朝貢を要求か）のに対して、日本側も朝廷の意志として遣唐使計画があることを伝えたものであり、史料c・dの遣唐大使・副使任命につながる前提条件が整っていたことを窺わせる。

　次にBは道真が中瓘の録記（Aの表・来状・消息）を分析した上で、公卿・博士に「議二定遣唐使進止一」ことを要請したものである。寛平五年三月付「附二商客王訥等一所レ到之録記」を道真が検討したところでは、「大唐凋弊、載之具矣」＝唐の衰微は明白であり、「更告二不朝之問一、終停二入唐之人一」（この部分は日本古典文学大系『菅家文草 菅家後集』も「二句、意未詳」とし、問題の箇所であるが、私見は後述することにし、今は保留しておく）であること、中瓘の人物像は「為二聖朝一尽二其誠一」しており、この情報には信憑性があることを示した上で、このまま遣唐使を派遣すると、「至レ唐有二難阻飢寒之悲一」となって、未曾有の事態に陥る可能性があることを指摘している。そこで、道真は「以二中瓘録記之状一、遍下二公卿・博士一、詳被レ定二其可否一」を要請しているのであり、Bは「中瓘録記」の全体がきちんと公表・分析されないままに、遣唐使の任命が行われてしまったことに再考を求めたものであったと位置づけることができよう。

以上がA・Bについての私なりの理解であるが、逐語的解釈を保留した点、特にA・Bで中瓘が遣唐使派遣に反対しているのか否か、A・Bで中瓘の意見に齟齬があるのかどうかについて、私案を示したい。ここではまずAの「来状云」の解釈が一つの焦点になる。私はこれを「温州刺史朱褒、特に人信を発して遠く東国に投ず。波浪渺なり、宿懐に感ずと雖も、これを旧典に稽ふるに容納すること奈何。敢へて固疑せざれ」と読み、中瓘は温州刺史朱褒の通交の意図を伝え、日本側の「旧典」（「人臣無二境外之交一」という、相手国の朝廷からの正規の使節以外は国家的外交の対象にならないという立場か）としてはこれを受納し難いかもしれないが、朱褒の通交の意図を疑ってはいけないという内容であると解する。

Aの後続部分では「商人説」として朱褒の統治が安定しているという情報を載せており、中瓘も朱褒の庇護下に活動していたと推定されるので、ここに中瓘が中国との通交に反対する意見を述べる可能性はないと言えよう。むしろ中瓘の存在意義としては朱褒と故国日本を結ぶ働きをすることこそが重要であり、その見地からも以上のように理解する次第である。日本側もその意見を参酌した上で、Aの太政官牒の如き応答を行ったという相関になる(16)。

以上の中瓘の立場に関連して、Bの中瓘録記の内容理解も問題になる。先に解釈を保留した部分がその関係箇所であり、Bで道真が遣唐使派遣の再検討を求める論拠になっていると思われるので、Aの如上の理解との関係で整合的な解釈が要せられるところである。まず「大唐の凋弊、載せて具なり」は、Aの表文にも全体的状況としてはそのように記されており、Aで中瓘が伝えた情報とは矛盾しない。次の二句は難解であるが、これがあくまで中瓘録記（Aの表・来状）の内容であることに留意して考えてみたい。

とすると、「さらに不朝の問を告ぐ」とは、中瓘録記の中で中国側では日本からの朝貢が長らく途絶えていることが問題にされている旨が伝達されてきたという意であろうから、後句も唐側の認識を告げているものと理解される。ここでは「更〜、終〜」と対句になっているから、そのような文脈で解釈すべきであると考える。したがって私読としては、「さらに不朝の問を告ぐるも、終には入唐の人を停めたり」として、唐側では日本が長らく朝貢して来ないことを問題にしているが、日本側は遣唐使派遣を停止してしまっているという現状を述べていると解釈するのである。(17)おそらくはこれに続いてAの朱褒の通交の意図が述べられるというのが中瓘録記の全体構造であり、Bでは道真はその前段部分に注意を喚起し、再検討を要請しようとしたのであろう。

以上、A・Bを併考して、中瓘録記の全体構成を復原・勘案すると、中瓘は決して遣唐使派遣に反対している訳ではなく、むしろ朱褒の立場に立って日本からの遣唐使到来を実現しようとしていることを推定した。では、道真は一旦は拝命した遣唐使の計画再検討を何故要請しているのであろうか。Bから看取できるのは、入唐後の労苦が明白であることと、中瓘録記の全文が公卿・博士らに示されないままにAが作成され、遣唐使派遣決定・使人任命に至ったという経緯があったことである。そこで、道真としては中瓘録記の全文を詳細に分析した上で、改めて検討を求める行為に出ざるを得なかったのであろう。

三　菅原道真の政治手法と遣唐使の行方

前節では寛平度の遣唐使計画の展開を理解する上で中核となる史料A・Bについて私見を述べた。では、どうして道真は一度は遣唐大使を拝命しながら、自らその再考を求めるような手順をとったのであろうか。古くから指摘されているように、当初から文人官僚として遣唐大使拝命の栄誉だけを求め、実際には渡海を忌避しようとしたのだろうか[18]。またその後の遣唐使計画の推移は如何であったのだろうか。最後にこうした点について私見をまとめてみたい。

道真が名誉だけを追求したのか、あるいは入唐の意志はあったが、唐側の情勢や日本国内の事情がそれを許さなかったのか[19]は判断し難いところがあるが、ここでは彼の一つの政治手法として、大使拝命→遣唐使計画全体の再検討要請という流れをとらえてみたい。道真の政治手法を窺わせる事例として、『菅家文草』巻九「請レ令三議者反二覆検税使可否一状」（六〇二）を挙げることができる。これは寛平八年七月五日のもので、今回の遣唐使派遣をめぐる議論よりも後の行為ということになる[20]。

その全体は長文に亘るため、要点を摘記すると、次の如くである。道真は言う、検税使派遣に関しては、「始議之日、臣奏曰、臣所レ見、只讃岐一国也。以二彼国之風一論レ之、若遣二此使者一頗有二物煩一歟」と発言し、大納言源能有らも検税使派遣に反対であったが、その後議論を重ねる中で、「偏被レ引二公益一、遂無レ所二固難一」として、結局は検税使派遣を承認してしまった。さらに検税使が任命された時にも、「臣須下暫諫二止其点使事一、尽二愚心一以窮中可否上、而未レ得二量決一之間、依レ有レ所レ疑、猶予不レ奏」という状況で、諫止することができなかったのである、と。

ところが、「議畢之後、伏思起慮、欲レ罷不レ能」となり、ここに検税使派遣の可否を再検討することを要請したのが、この奏状である。この間、道真は国司経験のある者に意見を求め、讃岐一国の国守の経験しかない自分の知識・実体験の不足を補った上で、帳外剰物の勘収が国司・百姓両方に不利益を与え、円滑な地方行政運営の支障になること、検税使に任命された人々は朝廷の要務を掌っており、使者として都を一年余も離れることは中央の政務壅滞を招くことなどを指摘して、「使者未レ点之前、不レ奏之怠、臣不二敢避一レ罪。雖レ然聖主収視反聴、以叶二古人一日三省之義一。」と結んでいる。

この検税使の行方は不明であるが、一連の道真の行動は、「奏上のタイミングは少しおそい。政治家としての果断の処置に欠けていると非難されるのである。確かにその嫌いはあるが、恐らくこの使の名目は国益を図るにあり、反対は国司個人の私を主張する傾きがあるので、謹直の道真は躊躇を感じたのであろうと思う。少しおくれても、なお言わねばならぬことは言うところに、正直一途のかれの性格が見られると思う」というのが中庸を得た評言であろう(21)。付言するならば、当初反対の論拠に盤石の自信がなかった道真は、当面は自分の意見を明確にせず、充分に勉強を重ね、論破されない確信を得た上で奏上を行ったと考えられ、文人官僚らしい処世術と位置づけることができ、これが道真の政治手法の一つであった。

そこには『寛平御遺誡』に、「右大将菅原朝臣、是鴻儒也。又深知二政事一。朕選為二博士一、多受二諫正一、仍不次登用、以答二其功一。加以朕前年立二東宮一之日、只与二菅原朝臣一人一論二定此事一〈女知尚侍尼之〉。其時無二共相識者一人一。又東宮初立之後、未レ経二一年一、朕有二譲位之意一。朕以二此意一、密々語二菅原朝臣一。而菅原朝臣申云、如レ是大事自有二天時一、不レ可レ忽、不レ可レ早云々。仍或上二封事一、或叶二直言一、不レ順二朕言一。又又正論也。至二于今年一、告下菅原朝臣以二朕志一必可レ果之状上。菅原朝臣更無レ所レ申、事々奉行。至二于七月一可レ行之議人口云々、殆至二於欲レ延二引其事一。菅原朝臣申云、大事不二再挙一、事留則変生云々。遂令下朕意一如レ石不上レ転。惣而言レ之、菅原朝臣非二朕之忠臣・新君之功臣一乎。人功不

レ可レ忘。新君慎レ之云々」とある宇多天皇と道真の関係を背景に、天皇の信頼に依拠した道真の行動が可能であった所以がある。

ところで、寛平度の遣唐使については、宝亀度以降を後期遣唐使として時期区分し、当該時期の遣唐使は代替り事業や皇太子決定後の王位継承ルートの国際的公示と次代を担う官人の育成などの意味を有するものであることを強調し、宇多天皇を主導とする計画立案であったとする見解が呈されている。[22] そして、上掲の『寛平御遺誡』によると、寛平五年四月の醍醐立太子から「未レ経二二年一」、即ち遣唐使派遣の再検討が議題になっていた頃に宇多天皇譲位の意志が示されたので、遣唐使は中止になり、この矛盾をAとBで見事に辻褄合せした文人官僚としての道真の優秀さを評価すべきであろうというのである。

しかし、私は遣唐使を代替り事業ととらえることは必ずしも実態に合致していないと考えるし、またその政治的目的についてもあまり評価しない立場をとっている。[23] 今回の遣唐使に関しても、確かに遣唐使が渡海すると、帰国するまで譲位できないという事態になるのかもしれないが、『寛平御遺誡』によると、宇多天皇は道真の諫止によって譲位を思い止っており、また仮に遣唐使を派遣したとしても、一年くらいで帰朝するので、譲位延期の阻害要因にはならないことから、この宇多天皇の譲位をめぐる内情が遣唐使中止の理由であったとは解し難い。もし代替りの遣唐使ということが問題になるのであれば、この宇多天皇の譲位の内意や唐の情勢をふまえて、醍醐天皇即位時の遣唐使派遣計画に切り換えられたため、道真らはそのまま職位を兼帯し、そのうちに道真左降事件の勃発や唐の滅亡が近づき、結局のところ醍醐天皇の代替り事業としても実現しなかったと見るべきであろう。

私は前節で触れた史料A・Bの理解から、遣唐使派遣決定は宇多天皇の勇み足であり、道真は一旦は大使を拝命したものの、慎重に情勢を分析した上で、諫言・再考を求めたととらえるのがよいと考える。そして、史料eについてはやはり疑わしい記事と見るべきであり、道真の具申に対する最終的な結論は出ないままに、使人は遣唐使の職位を帯し続け、道真左降事件を機に自ずと沙汰止みになったというのが寛平度の遣唐使の行方であるとする見解を支持したいと思う。[24] なお、『寛平御遺誡』には「季長朝臣深熟二公事一、長谷雄博渉二経典一、共大器也。莫レ憚二昇進一。新君慎レ之」とあり、長谷雄も次代の活躍が期待される存在で、道真左遷後も醍醐天皇、藤原時平に登用されているようであるから、その後も副使を帯していた所以であると見られる。

このような外交案件審議に時間がかかることは、後代の事例であるが、十一世紀末の高麗からの医師派遣要請と入宋僧成尋の弟子たちの帰国に随伴して送られてきた宋皇帝の書・貨物に対する対応を挙げることができる。ともに数年間の協議が行われたものの、あまり建設的な対応はできなかった。[25] こうした対応方法は十世紀以降の外交案件に通有するところがあり、そうした先蹤として今回の遣唐使計画を位置づけることができるのではあるまいか。

むすびにかえて

本章では寛平度の遣唐使計画をめぐる史料の基礎的考察を行い、結局のところ遣唐使計画は明確な中止決定を見ないまま、その後の国内・国際情勢の変化の中で立ち切れになったとする見方を支持すべきだと考えた。その検討の過程で、在唐僧中瓘の表（録記）の内容理解について、従来の諸説とは異なる解釈を行ったが、正確な史料読解の叩き台にしていただければこれに過ぎたる幸いはない。また遣唐使計画立案に至る宇多天皇の関与のあり方、一旦は大使を拝命しながら、後日になって再考を求める道真の政治手法や宇多天皇との関係、外交案件処理に時間を要する体質など、当該期の政治過程や政務運営の一端にも言及したが、これらについてはさらに広く考究することを課題にしたいと思う。

寛平度の遣唐使そのものに関しては、例えば『菅家御伝記』（菅原陳経、嘉承元年（一一〇六）成立）には、「同《寛平》七年五月十五日、勅止二遣唐使進一」とあるが、第一節で見たように、道真を始めとして使人たちはその後も遣唐使の職位を帯しているので、こうした日次で中止が決定されたとは考えられない。史料eと同じく、中止の決定があった筈であるというところから成立した「神話」とでも称すべきものであり、こうした先入観は史料A・Bをめぐる諸説にも幾分かは見受けられるのではないかと思われる。遣唐使の行方については、『拾芥抄』（伝洞院公賢編、鎌倉時代末期の成立）下本・諸社部第一に、「寛平六年任二遣唐使一、菅紀不レ遂二前途一、無レ沙二汰両人一、其後無二沙汰一」というくらいに押さえておくのがよいであろう。

本章では寛平度の遣唐使に関する基礎的事項の確認に努めたつもりであるが、中心となる史料A・Bの理解を始め、先入観にとらわれた解釈を行ったのではないかと懼れるところである。一応の解釈を示し、諸賢の照覧に委ね、拙い稿を終えることにしたい。

註

（1）榎本淳一「遣唐使と通訳」（『唐王朝と古代日本』、吉川弘文館、二〇〇八年）は、『三代実録』貞観十六年（八七四）六月十七日条「遣二伊予権掾正六位上大神宿禰己井・豊後介正六位下多治真人安江等於唐家一、市二香薬一」とあるものも遣唐使として数えるべきであり、そうすると、貞観度と寛平度の間隔は二十年で、通常の遣唐使派遣の時期を迎えていたものと見ることが可能になる旨を指摘している（但し承和度と貞観度には四十年近い間隔が残り、やはり異例さは否めない）。

（2）研究史は増村宏『遣唐使の研究』（同朋舎、一九八八年）、石井正敏「いわゆる遣唐使の停止について」（『中央大学文学部紀要』三五、一九九〇年）、保立道久『黄金国家』（青木書店、二〇〇四年）などを参照。

（3）榎本淳一「文化移入における朝貢と貿易」（註（1）書）。
（4）増村註（2）書。
（5）鈴木靖民「遣唐使の停止に関する基礎的研究」（『古代対外関係史の研究』吉川弘文館、一九八五年）。
（6）拙稿「平安貴族の国際認識についての一考察」（『古代日本の対外認識と通交』吉川弘文館、一九九八年）。
（7）石井註（2）論文、「『日本紀略』」（『国史大系書目解題』下巻、吉川弘文館、二〇〇一年）。
（8）紀長谷雄は史料cに「左少弁」とあるが、『公卿補任』によると、八月十六日に右少弁になっており、右大弁が正しいようである（『弁官補任』一、続群書類従完成会、一九八二年）。なお、道真の兼官に関しても、後掲史料Bでは「大使参議勘解由次官従四位下兼守左大弁行式部権大輔春宮亮菅原朝臣某」と署しており、『公卿補任』や史料cと齟齬するところがある。
（9）忠房は『尊卑分脈』二―五四五頁によると、京家の人物で、麻呂―浜成―継彦―広敏―興嗣―忠房という家系であり、広敏の弟に承和度の遣唐准判官貞敏がいる。忠房は「大和守右兵佐右京大夫左少将」、「歌人／楽道長／作胡蝶楽仁也／延喜十六法皇御賀之時楽行事」と見える。
（10）研究史整理、および後者の見解については石井正敏「最後の遣唐使計画」（『新版古代の日本』二、角川書店、一九九二年）を参照。
（11）佐藤宗諄「寛平遣唐使派遣計画をめぐる二、三の問題」（『平安前期政治史序説』東京大学出版会、一九七七年）。
（12）拙稿「『参天台五臺山記』の研究と古代の土佐国」（『海南史学』四一、二〇〇三年）。
（13）田島公「三善清行と唐末の宮廷クーデターに関する情報」（『古文書研究』四七、一九九八年）。
（14）黄巣の乱の概要については、松井秀一「唐末の民衆叛乱と五代の形勢」（『岩波講座世界歴史』六、岩波書店、一九七一年）を参照。
（15）朱褒に関しては、鈴木註（5）論文二七一～二七六頁を参照。
（16）保立註（2）書二二一～二二三頁では、この部分を「宿懐に感ずと雖も、これを旧典に稽ふるに、容納を奈何せん。敢へて固疑せざらんか」と読み、「朱褒の気持ちには感服するが、しかし（陪臣の使者が遣唐使の派遣をいうのは）旧典の原則からいっても受けいれがたいのではないか。それともあえて固疑することはやめておこうと判断されるのであろうか」と理解しており、中瓘は朱褒からは相対的に独自で、遣唐使派遣について原理的な疑問を表明していると述べられている。山尾幸久「遣唐使」(『東アジア世界における日本古代史講座』六、学生社、一九八二年)も同様に解するが、そうすると、Aで日本側が遣唐使派遣計画を告げているのと矛盾し、やはりここはあくまでも中国側の様子を代弁している部分として解すべきであると思われる。また鈴木註(5)論文二六九頁は、来状を「波浪渺焉」までと解し、「これに対して朝廷では、そのかねてからの気持ちには感銘するが、「旧典」すなわち旧例に照らしてみると、その使をどのようにして受け入れようか、決して使〈使旨〉を疑うわけではない」と訳しているが、来状の範囲は本稿のように理解したい。

(17) 保立註(2)書二二一～二二二頁では、「問」を「聞」の誤記として、「大唐の彫弊、これを載すること具なり。更には不朝の聞を告げ、終には入唐の人を停めよ」と読んで、道真は遣唐使派遣について中瓘の態度を全く否定的なものと描き出していると述べられている。山尾註(16)論文も内容理解に関しては同様である。しかし、「問」のままでも私釈のように理解すれば、解釈可能であると思われる。その他、鈴木註(5)論文二七〇頁は、この字句は中瓘の意見を要約したもので、「唐側が中瓘を通して日本の不朝をたずねたところ、中瓘の考えとして入唐の人を停止したほうがよいとのべる旨を記していると解するのが最も妥当しよう」と述べているが、やはり従い難い。

(18) 坂本太郎『菅原道真』(吉川弘文館、一九六二年)。

(19) 佐藤註(11)・鈴木註(5)論文など。

(20) 検税使の職務内容については、八世紀を中心とする論考であるが、亀田隆之「検税使」、「七道検税使の算計」(『奈良時代の政治と制度』吉川弘文館、二〇〇一年)を参照。

(21) 坂本註(18)書九七頁。

(22) 保立註(2)書二二五～二三一頁。

(23) 拙稿「古代日本における対唐観の研究」(註(6)書)、「遣唐使と唐文化の移入」(『白山史学』四四、二〇〇八年、本書第一部第五章所収)。

(24) 石井註(2)論文。

（25）　註（6）拙稿、拙稿「古代日麗関係の形成と展開」（『海南史学』四六、二〇〇八年）。

第二部　朝鮮諸国との関係

第一章　賓礼の変遷から見た日渤関係をめぐる一考察

はじめに

渤海は七世紀末に高句麗遺民が朝鮮半島北部から中国東北部にかけて靺鞨諸族を支配下に組み込みながら建国したもので、日本とは八世紀前半から通交関係を有し、渤海が滅亡する十世紀初まで交流が続いた。特に八世紀中葉頃から日羅関係が悪化し、新羅との公的な通交が次第に疎遠になること、日本の遣唐使は二十～三十年に一度であり、唐使の来日は殆どなく、唐との関係は緊密とは言い難いことなどを考慮すると、最も安定的、かつ長期間に亘る通交を有したのは渤海ということになる。つまり八～九世紀の古代日本の外交のあり方を通時的に検討する上で、渤海との通交の様相は貴重な考察材料を呈してくれるのである。

私は先に『古代日本の対外認識と通交』（吉川弘文館、一九九八年）なる論著を刊行し、対唐観を中心とする対外意識の問題、大宰府と難波における外交機能や賓礼のあり方を究明し、外交のシステム面での研究への関心を示したが、古代日本の外交機構や賓礼の全体像については、課題を残している部分が多い。そこで、本章ではこの日渤関係を素材として、賓礼の一局面に着目し、外交のシステム面での問題を些かなりとも解決したいと考える。

一　賓礼の流れと日渤関係の時期区分

拙著で整理して呈示したものに渤海使に対する実例の知見を加えて、まず古代日本における賓礼の流れを示すと、次のようになろう。

a到着地での安置、b存問使の派遣（存問）、c領客使による京上（領客）、d難波における歓迎（迎船）→難波館への安置、e入京時の郊労（郊労）、f鴻臚館への安置、労問使・慰労使の派遣と掌客使の任命、g朝廷での使旨奏上、貢献物奉呈（国書または口頭、貢献物）、h諸行事への参加（正月の行事、五月五日などの諸節会）、i天皇出御の下での賜宴、授位・賜禄、j交易、k臣下による賜饗、l鴻臚館での饗宴（詩宴）、m鴻臚館での日本の国書賜与、n領帰郷客使に引率され、出京・帰国へ、o難波館での讌饗→帰国へ。

渤海使は大宰府には殆ど来航せず、難波を経由したのは迎藤原河清使の遣唐使帰朝に随行した渤05だけであったから、本章ではd・oに関しては検討対象外としておく。

これらのa〜oは渤海使来日の全時期を通じて固定していたものではなく、時期によって執行方法も異なっている。そこで、賓礼方式の変遷や渤海使の来日形態・目的、日本側の事情などを考慮に入れて、日渤関係の時期区分を試みると、次のように呈示される（表9も参照）。

第一期…唐・新羅と対立する渤海が日本に接近したもの。遣使は十余年に一度で、渤02は日本の遣唐使の送使、渤03は十余年間不通であるから遣使したと記されており、やや疎遠な通礼関係であった。渤海側は船一隻で、人数は最高で七十五人、日本側は渤海使来日に対して、送使という形で遣渤海使を派遣した。渤海側には日本とは異なった意

表9　日渤通交の概要

＊	次数	来航年月	使人名・肩書	到着地	人　数	備　考
武王	渤01	神亀4・9	寧遠将軍郎将高仁義	出羽	24人	漂着※
	日01	神亀5・2	従6下引田朝臣虫麻呂			送使
文王	渤02	天平11・7	忠武将軍若忽州都督胥要徳	出羽	40人	遣唐使帰国※
	日02	天平12・1	外従5下大伴宿禰犬養		62人	送使
	渤03	勝宝4・9	輔国将軍慕施蒙	佐渡	75人	(国書)
	日03	宝字2・2	従5下小野朝臣田守		68人	渤04随伴
	渤04	宝字2・9	輔国大将軍行木底州刺史兼兵署少正開国公揚承慶	越前	23人	弔喪使※
	渤05	宝字3・10	輔国大将軍兼将軍玄菟州刺史兼押衙官開国公高南申	大宰府		迎藤原河清使を送る
	日04	宝字4・2	外従5下陽候史玲璆			送使
	日05	宝字5・10	従5下高麗朝臣大山			渤06随伴
	渤06	宝字6・10	紫綬大夫行政堂左允開国男王新福	加賀	23人	唐の情報
	日06	宝字6・11	正6上借緋多治比真人小耳			送使
	渤07	宝亀2・6	青綬大夫壱万福	出羽	325人	(国書)
	日07	宝亀3・2	正6上武生連鳥守			送使
	渤08	宝亀4・6	烏須弗	能登	40人	(国書)　×
	渤09	宝亀7・12	献可大夫司賓少令開国男史都蒙	加賀	187人	賀騰極使※
	日08	宝亀8・5	正6上高麗朝臣殿嗣			送使※
	渤10	宝亀9・9	献可大夫司賓少令張仙寿	越前		送使
	日09	宝亀9・12	正6上大網公広道			送使
	渤11	宝亀10・9	押使高洋弼＋鉄利人	出羽	359人	(国書)　×
	渤12	延暦5・9	李元泰	出羽	65人	×
康王	渤13	延暦14・11	呂定琳	出羽	68人	国王死去 (国書)　×
	日10	延暦15・5	正6上御長真人広岳 正6上桑原公秋成			送使 (国書)
	日11	延暦17・4	外従5下内蔵宿禰賀茂麻呂			年期通告 渤14随伴
	渤14	延暦17・12	慰軍大将軍左熊都将上柱将開国子大昌泰			送使 年期撤回
	日12	延暦18・4	正6上滋野宿禰船白			送使
定王	渤15	大同4・10	高南容			
	渤16	弘仁1・9	和部少卿兼和幹菀使開国子高南容			賀騰極使※
	日13	弘仁2・4	従6上林宿禰東人			送使 (国書)
僖	渤17	弘仁5・9	王孝廉	出雲		国王死去※

王						(国書)
宣王	渤18	弘仁9	慕感徳			漂破※
	渤19	弘仁10・11	文籍院述作郎李承英			申謝 (国書)
	渤20	弘仁12・11	政堂省少允王文矩			
	渤21	弘仁14・11	高貞素	加賀	101 人	年期制×
	渤22	天長2・12	政堂信少卿高承祖	隠岐	103 人	霊船表物 (年期)
	渤23	天長4・12	政堂左允王文矩	但馬	100 人	唐の情報※ (年期) ×
彝震	渤24	承和8・12	政堂省左允賀福延	長門	105 人	年期 (国書)
	渤25	嘉祥1・12	永寧県丞王文矩	能登	100 人	隣交※ (年期)
虔晃	渤26	貞観1・1	政堂省左允烏孝慎	能登	104 人	年期接近 (年期) ×
	渤27	貞観3・1	李居正	隠岐	105 人	(国書) (年期) ×
玄錫	渤28	貞観13・12	政堂省左允正四品慰軍大将軍上鎮将軍賜金魚袋楊成規	加賀	105 人	年期 (国書)
	渤29	貞観18・12	政堂省孔目官楊中遠	出雲	105 人	謝恩請使 (年期) ×
	渤30	元慶6・11	文籍院少監正四品賜金魚袋裴頲	加賀	105 人	※
	渤31	寛平4・1	文籍院少監王亀謀	出雲	105 人	年期
瑋瑎	渤32	寛平6・5	裴頲	伯耆	105 人	
末王	渤33	延喜8・1	文籍院少監裴璆	伯耆		
	渤34	延喜19・11	信部少卿裴璆	若狭	105 人	
	渤35	延長7・12	文籍大夫裴璆	丹後	93 人	東丹国使 (過状) ×

(註)　点線は私案による時期区分を示す．＊欄は渤海王代で，石井正敏「渤海王の世系」(『日本渤海関係史の研究』吉川弘文館，2001 年) を参照．渤海使の次数については，濱田耕策「渤海国の遣日本使」(『慶北史学』23，2000 年) は渤 11・18 を除外すべしとするが，一応これらも含めた形で掲げた．来航年月の欄の日本側の遣使は任命年月を記す．備考欄の括弧内はその事柄で紛議があったことを示す．※は船の修造，×は入京しなかったことを示している．

味での高句麗継承国意識が存しており、(1)外交形式は臣下の礼をとる上下関係、上表文を奉呈する朝貢関係ではなく、対等の国としての通交を求めるものであった。この外交形式に日本は不満を持ち、渤03には送使を付しておらず、外交形式の問題という課題を残して第一期は立ち切れとなる。

第二期…日本側の働きかけで通交が再開され、短期間に頻繁な交流が行われた。日本側には日羅関係の悪化と藤原仲麻呂の征新羅計画があり、(2)この対新羅外交課題処理のため、新たな日渤関係が展開したと考えられる（但し、渤04・05―日04は迎藤原河清使入唐をめぐる課題に関わるものである）。渤海側は二十人程度の来日であり、個別目的に応じた便使的色彩が濃い。外交形式に関しては、渤海側は口頭の奏上のみで、第一期に問題となった外交姿勢や国書の書式は未解決のまま、とりあえず通交が進められたというのが実情であろう。渤海使は第一期以来武官帯官者が来日しており、これは対唐・新羅の緊張に対処するためであった。(3)ところが、天平宝字六年（七六二）渤海は新羅と同等の官位を唐から賜与され、対唐関係を修復したため、日本の征新羅計画に加担して、唐を中心とする国際秩序に無用の波紋を起こすのは避けねばならなかった。そこで、渤06からは文官を派遣するようになり、この東アジア情勢の変化とその後の仲麻呂の没落もあって、第二期は終了する。

第三期…約十年ぶりの渤海使来日に始まる時期である。渤海側は船一隻、四十～七十人程度と、第一・二期と同規模の使節を送ってきたこともあるが、この時期の特色として派遣人数・船隻数が増加し、来日目的が交易中心になっている点を指摘できる。その背景には唐との関係修復により優れた工芸品の移入が可能になり、また渤海国内の手工業も発展したため、中継貿易品あるいは渤海の産物を交易に出し、その利益で国家の維持・発展に努めるという国策が存したことが考えられる。(4)日本側は八世紀後半の新羅との交易の展開や時々の遣唐使派遣などによって、交易品の確保は当面充足されていたと推定されるので、渤海の交易を積極的に受け入れる立場にはなかったと思われる。そこで、渤海使の来日を認める条件として、第一・二期には保留されていた外交形式の整備という課題の解決を企図し、国書（王啓）の書式をめぐる紛議や年期制に関する応報など、外交のあり方の検討が行われた。渤21の帰国時に一紀一貢の年期制が通告され、第三期は終了すると解しておきたい。

第四期…一紀一貢の年期制による通交が確立した時期であり、渤海使の来日人数は百五人と一定し、a～oの如き日本側の賓礼も整備された。また渤海は王啓に加えて中台省牒を呈し、日本側も「天皇敬問」の国書と太政官牒で返答するという形になり、外交文書の定立がなされた。この時期には国書問題もあったが、年期制をかいくぐって頻繁に来航しようとする渤海に如何に対処するかが日本側の課題となる。年期制の適用は概ね厳密だったが、緩和されることもあった（渤22・25・34）。第四期は渤海の滅亡によって終了する。既に遣唐使派遣を中止していた日本は、東アジア諸国との公的通交がなくなることになり、完成した外交システムがどのように展開するかは今後の検討課題であり、後考を俟ちたい。

以上は私案を結論的に整理したものであるが、この時期区分とは別に、賓礼の諸要素に関しては、次のような画期が看取される。

a国書チェックなし→渤07と08の間で国書開封権付与
e奈良時代は餝馬・騎兵の迎接→画期は不明だが、渤24から郊労使
f奈良時代は朝見の場で慰問(5)→画期不明だが、渤24から労問使・慰労使
g奈良時代は大極殿出御型→平安時代は朝堂院型
h正月入京で諸行事に参加→渤22以降は正月入京なし
i奈良時代は閤門出御型→平安時代は豊楽院型(6)

k奈良時代は執政大臣の私宅→渤14で朝集院（堂）での臣下の饗宴所見(7)

l当初なし→渤28を契機に挙行

n渤16までは送使派遣→画期不明だが、渤24から領帰郷客使が出港地まで送る

a〜oの賓礼の様態やこれらの変化についてはそれぞれに詳しい考察が必要であるが、ここでは概略を述べるに留め、以下、賓礼の変遷に関わる問題のうちからnを取り上げて、日渤関係の様相や時期区分と関連づけて、検討を試みることにしたい。

二　送使から領帰郷客使へ

来日した渤海使の帰国に際して、日本側は送使という形で遣渤海使を派遣し、日渤間の通交を行った。ところが、日13を最後に、日本は送使を派遣しなくなり、日本側からの使節渡海は終了してしまう。この点に着目して、渤16と渤17の間に日渤関係の大きな時期区分を設定する見解もあるが(8)、本章では詳述できないものの、私は一紀一貢の年期制の成立など外交方式の確立の方がより大きな画期であったと考えている（本書第二部第二章を参照）。しかし、賓礼のあり方から言えば、これも大きな変化であり、以後は領帰郷客使による出港地までの送迎方式になるのである。そこで、ここでは未だ考究が不充分であると思われる平安時代の日渤通交の一端を検討するために、この送使から領帰郷客使への変遷の背景を探ることにしたい。

渤16の大使高南容は渤15の大使としても来日しており、連年の通交であった。『後紀』弘仁元年九月丙寅条の王啓によると、渤16は嵯峨天皇の賀騰極使であったことが知られ、入京して元日朝賀に臨席するなど、日本側の賓待を受

けている。そして、弘仁二年正月丁巳条の国書に「南容荐至、使命不レ堕。船舶窮危、響心増励、雖レ靡二来請一、豈能忍レ之。仍換二駕船一、副レ使押送、同附二少物一。至宜レ領レ之」と記されており、彼らは無事使命を果して帰国するのである。この時の送使が結果として最後の遣渤海使となった日13である。

①『後紀』弘仁元年十二月庚午条

従六位上林宿禰東人為二送渤海客使一、大初位下上毛野公継益為二録事一。

②『後紀』弘仁二年四月庚寅条

是日、遣二渤海国一使正六位上林宿禰東人等辞見。賜二衣袴一。

③『後紀』弘仁二年十月癸亥条

正六位上林宿禰東人等、至レ自二渤海一。奏曰、国王之啓、不レ拠二常例一、是以去而不レ取。其録事大初位下上毛野公嗣益等所レ乗第二船、発去之日、相失不レ見。未レ知二何在一。

④『後紀』弘仁二年十二月乙亥条

故遣渤海録事大初位下上毛野公嗣益追二贈従六位下一。以三身死二王事一也。

⑤『後紀』弘仁六年正月甲午条

（上略）東仁来帰不レ齎レ啓。因言曰、改レ啓作レ状、不レ遵二旧例一。由レ是、発日棄而不レ取者。彼国修聘、由来久矣。書疏往来、皆有二故実一。専輙違乖、斯則長レ傲。夫克レ己復レ礼、聖人明訓。失レ之者亡、典籍垂規。苟礼儀之或レ虧、何須レ貴二於来往一。今問二孝廉等一、対曰、世移主易、不レ知二前事一。今之上啓、不二敢違レ常。然不レ遵二旧例一、僁在二本国一、不レ謝之罪、唯命是聴者。朕不レ咎二已往一、容二其自新一。所下以勅二於有司一待以中恒礼上。（下略）

まず送使の派遣形態を整理しておく。①によると、送使の任命は渤16が入京して様々な賓待日程をこなす前に行われたことが知られ、これは他の事例によっても同様の形であったと考えられる（日01・02・06・09）。送使の帯位は、日02・04を除いて、概ね六位クラスであり、日本側から独自に遣渤海使を派遣した日03・05・11の五位クラスよりも下位となっている[9]。また①では大使と録事の任命が見えているが、この他には日06・11に判官の存在が知られ、日10の場合はほぼ同格の二人が送使に任じられていた。日03・05などが大使・副使（六位クラス）の構成を取るのに対して、送使としての遣渤海使は簡便な使節編成であったことが窺われる（但し、専使である日11は大使―判官の構成であり、時期による相違もあったか）。人数の面では日02が六十二人（以上）、日03が六十八人であるから、大差はなかったことになる。ちなみに、人数に関しては、『後紀』延暦十五年十月己未条の日10に付された王啓に「則送使数不レ過レ廿、以レ茲為レ限、式作二永規一」という提案も見られる。

そして、②によれば、送使が辞見して出発したのは渤16が使命を終えて出京してから後のことであったと推定され、この日程については日01・02の場合でも確認できる（『続紀』神亀五年四月壬午条―六月庚午条、天平十二年二月己未条―四月丙子条）。領帰郷客使の段階では渤海使を出港地まで見送るのが任務であったから、渤海使の出京と一緒に出発する必要があったが、送使は渤海使を先行させて出港準備などをさせておいて、おもむろに出発してともに渡海すればよかったのである。なお、③によると、送使の船は二隻であったことがわかる。この船数については、『書紀』敏達二年七月乙丑朔条の送高句麗使が船二隻であり、遣渤海使の事例では渤09の送使である日08に関して、渤10の張仙寿来日の奏言に「聖朝之使高麗朝臣殿嗣等失レ路漂二着遠夷之境一、乗船破損、帰去無レ由。是以、造二船二艘一、差二仙寿等一、随二殿嗣一令二入朝一」（『続紀』宝亀十年正月丙午条）と見えることなどと符合していると思われる。

では、この送使派遣から領帰郷客使による送迎へと変化する要因はどこにあったのだろうか。領帰郷客使による送迎が確認できる渤24までの状況を見ておくと、史料の問題として、渤17は『後紀』があるが、渤18〜23に関しては

『類聚国史』、『日本紀略』によるもので、渤海使関係の記事が完存していないという留意点はあるものの、雪深により加賀国に留まって入京しなかった渤21、但馬国から放還された渤23を除くと、渤17～19は帰国時の状況を示す記事が残っている。渤20・22は不明であるものの、渤17以降は送使を派遣するという発想が全く見られないと判断してよいであろう。またこの間は領帰郷客使の存否も不明である。

とすると、渤16の送使であった日13の様相が鍵になるが、日13には遣渤海使船二隻のうち一隻の漂没・行方不明と渤海側の応対の不備という二つの問題が存した。これらのうち、後者は③・⑤に記される王啓の書式をめぐる紛議であり、③に「不㆑拠㆓常例㆒」、⑤に「改㆑啓作㆑状、不㆑遵㆓旧例㆒」という違例の形式のものを付されたため、受納を拒否したと報告されている。こうした国書の問題は第三期にしばしば勃発しており、これ以後の第四期においても散見している。但し、この件に関しては渤17の王孝廉一行の入京・賓待には直接の影響はなかったようである。⑤は渤17に付された日本の国書の一部であるが、問責は行われたものの、今次の王啓は常例にかなっていたためか、「朕不㆑咎㆓已往㆒、容㆓其自新㆒、所㆘以勅㆓於有司㆒待以㆗恒例㆖」と日本側の度量を見せている。また渤17は帰路漂没し、大使王孝廉らが死去して、⑤の国書も失われるという事故があった。その後改めて付与された国書には問責の文言はなく（『類聚国史』巻一九四弘仁七年五月丁卯条）、結局③・⑤の紛議に関する日本側の譴責の意志は表明されなかったと考えられるのである。したがってこの問題が送使から領帰郷客使への変遷の決定的な要因になったとは思われない。

そこで、送使派遣停止の契機としては、日13の遣渤海使船漂没という事態を重視してみたい。日渤通交において日本人が漂没を経験するのは、渤02に伴って唐から帰朝した天平度の遣唐使判官平群広成らの帰国（『続紀』天平十一年十一月辛卯条）以来のことであるが、それでも広成自身は何とか帰朝することができていた。上述の日08の際にも漂没の危機があったが、何とか漂着することができており、日本側からの出発で漂没、しかも船一隻すべてが行方不明となったのは今回が初めての出来事で、こうした航海の危険が大いに認識された訳である。また当時の渤海使来日に対する日本側の評価として、次のような意見が存した。

⑥『類聚国史』巻一九四天長三年三月戊辰朔条

（上略）而渤海客徒、既違二詔旨一、濫以入朝、偏容二拙信一、恐損二旧典一。実是商客、不レ足二隣客一。以二彼商旅一、為レ客損レ国、未レ見二治體一。（中略）又頃年旱疫相仍、人物共尽、一度賑給、正税欠少。況復時臨二農要一、弊多二逓送一、人疲二差役一、税損二供給一。（中略）伏請、停二止客徒入京一、即自二着国一還却、且示二朝威一、且除二民苦一。唯依レ期入朝、須レ用二古例一。（下略）

これは渤22に対する右大臣藤原緒嗣の上表文であるが[10]、この時は結局入京を認め、正式な賓待を行っている。但し、第三期から交易中心に移行した渤海使が第四期にかけてその性格を益々顕現していたのはまちがいなく、上述のように、そうした中で年期制による制限も設定されたのである。

そして、以前からも散見しているが、渤16に対して「仍換二駕船一、副レ使押送」の措置で日13が派遣されているように、来日した渤海使船は帰国の用に堪えず、日本で修造・新造を行わねばならない場合があった。そうした傾向は渤16以後さらに顕著になるようであり（表9）、その負担も日本側にのしかかってくる。

⑦『三代実録』元慶七年十月二十九日条

勅、令下能登国一禁上レ伐二損羽咋郡福良泊山木一。渤海客著二北陸道岸一之時、必造二還船於此山一。任二民伐採一、或煩レ無レ材。故予禁レ伐二大木一。勿レ妨二民業一。

このような造船の負担と渡海時の危険、また来日渤海使の交易主体姿勢とともに、日10の帰国に際して付された渤海の王啓あたりから議題に上っていた年期制が構築されつつあり、渤21で一紀一貢の定期的な渤海使来航が確保され

表10　領帰郷客使の任命者

渤24…	勘解由使判官正六上藤原朝臣粟作／文章生従六上大中臣朝臣清世
渤28…	常陸少掾従七上多治真人守善／文章生従八下菅原朝臣惟肖 （通事前筑後少目従七上伊勢朝臣興房）
渤30…	民部大丞正六上清原真人常岑／文章生従八下多治真人有友
渤34…	大学少允坂上恒蔭

る流れの中では、もはや日本から遣渤海使を派遣する必要はないと判断するに至ったのではあるまいか。その他、第一・二期には日渤双方に課題が存した政治・外交上の通交目的がなくなったことも、このような片務的な通交形態に帰結する一因であったと考えられる。

ちなみに、領帰郷客使の任命者の顔ぶれは、表10の如くである。六国史がなくなり、記録が不充分な渤34の例は参考に留めることにして、他の事例によれば、使者の帯位が六位クラスで、二名の任用は従来の送使と類似している。但し、文章生が起用されているのは、賓礼の1の登場なども関連する特色であり、道中での漢詩の交歓等の必要によるのであろう。『江家次第』巻四除目の「次文章生労帳任レ之。三人〈或二一人希有例也。或任二京官一者、随減二外国一云々〉。多任二北陸道一。若北陸道無レ闕者、任二山陰道一、或又任二西海道一。故源相府被レ仰云、件三道、唐人并渤海等異国来着之方也。仍其国々置下習二文法一之輩上歟」という慣習の形成にもつながる要因になったと思われる。

むすびにかえて

本章では日渤関係のうちの賓礼の一要素に言及したに過ぎない(11)。今後さらに賓礼の個別要素や日渤関係の全体像、あるいは日本の外交政策の考究を行うことを課題としたいが、近年の研究でも再検討が不充分な平安時代の日渤関係には後考に俟つ点が多いことを改めて強調して、拙い稿のむすびにかえたい。

註

(1) 石井正敏「日本・渤海交渉と渤海高句麗継承国意識」(『日本渤海関係史の研究』吉川弘文館、二〇〇一年)。
(2) 酒寄雅志「八世紀における日本の外交と東アジアの情勢」(『渤海と古代の日本』校倉書房、二〇〇一年)。
(3) 石井正敏「初期日本・渤海交渉をめぐる一問題」(註(1)書)。
(4) 鈴木靖民「渤海国家の構造と展開」(『朝鮮学報』一七〇、一九九九年)。
(5) 渤海使の例は不明だが、『続紀』宝亀十年五月癸卯条の唐使の例による。
(6) g・iの挙行の場については、橋本義則「平安宮草創期の豊楽院」(『平安宮成立史の研究』塙書房、一九九四年)を参照。
(7) 佐藤信「古代の「大臣外交」についての一考察」(『境界の日本史』山川出版社、一九九七年)。
(8) 濱田耕策「渤海国の遣日本使」(『慶北史学』二三、二〇〇〇年)。
(9) 日06の借緋については、河合ミツ「借緋に関する覚え書」(『続日本紀研究』二三二、一九八四年)を参照。
(10) 石井正敏「藤原緒嗣の「実是商旅、不足隣客」云々発言をめぐって」(註(1)書)を参照。
(11) 渤海使を中心とする賓礼については、浜田久美子「延喜式に見える外国使節迎接使」(『延喜式研究』一八、二〇〇二年)、「古代日本における賓礼の受容」(『日本と渤海の古代史』山川出版社、二〇〇三年)、「漢詩文にみる弘仁六年の渤海使」(『法政史学』六六、二〇〇六年)、「弘仁十二年の渤海使」(『法政大学大学院紀要』五七、二〇〇六年)などを参照。

第二章　日渤関係における年期制の成立とその意義

はじめに

渤海は六九八年～九二六年に朝鮮半島北部から中国東北部にかけて存在した国家で、日本とは八世紀前半からその滅亡時まで通交関係を有した。この間、日本の外交としては、八世紀中葉頃から新羅が亢礼姿勢に転じ、日羅関係の悪化、疎遠化、そして公的通交の途絶があり、また遣唐使に関してはそれ程頻繁に派遣されていた訳ではなく、唐使が来日することも殆どなかったので、渤海との通交が最も安定的、かつ長期間に亘るものであったと言えよう。したがって八世紀中葉～十世紀初の日本の外交政策や外交のあり方を検討する上で、この渤海との通交は通時的分析の材料として寔に重要なものと位置づけねばならない。

日渤関係全体の時期区分については前章で私案を示しており、またそこでは賓礼の一構成要素である日本側の送使派遣から領帰郷客使への変化を例に、日渤通交の変遷に考察を加えている。その際に、日渤関係の一つの画期として、九世紀初における年期制の成立は、八世紀以来続いてきた国書の書式をめぐる論点とともに、来日渤海使の入国可否を判断する基準になるものであり、外交原則の定立という点で注目すべきではないかという点を指摘しておいた。この年期を基準とする外国使節の入国可否は、十世紀以降の唐・宋商人来航の際にも適用されるものであり、日本の外交システムを考える上では大いに留意せねばなるまい。但し、前章ではその成立過程や意義について充分に考究できなかったので、本章において、この年期制の問題や古代日本の外交システムに関して検討を試みたいと思う次第である。

一　年期制の先蹤

年期を定めて通交することは、まず律令条文に関連して次のような説明が存する。

a職員令太政官条集解古記

古記云、(中略)朝聘者、経二六歳一聘一年也。問、聘三年也、六会六年也、十二明十二年誓也。師説、諸侯三年一度、謂二之朝一也。一年一度遣レ使、謂二之聘一。〈私案、朝聘以下、可レ在二治部省一。〉

これは左大臣の職掌の箇所に注せられたものであり、養老令には「朝聘」の語は見えないので、大宝令には大臣が「朝聘」を掌る規定になっていたとする意見も存するが、末尾の私案が述べるように、本来は職員令治部省条の治部卿の職掌「諸蕃朝聘」の部分に関わるものであったと解する方がよいようである[1]。その「諸蕃朝聘」の部分に対する集解諸説は、例えば令釈には「礼記王制篇云、諸侯之於二天子一也、比年一小聘、三年一大聘、五年一朝。注云、比年毎年也、小聘使二大夫一、大聘使レ卿、朝則君自行也」とあり、穴記・跡記は小聘を「二年小聘」とするが、内容は概ね同じであって、日本の礼制が依拠した中国の古典による説明がなされている。したがって「朝聘」の語自体は大宝令文から存しており、「朝」と「聘」の語義も一応は理解されていたと考えられる。

但し、実際の外交、例えば日本における律令体制確立期である天武・持統朝から頻繁に来日していた新羅使に対して、このような年期制に基づく通交を求めたことはなく、新羅使の来日の様態も「朝」・「聘」の字義に適ったものではなかった。日本の遣唐使に関しては、「朝貢」の性格が強いと思われるが、勿論年期制に依拠した派遣が行われた訳ではないのである。(2) そうした中で、年期制に基づく通交の初例と目されるのは、次の新羅使の場合であろう。

b『続紀』天平四年五月庚申条

金長孫等拝レ朝、進二種々財物并鸚鵡一口・鴝鵒一口・蜀狗一口・猟狗一口・驢二頭・騾二頭一。仍奏二請来朝年期一。

c『続紀』天平四年五月壬戌条

饗二金長孫等於朝堂一。詔、来朝之期、許以二三年一度一。宴訖、賜二新羅王并使人等禄一各有レ差。

日羅関係は日本の百済救援・白村江の敗戦で一時途絶したが、その後新羅が対唐戦争遂行による半島統一を達成する中で、新羅は日本の支援を得るために（唐に加担しないという消極的支援を含めて）、朝貢姿勢で通交を求めてきたので、七世紀末〜八世紀初においては日羅関係は良好であったと評価できる(3)（表11）。

しかし、新羅は一方では対唐関係の修復にも努めており、六八六年には唐に遣使して「吉凶要礼」を下賜されるなどし、六九三年孝昭王は雞林州都督新羅王、七一三年には聖徳王が楽浪郡公新羅王に冊立されて、その国際的地位の点でも唐の信頼を回復したことがわかる(4)。こうした中で新羅の対日通交は亢礼姿勢に変化していくとされ、八世紀中葉以降は外交形式をめぐる紛擾がしばしば起こり、日羅関係が悪化していくのであった。表11によると、六九七年まではほぼ連年のように新羅側から遣使があり、請政という形で国情等の報告がなされたり、貢調に付加して別献物の貢上が行われたりしており、日本の遣新羅使は送使と見なされるものが主で、発遣回数も少なかったが、以後は新羅使の来日に間隔が生じ、また日本側からの働きかけによって来航するという形になることが看取される。b・cに近い時期の出来事としては、七二二年に「築二毛伐城一、以遮二日本賊路一」（『三国史記』新羅本紀聖徳王二十一年十月条）とあり（その他、『三国遺事』巻二孝成王条も参照）、この「日本賊」を裏付けるような具体的事実が存した訳ではなかった

表11　日羅関係の推移

年　次	来 航 者 ・ 概 要
668天智7（文武王8）	級飡（9）金東厳が進調←新羅王・金庾信に船を賜与，王に賜物小山下（従7下）道守臣麻呂，吉士小鮪を新羅へ～送使ヵ
669	沙飡（8）督儒が進調
670	阿曇連頬垂を新羅へ
671	新羅遣使して進調．別に水牛1頭・山鶏1隻を献上沙飡（8）金萬物が進調←新羅王に賜物
672天武元（文武王12）	金押実が筑紫に来航←船1隻を賜与
673	韓阿飡（5）金承元，阿飡（6）金祇山，大舎（12）霜雪～賀騰極使一吉飡（7）金薩儒，韓奈麻（10）金池山～弔先皇喪（一云調使）
675	王子忠元，大監級飡（9）金比蘇・奈末（11）金天冲，弟監大麻（12）朴武麻・大舎（12）金洛水が進調→8月25日帰国
	7月7日小錦上（正5上）大伴連国麻呂，小錦下（従5下）三宅吉士入石を新羅へ～送使ヵ
676	10月10日大乙上（正8上）物部連麻呂，大乙中（正8下）山背直百足を新羅へ
	11月3日沙飡（8）金清平～請政
	級飡（9）金好儒，弟監大舎（12）金欽吉～進調
678	級飡（9）金消勿・大奈麻（10）金世々～当年之調を貢上→漂没
679	9月16日遣新羅使が拝朝　※派遣記事不明
	10月17日阿飡（6）金項那，沙飡（8）薩虆生～朝貢…貢調・別献→翌年6月5日帰国
680	11月24日沙飡（8）金若弼，大奈麻（10）金原升～進調，習言者3人を引率→翌年8月20日帰国
681天武10（神文王1）	7月4日小錦下（従5下）采女臣竹羅，当摩公楯を新羅へ→9月3日拝朝～送使ヵ
	10月20日一吉飡（7）金忠平，大奈麻（10）金壱世～貢調・別献し，文武王の死去を告げる→翌年正月11日帰国
683	11月13日沙飡（8）金主山，大那末（10）金長志～進調→翌年3月23日帰国
684	4月20日小錦下（従5下）高向臣麻呂，小山下（従7下）都努臣牛甘を新羅へ～送使ヵ
	12月6日大奈麻（10）金物儒が唐からの帰朝者を送って来航→翌年3月14日帰国
685	11月27日波珍飡（4）金智祥，大阿飡（5）金建勲～請政，進調，別献物→翌年5月29日帰国
687持統1（神文王7）	1月19日直広肆（従5下）田中朝臣法麻呂，追大弐（正8下）守君苅田を新羅へ～天武死去を告げる
	9月23日王子金霜林，級飡（9）金薩摹・金仁述，大舎（12）蘇陽信～国政を奏請，調賦献上，別献物→翌年2月29日帰国
689	4月20日級飡（9）金道那～天武の弔喪使，学問僧らを上道，別献→7月1日帰国←問責あり

692持統 6 （孝昭王 1）	11 月 8 日級飡（9）朴億徳，金深薩～進調
	直広肆（従 5 下）息長真人老，務大弐（正 7 下）川内忌寸連を新羅に派遣しようとする（送使？）
693	2 月 3 日沙飡（8）金江南，韓奈麻（11）金陽元～神文王死去を告げる
	3 月 16 日直広肆（従 5 下）息長真人老，勤大弐（正 6 下）大伴宿禰子君を派遣しようとする（送使？）
695	3 月 2 日王子金良琳，薩飡（8）朴強国，韓奈麻（11）金周漢，金忠仙～国政を奏請，進調
	7 月 26 日直広肆（従 5 下）小野朝臣毛野，務大弐（正 7 下）伊吉連博徳を派遣しようとする（送使？）→9 月 6 日発向
697文武 1 （孝昭王 6）	10 月 28 日一吉飡（7）金弼徳，奈麻（11）金任想～貢調 →翌年 2 月 3 日帰国
698	3 月「日本国使至，王引見於崇礼殿」（三国史記）
700	5 月 13 日直広肆（従 5 下）佐伯宿禰麻呂，勤大肆（従 6 下）佐味朝臣賀佐麻呂を新羅へ→10 月 19 日帰国～新羅使来朝を求めるヵ…大宝令制の朝賀への参加
	11 月 8 日薩飡（8）金所毛，級飡（9）金順慶～母王之喪を告げる…大宝元年正月乙亥朔条の朝賀に参加
703大宝 2 （聖徳王 2）	正月 9 日薩飡（8）金福護，級飡（9）金孝元～孝昭王死去を告げる→5 月 2 日帰国
	9 月 22 日従 5 下波多朝臣広足を新羅へ→10 月 25 日発遣 →慶雲元年 8 月 13 日帰国
704慶雲元	10 月 9 日正 6 上幡文通を新羅へ→翌年 5 月 24 日帰国
705	10 月 30 日一吉飡（7）金儒吉～貢調，翌年の元日朝賀に参加 →正月 12 日帰国
706	8 月 21 日従 5 下美努連浄麻呂，従 6 下対馬連堅石を新羅へ →11 月 3 日発遣→翌年 5 月 28 日帰国
709和銅 2	3 月 14 日金信福来日～方物を貢す→6 月 1 日帰国
712	9 月 19 日従 5 下道君首名を新羅へ→10 月 28 日辞見 →翌年 8 月 10 日帰国
714	11 月 11 日重阿飡（6）金元静ら 20 余人～朝貢，霊亀元年の元日朝賀に参加→3 月 23 日帰国
718養老 2	3 月 20 日正 5 下小野朝臣馬養を新羅へ→5 月 23 日辞見 →翌年 2 月 10 日帰国
719	5 月 7 日級飡（9）金長言ら 40（30）人～貢調 →閏 7 月 17 日帰国
	閏 7 月 11 日従 6 下白猪史広成を新羅へ→8 月 8 日拝辞
721	12 月一吉飡（7）金乾安，薩飡（8）金弼～貢調 ←元明太上天皇崩御により放還
722	5 月 10 日正 7 下津史主治麻呂を新羅へ→5 月 29 日拝朝 →12 月 23 日帰国
	10 月新羅が毛伐郡城を築く～「以遮日本賊路」（三国史記）
723	8 月 8 日韓奈麻（10）金貞宿，韓奈麻昔楊節ら 15 人～来貢

	→8 月 25 日帰国
724神亀元	8 月 21 日従 5 上土師宿禰豊麻呂を新羅へ →翌年 5 月 23 日帰国
726	5 月 24 日薩飡（8）金造近～貢調
731天平 3	4 月「日本兵船三百艘，越海襲我東辺．王命将出兵，大破之」（三国史記）
732	正月 20 日従 5 下角朝臣家主を新羅へ→2 月 27 日拝朝 →8 月 11 日帰国
	正月 22 日韓奈麻（10）金長孫ら 40 人～種々財物を進上，来朝年期を奏請 →6 月 26 日帰国
734	12 月 6 日級伐飡（9）金相貞～貢調 →翌年 2 月 27 日王城国と称し，追却
736	2 月 28 日従 5 下阿倍朝臣継麻呂を新羅へ→4 月 17 日拝朝 →翌年正月 27 日帰国～「新羅国失常礼不受使旨」
738天平10（孝成王 2）	正月級飡（9）金想純ら 147 人来朝←6 月 24 日賜饗の上，放還（疫病流行後の処置のため）
740	3 月 15 日従 5 下紀朝臣必登を新羅へ→4 月 2 日拝辞 →10 月 15 日帰国
742天平14（景徳王元）	2 月 3 日沙飡（8）金欽英ら 187 人来朝←賜饗の上，放還（恭仁京未成のため）
	10 月「日本国使至，不納」（三国史記）
743	3 月 6 日薩飡（8）金序貞ら来朝 ←4 月 25 日常礼を失するにより放却

が、この頃から対日関係を必ずしも順調なものとは見ない新羅側の意識が顕在化してくることが窺われよう。またｂ・ｃの前年にあたる七三一年の「日本国兵船三百艘」（『三国史記』新羅本紀聖徳王三十年四月条）についても、日本側に出兵の事実はなく、真相は不明であるが、毛伐郡城が築かれた新羅東辺は日本からの侵入が警戒されるべき地域であったことが知られる。

こうした新羅の対日姿勢の変化については、聖徳王の次の孝成王（在位七三七～七四二）代の外交に関して、『続紀』勝宝四年六月壬辰条に「前王承慶・大夫思恭等、言行怠慢」と評されており、日本側も充分に看取していたものと思われる。一方、『続紀』宝亀五年三月癸卯条には「上宰金順貞之時、舟楫相尋、常修㆓職貢㆒」と高く評価されており、この金順貞は神亀三年七月戊子条に「伊飡金順貞、汝卿安㆓撫彼境㆒、忠㆓事我朝㆒。貢調使薩飡金奏勲脩、順貞以㆓去年六月卅日㆒卒。哀哉。賢臣守レ国、為二朕股肱一。今也則亡、殲二我吉士一」とあるので、神亀二年（聖徳王二十四）に死去した人物で、聖徳王代までの日羅外交を支えたと位置づけられていることがわかる。[5] 金順貞の如き人物の死去という痛手もあるが、上述のように、聖徳王代は新羅の対日姿勢転換が顕在化する時期と考えられ、新羅の外交方策や外交機構の変化にも留意しておきたい。

d『三国史記』巻三十八志七（職官上）

領客府。本名倭典。真平王四十三年、改為二領客典一〈後又別置二倭典一〉。景徳王又改為二司賓府一。恵恭王復レ故。

（下略）

e『三国史記』新羅本紀聖徳王十三年二月条

改二詳文司一為二通文博士一。以掌二書表事一。

新羅では真平王四十三年（六二一）に本格的な対唐外交開始（『三国史記』新羅本紀真平王四十三年七月条）に際して、従来日本使のために置かれていた倭典（前期倭典）を領客典に改組し（d）、ここで日本・唐使を賓待するようになったという前史をふまえて、[6] 八世紀前半における新羅の対日外交の蕃礼から亢礼への変化を背景に、聖徳王十三年（七一四）に対日・対唐外交の書表を掌った詳文司（師）を通文博士に改組し（e）、対唐外交の書表のみを掌らせる（七一四年以後、新羅が日本に書表を呈した事例はない）と同時に、領客典とは別に倭典（後期倭典）を復置した（d）という変遷が明らかにされている。[7] 即ち、新羅では対唐＝朝貢、対日＝亢礼という変化に応じて、領客典―唐使、後期倭典―日本使として、両使を異なる礼式で賓待しようとしたのであり、外交機構のあり方が賓礼の施行や対外意識などの外交システム全体と密接に結びついていることが窺われる。

以上の経緯をふまえて、b・cの年期制に至る訳である。表11によると、新羅の亢礼姿勢が明示され、日羅間の紛擾が起きてくるのは次の天平六年の新羅使来日の時点からであり、この時までは新羅の対日姿勢転換は進んでいたが、まだ日羅関係は安定していたと見ることができる。b・cの年期制に関しては、これが新羅側から呈示されたものである点に注目したい。表11に見るが如く、聖徳王代には日本の遣新羅使に促されて新羅使来航が実現する形になっていたが、b・cの新羅使は彼らが来日する直前に派遣された遣新羅使角朝臣家主の渡海以前に新羅を出発していたと考えられるから、新羅側からの久方ぶりの自主的な遣使であった。そして、この年期制の呈示についてはいくつかの評価が存するが、cで日本側が示した「三年一度」という年期制は、天平六年から八年までには六年十二月、九年から十一年までには十年正月、十二年から十四年までには十四年二月と新羅使の来日があり、三年に一度は来朝するという規定が守られているという指摘が重要であろう。[8] しかも日本の遣新羅使派遣に促されて来日するという形ではなく、いずれも新羅側から自主的に遣使されているという特色も存する。

表11によると、来日した新羅使の人数がわかる事例は少ないが、b・cまではb・cの金長孫の四十人が最高であり、人数はそれ程多くはなかった。ところが、天平十年の金想純は百四十七人、十四年の金欽英は百八十七人、表示外であるが、勝宝四年の金泰廉に至っては七百余人と、b・cを境に、新羅使の来日人数が増大するという事実が存する。その背景としては、唐との関係を完全に修復した新羅では、唐の文物輸入が進むとともに、国内の手工業生産も大いに発展し、交易による国富蓄積を求めて、日本への輸出拡大を企図したことが明らかにされており、正倉院の文物の中にも多くの新羅製品が含まれていることがわかっている。[9] したがって新羅としては日本と安定的に通交・交易することを求める状況にあったと見ることができ、これがb・cにおいて新羅側から年期設定の打診になったと考えるのがよいだろう。cで日本側が「三年一度」という年期を示したのは、表11によれば、聖徳王代の新羅使は概ねそれくらいの間隔で来日していたという事実とともに、あるいはaに見える「諸侯三年一度」という礼制に基づく判

断があったのかもしれない。

以上、先学の知見に依拠しながら、b・cの年期制登場の経緯を整理してみた。しかしながら、表11を見ると、b・c以後に日羅関係の悪化が顕在化してくることが知られ、これは亢礼姿勢で交易の拡大を望む新羅と、あくまでも新羅を「朝貢国」と位置づけたい日本の外交方針との対立によるものであった。日本は「専対之人」、「忠信之礼」、「仍旧之調」、「明験之言」(『続紀』宝字四年九月癸卯条)が具備した外交形式を要求し、新羅は亢礼姿勢を改めなかったから、以後新羅使の来日間隔は開き、「三年一度」という年期制は機能しなくなっている。またここに至っては、年期制云々よりも、まず外交形式の具備の方が問題になり、日本側は年期制を外交システムの中に充分に取り込むことができなかったのである。

b・cに関わる年期制の顚末は以上の通りであり、結局この年期による通交というシステムは定着しなかったようである。では、本題である日渤関係における年期制については如何であろうか。次に節を改めて、日渤通交の中での年期制の成立過程を検討することにしたい。

二　年期制をめぐる日渤間の協議

「はじめに」でも触れたように、渤海との関係は八世紀中葉～十世紀初と続き、日本の対外関係として最も安定したものであった。前節で言及した日羅関係が悪化し始める頃に渤海使が来日しており、日本は渤海との通交を維持することで、東アジア諸国から孤立することなく、外交を展開することができたと言えよう。その日渤関係における年期制もやはり渤海側からの打診が端緒であり、それに応じる形で成立したものであった。ここではまず年期制成立に至る過程を見てみることにしたい（日本側、渤海側それぞれの遣使次数は前章の表9による）。

f『後紀』延暦十五年十月己未条（日10）

正六位上御長真人広岳帰レ自二渤海国一。其王啓曰、（中略）思下欲修二礼勝方一、結二交貴国一、歳時朝覲、桅帆相望上。而巨木榆材、土之難レ長、小船汎レ海、不レ没即危。或亦引海不レ諧、遭二罹夷害一、雖レ慕二盛化一、如二艱阻一何。儻長尋二旧好一、幸許二来往一。則送使数不レ過レ廿、以レ茲為レ限、式作二永規一。其隔年多少、任聴二彼裁一。々定之使、望二於来秋一、許以二往期一、則徳隣常在。事与レ望異、則足レ表二不信一。（下略）

g『後紀』延暦十五年十月壬申条

先レ是、渤海国王所二言上一書疏、礼無二定例一、詞多二不遜一。今所レ上之啓、首尾不レ失レ礼、誠欵見二于詞一。群臣上表奉賀曰、（中略）近者送渤海客使御長広岳等廻来。伏見二彼国所レ上啓一、辞義温恭、情礼可レ観。悔二中間之迷図一、復二先祖之遺跡一。況復縁レ山浮レ海、不レ顧二往還之路難一、克レ己改レ過。始請二朝貢之年限一、与二夫白環西貢、楛矢東来一、豈可二同日而道一哉。臣等幸忝二周行一、得レ逢二殊慶一、不レ任二鳧藻之至一、謹詣レ闕奉表以聞。（下略）

h『類聚国史』巻百九十三延暦十七年五月戊戌条（日11）

遣渤海使内蔵宿禰賀茂等辞見。因賜二其王璽書一曰、（中略）王追二蹤曩烈一、脩二聘于今一。因請二隔年之裁一、庶作二永歳之則一。丹欵所レ著、深有レ嘉焉。（中略）所以依二彼所レ請、許二其往来一。使人之数、勿レ限二多少一。但顧二巨海之無レ際、非二一葦之可一レ航。驚風踊浪、動罹二患害一。若以二毎年一為レ期、艱虞叵レ測。間以二六歳一、遠近合レ宜。（下略）

i『類聚国史』巻百九十三延暦十七年十二月壬寅条（渤14）

渤海国遣レ使献二方物一。其啓曰、（中略）而一葦難レ航、奉二知審喩一、六年為レ限、窃憚二其遅一。請更貺二嘉図一、並廻二通鑑一、促二其期限一、傍合二素懐一。然則向レ風之趣、自不レ倦二於寡情一、慕レ化之勤、可レ尋二蹤於高氏一。又書中所レ許、

雖レ不レ限二少多一、聊依二使者之情一、省二約行人之数一。（下略）

j 『後紀』延暦十八年四月己丑条（渤14・日12）

渤海国使大昌泰等還レ蕃。遣下式部少録正六位上滋野宿禰船白等一押送上。賜二其王璽書一曰、（中略）故遣二専使一、告以二年期一。而猶嫌二其遅一、更事二覆請一。夫制以二六載一、本為二路難一。彼如レ此不レ辞、豈論二遅促一。宜二其修聘之使勿レ労二年限一。（下略）

k 『後紀』延暦十八年九月辛酉条（日12）

正六位上式部少録滋野宿禰船白等到レ自二渤海国一。々王啓曰、（中略）前年附レ啓、請レ許二量レ載往還一、去歳承レ書、遂以二半紀一為レ限。嵩璘情勤二馳係一、求レ縮二程期一。天皇舎レ己従レ人、便依レ行レ請、筐篚所レ行。（下略）

l 『三代格』巻十八天長元年六月二十日官符（渤21）

改二定渤海国使朝聘期一事。右検二案内一、太政官去延暦十八年五月廿日符偁、右大臣宣、奉 レ勅、渤海聘期、制以二六載一。而今彼国遣二使太昌泰等一、猶嫌二其遅一、更事二覆請一。乃縦二彼所欲一、不レ立二年限一、宜下随二其来一令中礼待上者。諸国承知、厚加二供備一、馳駅言上者。今被二右大臣宣一偁、奉 レ勅、小之事レ大、上之待レ下、年期礼数不レ可レ無レ限。仍付二彼使高貞泰等還一、更改二前例一、告以二一紀一。宜下仰二縁海郡一、永以為上レ例。其資給等事一依二前符一。

渤海側から年期制による通交の打診があったのは、渤海使呂定琳（渤13）の帰国を送って派遣された遣渤海使御長広岳（日10）が日本に戻る際に付された渤海の国書（王啓）においてであった（f）。渤海使呂定琳は、当時の渤海王大嵩璘が即位後に初めて日本に派遣した使者であったが、前章で区分した日渤通交の第三期の特色として、外交形式をめぐる紛議を起こしていたのである。即ち、『類聚国史』巻百九十三延暦十五年五月丁未条の日本側の国書には、「検二定琳所レ上之啓一、首尾不レ慥、即違二旧儀一」であり、「修聘之道、礼敬為レ先、苟乖二於斯一、何須二来往一」と判断せざるを得ないところだが、今回は出羽国志理波村に漂着して辺夷に却略されたので供給した（同延暦十四年十一月丙申条によると、越後国で供給され、入京は認められなかったようである）旨を通告された次第であった。

渤海王の世系は不明な点も多いが、大嵩璘が呂定琳に託した王啓によると（同延暦十五年四月戊子条）、「祖大行大王、以二大興五十七年三月四日一、薨背」、「孤孫大嵩璘」とあり、第三代文王大欽茂が長期の在位（在位七三七〜七九四）の後に死去し、第四代元義、第五代華璵（成王、在位七九四〜七九五）の短期の在位の後に、欽茂の孫である嵩璘が第六代康王として即位したようである（在位七九五〜八〇九）[10]。したがって嵩璘としては長らく日本との通交を維持してきた欽茂の実質上（元義、華璵は日本に遣使しないままに死去した）の後継者として、対日外交の展開に努めようとしたのであるが、その結果は上述の通りであり、f下略部分によると、御長広岳が日本に帰朝する際に送使を付して、通交の修復を図ろうとしたところ、「便欲下差レ人送レ使、奉上謝二新命之恩一、使等辞以レ未レ奉二本朝之旨一」と、日本側の強硬姿勢を示されて拒否されたと見えている。とすると、渤海側としては日渤通交の安定・定期化を求め、日本側としても礼式に適った通交は慶事であるので（g・h）[11]、ここに渤海側の提起する年期制による来日を認めたと解することができよう。

ところで、この時に日本側が示した年期は六年に一度というものであり（h）、これはaの「朝聘者、経二六歳一聘一年也」といった解釈などに依拠した年限の設定であったと思われる[12]。この六年一貢という年期に対して、渤海側は「六年為レ限、窃憚二其遅一」（i）として、早速に年限の短縮を申し入れてきたのである。その結果、日本側は「夫制以二六載一、本為二路難一。彼如レ此不レ辞、豈論二遅促一。宜三其修聘之使勿二労二年限一」（j）と、年期を特に定めない形の通交を認め、渤海側もこれに謝意を示している（k）。つまり今回の年期制は結局定着しないままに、年限が撤回された訳である。i〜kをめぐる経緯については、既に指摘されているように、渤海側の安定・定期的な日本との通交希求の背景には何よりも交易の実現が関心事であり、(13)六年一貢では来日間隔が長すぎるという問題があったことが挙げられよう。即ち、前章で私が第三期とした宝亀二年来日の壱万福から始まるこの時期は、来日人数が増大し、交易を目的とする通交態度が窺われるのである。

この点に関連して、渤海側が年期設定を要望してきたfにおいては、「則送使数不レ過レ廿、以レ茲為レ限、式作二永規一。其隔年多少、任聴二彼裁一」と、送使の人数については二十人までと具体的な数字を示してきていることにも留意したい。前章で表示したように、第三期の日渤関係ではまず渤海使が来日し、日本の遣渤海使はこの来日渤海使の送使として派遣されているのであり、日本側が単独の遣渤海使を派遣したのは、fの要望に応じて年期を通告したhの内蔵賀茂の場合だけであった。したがって渤海側が制限してきた送使の人数とは、日本からの遣渤海使のことになる。日本の遣渤海使の人数がわかる例は殆どないが、第一回渤海使の送使として派遣された引田虫麻呂一行は「水手已上惣六十二人」であることが知られ（『続紀』神亀五年六月壬申条）、宝字二年十月丁卯条によると、小野田守一行は六十八人であったと計算できる。この六十〜七十人が水手を含めて自力で渡海可能な人数と思われ、fの二十人という制限では船も動かせない。前章で整理したように、この第三期には来日渤海使の船は大破して、日本で大々的な修造や新造を行って帰国しているから、渤海側の意図としては、この船で送使とともに帰国し、さらに日本の送使を送り届けるという名目で来日するという形を目指したものと推定され、これならば日本の送使も往復可能であった。とすると、ここにも交易を主目的とし、連年来航したいという渤海側の意志が看取されることになろう。また渤海側としては、日本の送使の人数を制限することで、賓待を最小限に抑えるという意味合いもあったと考えられる。

なお、この日本側の派遣する送使の人数を制限する点については、日本は正確に認識していなかった節がある。即ち、渤海に六年一貢の制を通告したhでは、「使人之数、勿レ限二多少一」とあり、これは渤海使の来日人数については特に規定しないというものであったと解される。渤海側も日本の送使人数制限云々に関しては以後言及しておらず、この齟齬は看過されてしまったが、渤海側はhに依拠して、iで「又書中所レ許、雖レ不レ限二少多一、聊依二使者之情一、省二約行人之数一」と、日本側の規定に忠実たらんとするそぶりを示しているのである。fで国書の不備を非難されている呂定琳一行は六十八人であったが、この第三期の渤海使の来日人数は三百人を超える例や二百人に近い例が存した（『続紀』宝亀二年六月壬午条、同七年十二月乙巳条、同十年九月庚辰条）。その後、後述のlで一紀一貢の年期を告げられた高貞素一行は百一人であり（『類聚国史』巻百九十四弘仁十四年十一月壬申条）、以後は来日人数が百五人に固定されることになる。三百人超や二百人近い人数に比べれば、「省二約行人之数一」であるが、第一・二期の四十〜七十人程度に比較すると、遥かに多い来日人数を認めさせる巧みなすりかえであったと評することができよう。

以上、一旦は六年一貢の年期が定まりながら、渤海側の意向で明確な年期を規定しない方式に戻った事情を見た。その後しばらく年期制に関する論議はなかったが、lにおいて、今度は日本から、しかも突然と言ってよいような形で、一紀一貢の年期制が示されるのである。次にこの一紀一貢の年期制成立の様子を検討してみたい。

これまでの年期制はいずれも相手国側からの提起に応じたものであったが、今回は日本から提示したものであり、日本側の事情を探っていく必要がある。i〜kの意見交換によって六年一貢の年期が破棄されたことは、l所引延暦十八年五月二十日官符でも国内に通達されており、「縦二彼所欲一、不レ立二年限一」という点とともに、「宜下随二其来一令中礼待上」ということが「諸国承知、厚加二供備一、馳駅言上」と指示されている。この点に関連して、『後紀』延暦二十三年六月庚午条には「勅、比年渤海国使来着、多在二能登国一、停宿之処不レ可二疎陋一。宜三早造二客院一」とあって、渤海使を迎える体制整備が企図されていることにも留意したい。[14] 日本側としては年期云々とは関係なく、gで評価されているような礼式に適った通交であるならば、渤海使の来日を受容しようとしたのである。

では、k以降の渤海使来日の様態は如何であろうか。年期制をめぐる交渉を行った康王代の通交はf～kで終り、その後第七代定王（在位八〇九～八一二）、第八代僖王（八一二～八一七）、第九代簡王（八一七～八一八）と治世の短い王代が続き、定王代には大同四年、弘仁元年の二回、僖王代には弘仁五年の一回の遣使があり、いずれも入京を許され、賓待を受けていることがわかる（当該国史を参照）。弘仁元年の渤海使に対しては、前章で触れた日本からの最後の送使派遣があり、船二艘のうち一艘が漂没して行方不明になるという事件もあったが、弘仁五年の渤海使に関しては『文華秀麗集』、『経国集』に漢詩文が残り、京中での交流も盛儀であったことが窺われる。第十代宣王（八一八～八三〇）は、渤海を建国した大祚栄の弟の野勃の系統から出た人物で、渤海王の世系としては傍系出身になるが、以後この系統が王位を継承することになる。このような即位事情もあってか、宣王は通交・交易の拡大に努めようとしたようであり(15)、宣王代には弘仁九年、十年、十二年、十四年、天長二年、四年と、頻繁な渤海使来日が見られ、その過程でlの日本側からの年期制制定に至るのであった。

この宣王代の渤海の来航に対する日本側の意識を示すものとして、次の史料に注目したい。

m『類聚国史』巻百九十四天長元年二月壬午条（渤21）

（上略）其国王国礼止之弖差使天奉渡世利。使等凌二鹿波一岐、忘二寒風一天参来気利。随レ例尓召治賜无止為礼止毛、国々比年不レ稔之天、百姓良毛弊多利。又疫病毛発利礼。時之豊時尓臨三、送迎流尓毛、百姓乃苦美有尓依弖奈毛、此般波召賜比治不レ賜奴。（下略）

n『類聚国史』巻百九十四天長三年三月戊辰朔条（渤22）

右大臣従二位兼行皇太子傅臣藤原朝臣緒嗣言、依二臣去天長元年正月廿四日上表一、渤海入朝、定以二一紀一。而今寄二言霊仙一、巧敗二契期一。仍可二還却一状、以二去年十二月七日一言上。（中略）而渤海客徒、既違二詔旨一、濫以入朝。

偏容㆓拙信㆒、恐損㆓旧典㆒。実是商旅、不㆑足㆓隣客㆒。以㆓彼商旅㆒、為㆑客損㆑国、未㆑見㆓治體㆒。加以比日雑務行事、贈皇后改葬〈一〉・御斎会〈二〉・掘㆓加勢山溝并飛鳥堰溝㆒〈三〉・七道畿内巡察使〈四〉・可㆑召㆓渤海客徒㆒〈五〉、経営重畳、騒動不㆑遑。又頃年旱疫相仍、人物共尽。一度賑給、正税欠少。況復時臨㆓農要㆒、弊多㆓逓送㆒、人疲㆓差役㆒、税損㆓供給㆒。（中略）伏請停㆓止客徒入京㆒、即自㆓着国㆒還却。且示㆓朝威㆒、且除㆓民苦㆒。唯依㆑期入朝、須㆑用㆓古例㆒。

（下略）

mは弘仁十四年来日の渤海使に関するもので、それまで入京して賓待を受けていた宣王代の遣日使が初めて入京を認められず、到着地加賀国から放還されることになった時の決定である。その理由としてmでは不稔と疫病を挙げており、確かに『類聚国史』巻八十四弘仁十年二月戊辰条には畿内の富豪の貯を実録して借貸を行うこと、『三代格』巻十九弘仁十年六月二日官符には麦の買い占め禁止、巻十七弘仁十三年三月二十六日官符には疫病者への対処などが示され、さらにnに関連しては巻七貞観十年六月二十八日官符所引天長三年五月三日官符に河内国では「前年之間、水旱相仍、百姓凋瘁、或合門流移、或絶戸死亡、風俗由㆑厥長衰、郡吏以㆑之逃散」という状況であったと述べられている。したがってこのm・nの時期は国内情勢が不安定であったことはまちがいないところであろう。但し、そのような社会状況だけでなく、連年の渤海使来日の賓待が重荷になっている様子にも留意せねばならない。即ち、mでは「送迎流尓毛、百姓乃苦美有尓」、nには「弊多㆓逓送㆒、人疲㆓差役㆒、税損㆓供給㆒」と指摘されており、渤海使の賓待は重役であった。

ところが、上述のように、この日渤通交の第三期の渤海使は交易を主目的としており、nはlによる年期制成立以後の事例であるが、「実是商旅、不㆑足㆓隣客㆒。以㆓彼商旅㆒、為㆑客損㆑国、未㆑見㆓治體㆒。」と非難されているのである。[16]京内での渤海使の交易の様子がわかるのは貞観十三年末に来日した渤28しか事例がないが（『三代実録』貞観十四年五月二十日〜二十二日条）、宣王代の最後の遣日使となったnの次の渤海使は、到着地但馬国から放還されるものの、『三代格』巻十八天長五年正月二日官符に「応レ禁ニ交関一事」とあって、王臣家人などと交易を行ったようである。このような到着地での私交易に関しては、『三代実録』元慶六年十一月二十八日条にも「又禁ニ制私廻ニ易客徒所レ齎貨物一」と見え、たとえ入京できなくても、渤海使は日本の領域内に着くことができれば、交易の可能性があったことが窺われる。[17]

そこで、nにも触れられているように、lの一紀一貢の年期制が日本側から通告される訳である。これは到着地加賀国から放還されたmの渤海使の帰国時に示されたものであり、mの如き国内事情により入京こそ認められなかったが、特に外交上の問題があったようには思われず、大使の別貢物を受納し、渤海王に賜禄を行うなど（『類聚国史』巻百九十四天長元年四月丙申条、五月戊辰条）、日本側は賓礼の施行に努めている。『類聚国史』にはl発令の経緯が全く存していないので、今回の渤海使との間に年期制をめぐってどのような議論が行われたのかは不明であり、lは突然に日本側から示されたという感が強い。その発令の背景には上述のような頻繁に来航する渤海使への対処如何が存したのであろうが、k以降の日本側の外交システムをめぐるいくつかの変化にも注意しておきたい。

o『後紀』大同元年五月丁丑条

勅、備後・安芸・周防・長門等国駅館、本備ニ蕃客一、瓦葺粉壁。頃年百姓疲弊、修造難レ堪。或蕃客入朝者、便従ニ海路一。其破損者、農閑修理。但長門国駅者、近臨ニ海辺一、為ニ人所レ見。宜下特加レ労、勿上レ減ニ前例一。其新造者、待ニ定様一造之。

p衣服令朝服条集解私所引大同元年十月七日格

太政官符。応レ改ニ七位・初位当色一事。右被ニ右大臣宣一偁、奉レ勅、今聞、漢家之制略異ニ此間一、緑・縹之浅、

不レ著二当色一。知而不レ改、服制無レ節、蕃客朝覲、如見レ之何。宜下七位同著二深緑一、初位者共服中深縹上。自レ今以後、立為二恒例一上。

q 『後紀』弘仁元年九月乙丑条

公卿奏議言、（中略）又節会之義、蕃客之朝、歳時不レ絶、必須二飾刀一。今惣被レ断、恐損二国威一。伏望、雑石及毛皮等、悉聴レ用レ之。画飾刀者、除二節会・蕃客一之外、将レ加二禁制一。鞍橋者、除二桑・棗一之外、不レ論二素・漆一、随レ心通用。庶随二民便一、蒙レ得二其所一。並許レ之。

r 『日本紀略』弘仁五年五月乙卯条

制、新羅王子来朝之日、若有二朝献之志一者、准二渤海之例一。但願レ修二隣好一者、不レ用二答礼一。直令二還却一、且給二還粮一。

s 『類聚符宣抄』第六弘仁六年正月二十三日宣旨

応レ検二収使司所レ進文記一事。右被二右大臣宣一偁、凡厥文記本備二遵行一。若有二失錯一何足二准拠一。而今掌客文記錯誤者多。此是外記不レ加二検察一所レ致也。自レ今以後、諸使文記、宜二細披検而後収置一。即彼収帳録二検人名一、若有二失錯一随レ事科附。

t 『後紀』弘仁六年正月壬寅条（『三代格』巻五弘仁四年九月二十九日官符も参照）

是日、停二対馬史生一員一、置二新羅訳語一。

u 『後紀』弘仁六年三月癸酉条

制、蕃国之使、入朝有レ期、客館之設、常須二牢固一。頃者疾病之民、就レ此寓宿、遭喪之人、以為二隠処一、破二壊舎垣一、汙二穢庭路一。宜レ令二弾正台并京職検校一。

v『日本紀略』弘仁九年三月丙午条（参考）

詔曰、云々。其朝会之礼及常所レ服者、又卑逢レ貴而跪等、不レ論二男女一、改依二唐法一。但五位已上礼服、諸朝服之色、衛仗之服、皆縁二旧制一不レ可二改張一。

w『類聚符宣抄』第六弘仁九年四月五日宣旨

中納言兼左近衛大将藤原朝臣宣、奉レ勅、自レ今以後、渤海使者来着消息、所在国司言上之日、宜下参議已上共会案二検承前記文一、預定中供客諸事及執事人等上。不レ得三臨時屢奏二漏失之状一者。宜二外記等存レ意挙聞一。

x『日本紀略』弘仁十一年二月甲戌条

詔曰、云々。其朕大小諸神事及季冬奉二幣諸陵一、則用二帛衣一。正受レ朝則用二袞冕十二章一。朔日受レ朝、日聴レ政、受二蕃国使奉（表ヵ）幣一及大小諸会、則用二黄櫨染衣一。（下略）

これらの事例によると、外国使節の賓礼のための施設・官人の配置（o・t・u）や儀式の際の服飾（p・q・x）だけでなく、外交の先例の整理やシステムの整備に努めようとしていたことが窺われる（r・s・w）。服飾面や礼式は唐風儀礼の採用に帰結する流れの中にあると思われるが、来日外国使節への対応に原則を定立しようとする動きにも注目したい。まずrは新羅使来日の場合の賓待基準を示したものである。新羅使の来日は宝亀十年が事実上の最後であり、この時期はtの原因になった不審な新羅船の来航と紛擾が勃発し（『後紀』弘仁三年正月甲子条）、漂着新羅人が多く到来するなど[18]、日羅間の治安問題が存した。そうした状況の中ではrのいう新羅王子の来朝などは期し難いところであるが、新羅使賓待の形式要件を明示した点は外交システム構築の上で重要であろう[19]。

次にs・wの先例の整理とそれに基づく原則の呈示である。sには「掌客文記」なるものが見えており、その錯誤の検察を強化することが述べられ、wでも「承前記文」を案検した上で渤海使への応接などを決定するようにすべきことが令されている。これらは賓礼の先例を記したものと推定され、[20]それ故に「供客諸事及執事人等」（w）を定めることができたと考えられる。このような先例の整備によって、例えば『三代実録』元慶七年五月十四日条「今月三日豊楽院宴二渤海客一楽人・舞妓等、以二大蔵省商一千一百五段一賜レ之。依二承和九年例一也」（渤30）、『扶桑略記』延喜八年四月二十六日条「渤海客入京時可レ騎馬、准二寛平例一、仰二公卿等一、令レ進二私馬一」（渤33）、延喜十九年十二月十六日条「仰遣二内教坊別当右近少将伊衡於内教坊一、選二定渤海客宴日舞人等一。仰定二坊家可レ調二舞人廿人・舞童十人・音声廿人一。去八年音声人卅六人、此度定減。此外威儀廿人、依レ例内侍所可レ差二女嬬等一」、同二十年六月二十八日条「仰、遁留渤海人、准二大同五年例一、仰二越前国一安置云々」（渤34）などの対応が可能になったものと思われる。特に最後の事例は渤海最末期で、事実上は亡命者を保護したものと解されるが、このような案件も大同五年例、即ち『日本紀略』大同五年五月丙寅条「渤海使首領高多仏脱レ身留二越前国一。安二置越中国一給レ食。即令三史生羽栗馬長并習語生等、就二習渤海語一」（渤15）の如き先例を掌握・悉知することによってスムースに処理することができたのであろう。

以上を要するに、弘仁期を中心とする外交システム整備の流れがあり、その中で1の年期制も練り上げられていくのではないかと見るのである。上述の日渤通交の動向も重要であるが、日本側から年期制が呈示された理由として、国内的要因にも注意したいと思う。この年期制は日渤通交にとっても、また古代日本の外交システム全体にとっても、一つの画期をなすと考えられ、[21]前章では1までを日渤通交の第三期とし、以下渤海滅亡による通交終了までを第四期とした。第四期の特色として、渤海側の来日人数は百五人と一定し、外交文書の定立がなされるなど、日渤通交の制度的整備が見られる。では、そのような中で年期制運用の実際は如何であっただろうか。また外交システムの整備はその後どのような展開を見せるのであろうか。最後にこれらの問題に言及し、年期制の行方を展望してみたい。

三　年期制の運用と唐宋商人への適用

日渤間には1によって一紀＝十二年一貢の年期制が定められ、この年期制に基づく通交になった。しかし、nで藤原緒嗣が「渤海客徒、既違二詔旨一、濫以入朝」と憤慨したように、1の通告の翌天長二年末には早速に渤海使の来日があり、緒嗣の意見奉呈にもかかわらず、入京を許可され、賓待を受けている。では、年期制の運用実態は如何なるものであったのだろうか。まずは1以降の渤海使来日の様子を整理し、年期制による日渤通交の様態を検討したい。

上述のように、年期制通告直後の渤22に関しては、緒嗣の強硬な反対にもかかわらず、年期未満でも入京を認められているが、これは年期制による通交の周知期間を配慮した措置であったと思われる。また『類聚国史』巻百九十四天長三年五月辛巳条の日本の国書によると、今回の渤海使は在唐学問僧霊仙の表物を齎したとあり(22)、そうした点も考慮されたのであろう。この体験に味をしめたのか、渤海はまたもや満期にならないうちに遣使し、勃23は「為レ言二大唐淄青節度使康志曀交通之事一」という名目で来日したが、さすがに今回は日本側も「問二違期之過一」い、到着地から還却することにしており、粮米も食法の半分、私交易を厳しく取り締まるなど、厳格な処置をとっている（『三代格』巻十八天長五年正月二日官符）。ここに年期制を基準とする対応が確立し、渤海側も渤24は満期以上で来航しており、入京・賓待に与ることができたのである。以後は渤26が文徳天皇死去・清和天皇即位直後であったという事情があるにしても、十一年間隔を「間レ紀如レ賒、通レ情猶レ邇」（『三代実録』貞観元年六月二十二日条）として放還、渤29は五年の間隔であり、「先皇乃制止之天一紀乎以天来朝乃期止為利。而彼国王、此制尓違天使乎奉出世利」（元慶元年六月二十五日条）、十年の間隔であった渤31も「事須下起二推算於当年一、申中尋レ好於後紀上。不二是新制一、亦有二旧章一。専顧二異時之蹤一、勿

表12　年期制成立以後の渤海使の来日

渤海使	来日	間隔	経過
渤22…天長2年（825）12月来日			→入京
		2	
渤23…天長4年（827）12月来日			→天長5年正月但馬国より還却
		14	
渤24…承和8年（841）12月来日			→入京
		7	
渤25…嘉祥元年（848）12月来日			→存問使が「奏詰問客徒違例入覲之由問答文等」も，入京を許可
		11	
渤26…貞観元年（859）正月来日			→6月加賀国より放還
		2	
渤27…貞観3年（861）正月来日			→5月炎旱により出雲国より放還
		10	
		23（渤25〜渤28）	
渤28…貞観13年（871）12月来日			→存問使が「所齎啓牒函，詰問違例之由」するも，入京を許可
		5	
渤29…貞観18年（876）12月来日			→6月出雲国より還却
		6	
		11（渤28〜渤30）	
渤30…元慶6年（882）11月来日			→入京
		10	
渤31…寛平4年（892）正月来日			→8月以前に出雲国より還却
		2	
		12（渤30〜渤32）	
渤32…寛平6年（894）5月来日			→入京
		14	
渤33…延喜8年（908）正月来日			→入京
		11	
渤34…延喜19年（919）11月来日			→入京
		10	
渤35…延長7年（929）12月来日			→東丹国使のため丹後国より還却

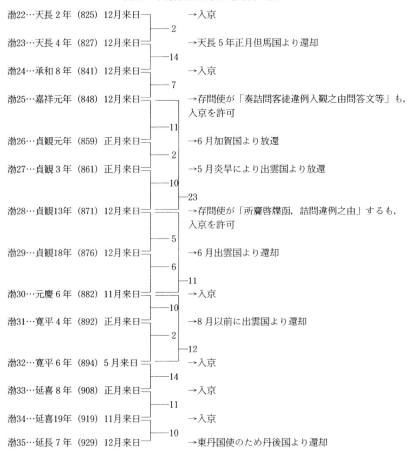

レ違二前程之限一」（『本朝文粋』巻十二紀納言「贈二渤海中臺省一牒」）と判定され、還却の憂き目を被っている。

以上を要するに、年期制の適用は概ね厳格であったと思われる。但し、表12によると、年期未満でも入京を認めた例もあり、その事情を検討しておきたい。まず渤25は渤海の王啓に「修聘使還、筭レ年末レ紀。今更遣レ使、誠非レ守レ期。雖レ然自レ古隣好憑レ礼相交、曠レ時一歳、猶恐二情疎一」とあり（『続後紀』嘉祥二年三月戊辰条）、渤海側も年期未満であることを充分に認識しており、表12の如く、存問使も違例を詰問していた。しかしながら、「朕閔下其匪二躬之故一、遠陥二重溟一、船破物亡、人命纔活上」という仁明天皇の意向で入京が認められたと記されている（嘉祥二年五月己丑条の日本の国書。同年四月辛亥条の入京時の慰労の宣命も参照）。渤25を派遣した第十一代渤海王彝震は既に渤24を派遣していたから、彼の初度の遣使ではなかった。また前章で触れたように、第三期以降の渤海使は日本到着時に船が大破していることが多かったから、「船破物亡、人命纔活」というのは今回に限られるものではなく、渤23も同様の状況であったが、還却されている。したがってこの渤25を仁明天皇が入京させた理由は、渤海使関係の史料だけでは不明と言わざるを得ないが、この嘉祥二年には仁明天皇四十歳の算賀が行われていることに注意したい（嘉祥二年三月庚辰条、十一月壬申条）。渤海使は入京して五月五日の節会に参加しており、この仁明算賀の年であったことが渤25の入京を認め、算賀に彩りを添えようとしたのではないかと推定してみたい(23)。

次に渤28は渤27から数えると、年期未満になるが、渤25から十一年で来日した渤26が「雖二則会同之礼、大喪無レ虧、延正之朝、春秋所レ美、然而闕庭遏密、事須レ隔二於殷頫一。邦国頻災、人有レ艱二於郵伝一。縁レ此慰二藉使者一。迨レ期放還。間レ紀如レ睽、通レ情猶レ邇」（『三代実録』貞観元年六月二十三日条）と、文徳死去・清和即位の混乱期と国内の災害、そしてまだ年期に達していないことを理由に放還され、それから二年、つまり渤25の入京から通算すると十三年で来日した渤27も、「而頃者炎旱連日、有レ妨二農時一、慮二夫路次一、更以停止」（貞観三年正月二十八日条）として放還されていたから、渤25から起算すると二十三年ぶりの入京許可ということになる。したがって渤28に関しては年期云々の論議はなかったが（貞観十四年五月十八日条の中台省牒にも「一紀已盈」とある）、存問渤海客使は「開二大使楊成規所レ齎啓牒函一、詰二問違例之由一問答状」を奏上していた（貞観十四年四月十三日条）。しかし、この件は日本側の国書や太政官牒でも全く言及されておらず（貞観十四年五月二十五日条）、今回の入京に際しては問題にならなかったようである。

前章で整理したように、特に年期制成立以前の第三期の日渤通交では国書の形式がしばしば問題にされていた。ところが、第四期に入ると、承和八年十二月来日の渤24も、『続後紀』承和九年三月甲子条「有司奏久彼国王乃上啓外乃別状等事乎、存問使詰問尓、引過伏理奴。是故尓彼国使等乎波待尓不レ可レ以二常礼一止奏。然止毛守二年紀一弖自レ遠参来留乎念行天奈毛、殊矜免賜布止宣」とあり、別状に問題があったようであるが、年期遵守の方を重視して、入京が許可されているのである。第四期で国書等に問題があったのはこの渤24と渤28だけであり、「違例」の具体的内容は不明で、問題の度合いが判断できないが、この段階では国書の形式云々は小事で、年期制を遵守した通交であるか否かの方が賓礼施行の基準として大きな位置を占めていたと見ることができよう。ちなみに、渤28に関しては京内での交易の様子が記されており（『三代実録』貞観十四年五月二十日〜二十二日条）、久方ぶりの渤海使入京で、交易品の需要も大きかったものと推定される。

そして、渤28から五年で来日した渤29が「須下守二前期於盈紀一、修二旧好一而更来上」（『都氏文集』巻四元慶元年六月十八日太政官牒）として放還され、それから六年、即ち渤28から数えて十一年で来日した渤30も入京を許されている。渤30に関しては、渤海側の王啓や日本側の国書などの内容が不明なため、年期制の問題がどのように扱われたかがわからない。この渤30に対しては文章博士菅原道真が「権行治部大輔事」、島田忠臣が「権行玄蕃頭事」に任命されて賓待にあたり、また文章得業生紀長谷雄が掌客使、領客使は大蔵善行と、当時の文人総出で応対した感があり（『三代実録』元慶七年正月戊辰朔、四月二日・十四日条）、これは「為レ対二渤海大使裴頲一」、即ち渤海使の中でも文人として名高い裴頲―裴璆（父子のうちの裴頲に対抗するためのものであった。『三代実録』の関係記事の部分には賓礼の様子、五月五日の節会への参加、文人との詩の交歓が記され、『菅家文草』巻二・七、『田氏家集』中にも詩文が掲載されており、渤海使来日の様子が最も詳細にわかる事例になっている。京内での交易も勿論行われており（『三代実録』元慶七年五月七・八日条）、渤28で出現する文人の交歓[24]、また交易の実施のために、若干の年期不足は看過されたのかもしれない。

渤34に関しても、外交文書の内容が不明なので、どのような経緯で入京が認められたのかはわからない。渤32から続く裴頲の子裴璆の三度目の来日であり、『本朝文粋』巻九紀在昌の「夏夜於二鴻臚館一餞二北客帰郷一」の詩序や『扶桑集』巻七・九に菅原淳茂（道真の子）、大江朝綱などの詩文が存しているので、やはり文人の交歓が行われたことがわかる。『本朝文粋』巻二天暦十一年十二月二十七日菅原文時の意見封事三箇条には「請下不レ廃二失鴻臚館一懐二遠人一励中文士上事」があり、この時点では東アジア諸国と公的な通交は失われていたが、「文章経国」の立場からも、文人にとって鴻臚館での詩の交歓が重要視されていたことが窺われよう。また渤32以降は概ね年期制が遵守されており、十年で来日した渤35も、『本朝文粋』巻十二延長八年六月二日の過状には「紊二上国之恒規一」と、年期制との関連も窺われるが、『扶桑略記』延長八年四月朔日条の詰問の様子によると、東丹国使でありながら、契丹王の罪悪を述べる点などが問題とされているので、年期未満であったことはあまり問責されていないようである。

以上、渤海使に関する年期制適用の実態を確認するために、年期未満でも入京が認められた事例について個別の事情を検討した。その時々の必要に応じて若干規定を緩和して入京を許す例もあったが、そこには天皇の判断などの特別措置が存しており（渤25）、概ね一紀一貢の年期制による通交が日本の外交の基準になっていたことが知られる。

以前には大いに問題になっていた国書の書式云々よりも、年期遵守の方が重視される程であったのである（渤28）。

このように九世紀前半以降、賓礼の大きな基準として年期制が定立された次第であったが、渤35の還却を最後に、「はじめに」で触れたような東アジア諸国の変動もあって、公的な外交が途絶することになる。では、定立した年期制はその後日本古代の外交システムの中でどのように機能しているのであろうか。九世紀後半以降、唐・宋商人の来航が盛んになっており、(25) その中で年期制が云々されることがあるので、最後にそうした唐・宋商人の来航に対する措置を整理し、年期制の行方を展望しておきたい。

y『小右記』万寿四年（一〇二七）九月十四日条

（上略）大宰府言上大宋国福州商客陳文祐来朝事。大臣・大中納言・参議等定申云、商客来朝憲法立㆑限。而文祐等去秋帰去、今年秋重来。然則於㆓安置㆒雖㆓年紀未㆒㆑至、存問詞中或感㆓仁化㆒、或訪㆓父母㆒者、暫被㆓優許㆒令㆑遂㆓孝誠㆒、明春待㆓巡風㆒可㆑随㆓廻却㆒歟。（下略）

z『帥記』治暦四年（一〇六八）十月二十三日条

（上略）先可㆑定㆓申唐人之事㆒者。僕端笏申云、件商客参来者、延喜之比被㆑定㆓年記㆒之後、或守㆓彼年記㆒被㆑従㆓廻却㆒、或優㆓其参来㆒被㆑聴㆓安置㆒。抑件孫告〔吉カ〕年記相違、頻企㆓参来㆒、々被㆓放却㆒者。但如㆓陳申㆒者、依㆑為㆓先求案㆒、又慕㆓王化㆒、重企㆓参来㆒者。所㆑陳有㆑謂。加之厳寒之比風波難㆑陵〔凌カ〕歟。然則暫被㆓安置㆒、相㆓待海安㆒、慥可㆑被㆓廻却㆒歟。（下略）

y・zは基本的には入京することのない宋商人に対して、入国審査の様子が知られるいくつかの事例の中から、(26) 説明の便宜上掲げるものである。yに「商客来朝憲法立㆑限」とあり、zには「延喜之比被㆑定㆓年記㆒」とあって、年期制に基づく判断が行われていたことがわかる。「延喜之比」とは、『貞信公記』天慶八年七月二十九日条に「中使好古朝臣来云、延喜十一年制後、唐人来着度々符案令レ見」とある延喜十一年成立のものを指すと考えられ、これは「起請年記」、「起請之期」とも称された（『朝野群載』巻五延久二年十二月七日陣定）。但し、その内容については詳細を示す史料が欠如しており、年期制の年限等も不明である。

今、y・zなどの実例によってこの年期制の内容を復原すると、yには「文祐等去秋帰去、今年秋重来」ことが問題とされており、連年の来航を制限するものだったことが窺われる。その他、『権記』長保五年七月二十日条でも福州商客上官用銛の大宰府への来航について、「同人有二年紀一、而前般商客曾令文未二帰去一之間、用銛去年同却〔廻カ〕之後、［　］〔不レ経カ〕二幾程一、重以参来」という点が指摘され、やはり連年の来朝に疑問が呈されているのであった。また『小右記』寛弘二年八月二十一日条にも「隔二一年一帰朝、不レ可レ然」という見解が見えている。なお、『権記』の事例では前来の商客曾令文がまだ大宰府に滞在しており(27)、その安置・供給の負担も考慮されたものと推定される。

では、この年期制運用の実態は如何であったのだろうか。y・zはともに年期への違反を問題としており、原則を適用すれば、放却という判断になる筈である。しかし、zの記主源経信が「延喜之比被レ定二年記一之後、或守二彼年記一被レ従二廻却一、或優二其参来一被レ聴二安置一」と述べるように、対応はその時々で異なっていたようである。y・zともに最終的には廻却するというのが結論であるが、yでは「存問詞中或感二仁化一、或訪二父母一者」、即ち日本の天皇の徳化を慕って入朝した旨(28)、この一行の中に父である宋人章承輔が母である日本人のもとに留まっていた章仁昶がいたことなどを理由に、「暫被二優許一令レ遂二孝誠一、明春待二巡風一可レ随二廻却一歟」と、実質上は大宰府への滞在と交易を認める内容になっている。zについても「又慕二王化一、重企二参来一者。所レ陳有レ謂。加之厳寒之比風波難レ陵〔凌カ〕歟。然則暫被二安置一、相二待海安一、慥可レ被二廻却一歟」と、同様の措置が取られている。その他、『小右記』寛弘二年八月二十一日条の場合は、陣定での大方の意見は廻却すべしというものであったが、藤原道長の「気色」は滞在を認める意向であり、公卿達も「唐物内裏焼亡間悉以失了。殊撰二可レ然之物一被二交易一有二何事一乎」と見解を修正し、二十四日条で安置が決定するという経過であった。

以上を要するに、宋商人来航に対する年期制の適用はかなり柔軟なものであったと言わざるを得ない(29)。とはいうものの、年期制の遵守という明確な判断基準が存したことは、対外的な説明として重要であったと思われる。『朝野群載』巻二十長治二年八月二十二日付の宋人李充に対する大宰府の存問記でも、「充去康和四年為二荘厳之人徒一、参二来貴朝一。荘厳去年蒙二廻却官符一、充相共帰郷先了。彼時李充随身貨物等少々、当朝人々雖レ借、請二負名等一、遁隠不二弁返一。仍訴二申此由於公家一、為二徴取一、構二別船一、語二人徒一、所二参来一也」と、李充は連年の来航に合理的説明を行うために苦慮していることが知られ、宋商人側にも年期制の存在とそれへの対応方法が周知されていた様子が窺われる。そのような意味では年期制の成立は、一国中心主義で、個別対応方式であった古代日本の外交において(30)、一つの普遍的な原則を定立したものとして、重要な画期を呈する出来事であったと言えよう(31)。

むすびにかえて

本章では九世紀以降の日渤関係の史料にはまだ検討の余地があると考え、外交システムの構築という観点から、年期制の成立過程とその意義について考察を試み、十世紀以降の宋商人に対する年期制のあり方を展望した。日渤関係における年期制と十世紀以降の年期制の関連については、日宋貿易に関する従前の通説を構築された森克己氏によって既に言及されているところである(32)。但し、氏はこれを「外国商船来航制限方針」という消極的な外交方策として説明されており、本章ではむしろ外交システムの整備という点で進展があるものと位置づけた。

この年期制に対する意識を窺わせるものとして、次の事例は興味深い。『日本紀略』天慶五年五月十七日条に「於㆓殿上㆒有㆓遠客来朝之礼㆒。是為㆑催㆓詩興㆒也」、十九日条「擬遠客餞」とあるのは、実際に外国使節が来日した訳ではなく、あくまで宮廷内での「遊び」であったが、天慶五年（九四二）は延長八年（九三〇）の東丹国使還却＝最後の渤海使来日からちょうど十二年であり、一紀一貢の年期制が平安貴族の認識の中に定着していたことを示していよう。こうした状況をふまえてこそ、宋商人に対する年期制もスムースに導入されたものと思われる。

以上、日渤関係における年期制の成立が古代日本の外交システムに与えた画期性を強調して、拙い稿を終えることにしたい。

註

（1）仁井田陞著・池田温編集代表『唐令拾遺補』（東京大学出版会、一九九七年）八九七頁。

（2）拙稿「古代日本における対唐観の研究」（『古代日本の対外認識と通交』吉川弘文館、一九九八年）、東野治之「遣唐使の朝貢年期」（『遣唐使と正倉院』岩波書店、一九九二年）など。東野氏は維蠲書状の「約㆓二十年一来朝貢㆒」と延暦度までの実例により、二十年一貢の制があったとするが、実際の派遣間隔は区々であり、二十年を遥かに越える例も存するので、正確な年期を定めた年期制ではなかったと見ておきたい（一定間隔で「朝貢」するというくらいの意か）。

（3）鈴木靖民a「奈良初期の対新羅関係」、b「養老期の対新羅関係」、c「天平初期の対新羅関係」（『古代対外関係史の研究』吉川弘文館、一九八五年）。

（4）古畑徹「七世紀末から八世紀初にかけての新羅・唐関係」（『朝鮮学報』一〇七、一九八三年）。

（5）鈴木靖民「金順貞・金邕論」（註（3）書）、濱田耕策「聖徳大王神鍾と中代の王室」（『新羅国史の研究』吉川弘文館、二〇〇二年）。

（6）鈴木靖民「新羅の倭典について」（『古事類苑月報』三三、一九六九年）、奥田尚「「任那日本府」と新羅倭典」（『古代国家の形成と展開』吉川弘文館、一九七六年)。

(7) 濱田耕策「聖徳王代の政治と外交」、「迎賓機構」(註(5)書)。

(8) 鈴木註(3)c論文。

(9) 鈴木靖民「正倉院佐波理加盤付属文書の基礎的研究」、「正倉院の新羅文物」(註(3)書)、濱田耕策「中代・下代の内政と対日外交」(註(5)書)、東野治之「鳥毛立女屏風下貼文書の研究」(『正倉院文書と木簡の研究』塙書房、一九七七年)、李成市『東アジアの王権と交易』(青木書店、一九九七年)。

(10) 石井正敏「渤海王の世系」(『日本渤海関係史の研究』吉川弘文館、二〇〇一年)。以下、世系についてはこの論考に依拠する。

(11) 石井正敏「光仁・桓武朝の日本と渤海」(註(10)書)。

(12) 石井註(11)論文は、山部親王時代に大学頭を務め、古典にも通じていた桓武天皇が、五年周期説と六年周期説のうち、明王の制である周の六年周期説を採用したと見る。なお、日本と渤海の外交意識の齟齬については、石井正敏「日本・渤海交渉と渤海高句麗継承国意識」(註(10)書)を参照。

(13) 石井正敏「初期日本・渤海交渉における一問題」(註(10)書)、註(11)論文、鈴木靖民「渤海国家の構造」(『朝鮮学報』一七〇、一九九九年)。

(14) 能登客院をめぐる論点については、浅香年木「能登客院考」(『北陸の考古学』石川考古学研究会、一九八三年)、「気多神社と寺家の祭祀」(『古代を考える』二九、一九八一年)などを参照。私は渤海使が能登国に到着した事例は少なく、越前・加賀の方が多いこと、越前の松原客院は確実に存在したが、「能登客院」は確認できないことなどから、「能登客院」が造営されたか否かは極めて疑わしいと考える。

(15) 鈴木註(13)論文が指摘する、複雑な集団構成の統一を維持するための交易の利追求という視点にも留意したい。

(16) nの意見を述べた藤原緒嗣の対外観については、石井正敏「藤原緒嗣の「実是商旅、不足隣客。」云々の発言をめぐって」(註(10)書)を参照。

(17) 石井正敏「年期制をめぐって」(註(10)書)。

(18) 奥村佳紀「新羅人の来航について」(『駒沢史学』一八、一九七一年)。
(19) 八世紀後半における新羅の仮王子派遣については、濱田註(9)論文を参照。
(20) 記文については、武光誠「記文と律令政治」(『日本古代国家と律令制』吉川弘文館、一九八四年)を参照。
(21) 中野高行「日本古代における外国使節処遇の決定主体」(『日本古代の外交制度史』岩田書店、二〇〇八年)は、宝亀五年以降に外国使節の放還に関する審査を天皇と太政官の両者が総体となって行うようになったとして、ここに一つの画期を見出している。拙稿「大宰府および到着地の外交機能」(註(2)書)でも触れたように、国書開封権の問題など、この頃にも機構的整備が認められるが、この弘仁期の方がより大きな画期と考えてみたい。なお、浜田久美子「九世紀の日本と渤海」(『ヒストリア』二一〇、二〇〇八年)は、年期制導入に関して名分論的要因を重視する見解を呈している。氏はまた年期制の運用についても本章とは異なる観点で検討されているので、参照されたい。
(22) 霊仙の事績については、藤善眞澄「不帰の客」(『日中文化交流史叢書』一〇、大修館、一九九六年)を参照。
(23) 池田温「天長節管見」(『東アジアの文化交流史』吉川弘文館、二〇〇二年)は、誕生日よりも算賀の方が重視された日本の特質を指摘している。なお、浜田註(21)論文の見解も参照されたい。
(24) 漢詩の交歓が持つ意味については、村井章介「漢詩と外交」(『アジアのなかの日本史』四、東京大学出版会、一九九三年)を参照。
(25) 拙稿「大唐通事張友信をめぐって」(註(2)書)。
(26) y・z以外の事例としては、『貞信公記』天慶八年七月二十九日条、『権記』長保五年七月二十日条、『小右記』寛弘二年八月二十一日・二十四日条、『御堂関白記』寛弘六年九月八日条、長和元年九月二十二日条、『小右記』寛仁四年九月十四日条、長元元年十一月二十九日条、『左経記』長元元年十一月二十九日条、『朝野群載』巻五延久二年十二月七日陣定、応徳二年陣定などがある。
(27) 曾令文については、河内春人「宋商曾令文と唐物使」(『古代史研究』七、二〇〇〇年)を参照。
(28) 山内晋次「文献史料よりみた十〜十一世紀の貿易状況」(『貿易陶磁研究』一四、一九九四年)は、中国商人の来航が「朝貢」と考えられており、天皇の徳化の波及を示すと見なされていたことを指摘している。

(29) 拙稿「平安貴族の国際認識についての一考察」(註(2)書)。
(30) 拙著『「白村江」以後』(講談社、一九九八年)。
(31) 年期制とともに、十世紀以降の一つの外交原則として重要な渡海制に関しては、稲川やよい「「渡海制」と「唐物使」の検討」(『史論』四四、一九九一年)、榎本淳一「律令国家の対外方針と「渡海制」」、「広橋家本「養老衛禁律」の脱落条文の存否再論」(『唐王朝と古代日本』吉川弘文館、二〇〇八年)、山内晋次「平安期日本の対外交流と中国海商」(『奈良平安期の日本とアジア』吉川弘文館、二〇〇三年)、「日宋貿易の展開」(『日本の時代史』六、吉川弘文館、二〇〇二年)などを参照。なお、十世紀以降の年期制に関しては、最近の研究として、渡邊誠「平安中期貿易管理の基本構造」(『日本史研究』四八九、二〇〇三年)がある。
(32) 森克己「寛平・延喜に於ける貿易統制の改革」(『日宋貿易の研究』国書刊行会、一九七五年)。

第三章　承和度の遣唐使と九世紀の対外政策

はじめに

承和度の遣唐使は実質上最後の遣唐使事業執行例となったものであり、正史である『続後紀』に詳細な記述が存するのに加えて、請益僧として入唐・滞留して、会昌の廃仏を体験するなど、様々な労苦を重ねた円仁の『入唐求法巡礼行記』、またその他種々の史料に恵まれ、遣唐使の全体像がよくわかる事例としても注目される(1)。大宝度以降の後期遣唐使は二十年に一度くらいの間隔で派遣されていたが(2)、延暦度から今回の承和度までは三十三年の間隔があり、これ程の間隔が開きながら、遣唐使事業を遂行したのは何故であったのだろうか。

また九世紀中葉は、唐・新羅が衰退に向かう一方で(3)、日本は同じく飢饉などの社会不安をくぐり抜けつつ(4)、律令国家の完成・変容を経て(5)、国家体制の存続を図ることができている。但し、東アジア規模の変動の影響を被る可能性はあった訳であるから、国内の動向だけでなく、対外方策如何を視野に入れておく必要があろう。この点に関連して、別稿では日渤関係を分析対象に、年期制による来日外交使節受け入れ原則が定立され、日本の外交システムが整備されることを指摘したが(6)、対唐・新羅についてはどのような方策が立てられたのだろうか。

本章では以上のような問題関心に基づき、承和度の遣唐使をめぐる東アジア情勢のあり方、承和度遣唐使を支えた新羅人の動向とその前後から問題となる新羅人に対する日本の方策などに着目し、九世紀の日本を取り巻く国際情勢とそれに対処する外交政策如何について考えてみたい。その延長上に遣唐使事業の行方や東アジア情勢の流動化と通交手段の多様化など、次代に続く道程を展望することが可能になるものと期待される。承和度の遣唐使をめぐる人物の研究は深化されていると思われるが、(7) 遣唐使事業全体の中での位置づけや外交方策との関係という視点にはなお不足するところがあると考えるので、そうした関心から考究を試みようとする次第である。

一　承和度遣唐使と東アジア情勢

「はじめに」で触れたように、承和度の遣唐使は後期遣唐使の二十年一貢の原則から逸脱して、三十余年の間隔で久方ぶりの派遣となったものである。入唐までの道のりも平坦なものではなく、二度の渡海失敗、第三船の漂没を経て、漸く三度目に渡海を果しており、帰路も第一・四船は破損のため、新羅船九隻を雇って帰国することができているが、遣唐使派遣に固執した様子が看取される。ここではまずこのような承和度遣唐使をめぐる東アジア情勢や遣唐使事業としての成否などを検討し、承和度遣唐使の位置づけを行いたい。

今回の遣唐使に関わる『続後紀』の記事は、天長十年十二月の諸山陵への唐物奉幣から始まり（天長十年十二月乙酉・庚子条）、承和元年正月庚午条の使人任命、二月癸未条の造船使・遣唐装束司の任命に至るが、この計画初動段階で次のような措置が見られることに留意したい。

a『続後紀』承和元年三月丁卯条

勅、在二大宰府一唐人張継明、便令下肥後守従五位下粟田朝臣飽田麻呂一相率入京上。

遣唐使に随伴した来日以外の唐人来航は、『紀略』弘仁六年十月壬戌条「大唐越州人周光翰・言升則等乗二新羅人船二来。問二唐国消息一、光朝〔翰ヵ〕等対曰、己等遠州鄙人、不レ知二京邑之事一。但去元和十一年圓州節度使李師道反、所レ擁兵馬五十万、極為二精鋭一。天子発二諸道兵一討、未レ克、天下騒動」が初例であり（弘仁十一年正月乙未条で「随二渤海使一」って帰国。なお『入唐求法巡礼行記』巻一開成四年正月八日条も参照）、唐人の来日はまだ珍しかった。(8) 諸山陵への唐物奉幣は延暦度の遣唐使帰国時が初見で、承和度の遣唐使帰国時にも奉幣が行われている（『紀略』大同二年八月癸亥条、『続後紀』承和六年十二月辛酉・庚午条）が、(9) 遣唐使事業の無事を祈願し、また完遂を報告するために、新来の唐物奉幣を行ったものと考えられる。とすると、承和度の遣唐使計画を示す諸山陵への唐物奉幣は、この唐人張継明が齎したものを用いた可能性が想定され、唐人の来航と大宰府での滞在が大きな意味を持っていたことが窺われる。

そして、aで張継明の入京を引率した粟田朝臣飽田麻呂に関しては、『後紀』延暦二十四年十月甲寅条「授二入唐留学生无位粟田朝臣飽田麻呂正六位上一」とあるのが注意され、彼は延暦度に請益生として入唐し帰国した経歴を有していたと推定される（宝亀度の留学生で延暦度に帰朝したとすると、承和元年の生存・国司としての活躍は難しいと思われる）。したがって唐人ともと請益生というともに唐の事情に詳しい者の上京は、今回の遣唐使事業遂行に際して、東アジア情勢を充分にチェックするためであったと位置づけられ、三十余年ぶりの遣唐使派遣に慎重な手続きをとっていたことが知られるのである。

この大宰府における唐人の存在に関連して、次の記事にも注目したい。

b『文徳実録』仁寿二年十二月癸未条（小野篁薨伝）

（上略）近者、太宰鴻臚館、有二唐人沈道古者一、聞三篁有二才思一、数以二詩賦一唱レ之。毎レ視二其和一、常美二艶藻一。（下略）

bは承和五年七月の二度目の渡海失敗の後、副使小野篁が大使藤原常嗣との対立により渡海を拒否し、大宰府に滞留していた間の様子を描いた部分である（『続後紀』承和五年十二月己亥・辛亥条も参照）が、ここにも唐人の存在が知られ、日本の官人が大宰府で彼らと交流していたことがわかる。篁は遣隋使小野妹子以来、外交分野でも活躍する一族に属し、宝亀度①の遣唐使には副使石根、判官滋野が参加しており、遣唐使事業のあり方にも精通していたと思われる。また父岑守は天長元年前後に大宰大弐で、公営田の方策を提唱したことでも著名であり、赴任はしなかったが、篁自身も天長九年に少弐になっており（上掲薨伝によると、「有レ詔不レ許レ之レ官」）、承和四～六年には小野末嗣が筑前権守、承和度の請益僧円仁が帰国した承和十四年には大宰大弐小野恒柯（承和十一年～仁寿三年在任）がともに入京と、大宰府周辺とのつながりを有していた。

そして、遣唐使派遣に先立って、遣唐使漂着の際の保護を新羅に求めた時、新羅側は「小野篁船飛帆已遠」との情報を得ていたことにも留意したい（『続後紀』承和三年十二月丁酉条）。今回の遣新羅使紀三津は使命をうまく新羅側に伝達することができず、新羅から「恕二小人荒迫之罪一、申二大国寛弘之理一」と見下されて問題となっており[10]、新羅側の認識は日本側に「夫修二聘大唐一、既有二使頭一、篁其副介耳。何除二其貴一、軽挙二其下一。加以当二尓之時一、篁身在二本朝一、未レ及二渡海一。而謂二帆飛已遠一。斯並聞二商帆浮説一、妄所レ言耳」と非難されているが、篁の名前が新羅商人にも知られていたことには注目される[11]。

この新羅との関係に関連して、遣唐使には新羅訳語が配置されていたことにも着目してみたい（『延喜式』巻三十大蔵省・蕃使条）。承和度の遣唐使には『入唐求法巡礼行記』によって金正南・朴正長・劉慎言・道玄（道玄闍梨ともあり、僧体か）の四人が登用されていたことが知られる。円仁が乗船した第一船の新羅訳語金正南は海水の色の違いから場所を比定する（巻一承和五年六月二十八日条）など、航海技術・知識にも通暁していた。また彼は「為レ定二諸使帰国之船一、向二楚州一発去」（巻一開成三年十二月八日条）と、遣唐使帰国のための新羅船確保を委ねられ、所買船修理のために船工らを楚州に派遣することを伝請する（巻一開成四年閏正月四日条）、「新羅人諳二海路一者」六十人を雇い入れる（巻一開成四年三月十七日条）等、往復路ともに遣唐使は彼なくしては入唐・帰朝できなかったのではないかと思える程に活躍している。

金正南の下には第二船の新羅訳語朴正長から海州到着を知らせる書信が届く（巻一開成三年八月十日条）など、彼らは他の新羅訳語とも緊密な連絡網を有していた。大使藤原常嗣は彼ら新羅人を大いに信頼しており、帰路の渡海ルート決定の際に、「官人、祭祀之後、共議二渡海一。新羅水手申云、自レ此北行一日、於二密州管東岸一、有二大珠山一。今得二南風一、更到二彼山一、即従二彼山一渡レ海、甚可二平善一。節下応レ之。而諸官人不レ肯」（巻一開成四年四月一日条）と、新羅人の意見に全面的に依拠している。ところが、帰路の第二船頭長岑宿禰高名（准判官）らは「其大珠山計当二新羅正西一。若到レ彼進発、災禍難レ量。加以彼新羅与二張宝高一与乱相戦。得二西風及乾坤風一、定着二賊境一。案二旧例一、自二明州一進発之船、為レ吹着二新羅境一。又従二揚子江一進発之所船、又着二新羅一。今此度九箇船、北行既遠。知レ近二賊境一、更向二大珠山一、専入二賊地一。所以自レ此渡レ海、不レ用レ向二大珠山一去」と反対し（四月二日条）、一時は大使側四隻対長岑高名支持派五隻に決裂して別々に渡海することになりそうであったが、長岑高名が大使との話し合いの余地を残すために別々渡海の文書に署名しないで引き延ばしているうちに、信風を得ることができず、結局大使らも高名側のルートでともに渡海したため、分裂は回避された（四月三日・四日条）。新羅人と新羅の全体的動向は後述したいが、当時唐―新羅間の制海権を握る清海鎮大使張宝高が新羅王族の祐徴（神武王）を支援して閔哀王討滅の紛争中であった（『三国史記』金陽伝では開成四年正月十九日の出来事という）から、大使が新羅水手に依存するあまり、その他の状況を考慮しなかったのはやや軽率な行動であったと言えよう。

ところで、こうした新羅訳語はどのようにして遣唐使に登用されたのであろうか。律令条文には規定されていないが、大宰府には新羅訳語が置かれていた。その初見史料は『後紀』弘仁三年正月甲子条で、そこでは新羅船三隻の対馬への来航に際して、一隻が「船中有二十人一、言語不レ通、消息難レ知」という状況で、二隻が退却した後に二十余隻が西海中に出現したので、海賊来襲かと疑い、最初の一隻の人々を抑留するという事件が起きている。この時に大宰府から「為レ問二其事一、差二新羅訳語并軍毅等一発遣」したといい、新羅訳語の存在と活動が知られるのである。この事件を経て、対馬にも新羅訳語一人が設置されており（『三代実録』巻五弘仁四年九月二十九日官符、『後紀』弘仁六年正月壬寅条）、後述の新羅人の来日・帰化例の増加とも相俟って、この九世紀初の時期には新羅訳語の需要が増大したものと思われる。[12]

新羅訳語の具体的人名は不詳であるが、大宰府の大唐通事が唐人であったように、やはり当初は在日していた新羅人を登用したものと推定される。[13]安祥寺の恵運が大宰府講師であった天長十年頃には、「新羅商客頻々往来貨二賚銅鋺畳子等一」という状況が見られており（『平安遺文』一六四号安祥寺伽藍縁起資財帳）、また『入唐求法巡礼行記』巻四会昌五年九月二十二日条「新羅人還俗僧李信恵、弘仁末載、到二日本国太宰府一、住八年。須井宮為二筑前国太守一之時、哀二恤斯人等一。張大使、天長元年到二日本国一、廻時付レ船、却二帰唐国一。今見居二在寺荘一、解二日本語一、便為二通事一」の如き人物の事例も知られるので、承和度の遣唐使派遣が計画される頃には、新羅訳語として採用するのに相応しい人材も存していたと考えられよう。

今回の遣唐使に登用された新羅訳語のうち、劉慎言は『入唐求法巡礼行記』にその後の動向が判明する。円仁が登州文登県清寧郷赤山村の在唐新羅人の協力により、唐への滞留を果し、五台山巡礼、長安滞在と会昌の廃仏を経て、漸く帰国の方法を模索していた頃、劉慎言は楚州にあって新羅人が集住する新羅坊の勾当（巻四会昌五年七月三日条）、さらには惣管（巻四大中元年六月五日条）を務めており、承和度の遣唐使を日本に送り届けた後、唐に戻って、楚州を拠点に交易などに従事し、当地の新羅人社会のまとめ役になっていたことがわかる。新羅訳語ではないが、「勾当文登県界新羅人戸」の役割を担っていた張詠は、平盧軍節度使同十将登州諸軍事押衙の肩書を有しており、在唐新羅人として活動基盤を築いていた（巻四会昌五年八月二十七日条）。彼は円仁帰国の船造営を実行しようとしており、これは讒言によって中止せざるを得なくなったものの（巻四大中元年閏三月十日条）、張詠も円仁とのつながりを通じて、日本との交易を企図していたのかもしれない。

このように唐に拠点を有しながら、日本との交易に従事する国際的活動を展開する一方で、新羅訳語のその後としては、日本に居住する事例も存した。円仁帰国後に往復ともに新羅人の船で入唐・求法した円珍が大宰府に帰朝した時、天安二年八月の「唐入送別詩」によると、「謹呈二珍内供奉帰東送別詩一。鎮西老道玄上。（下略）」の詩があり、この道玄は承和度の新羅訳語の一人道玄闍梨に比定されるので(14)、少なくともこの時点では彼は大宰府周辺に滞在していたことが窺われる。道玄は承和度の遣唐使の際に既に僧体であったので、遣唐使の帰国後から大宰府周辺に居住していた可能性もあり、上述の大宰府周辺に来航・居住する新羅人の一例とすることができよう。

以上を要するに、承和度遣唐使の新羅訳語はこのような大宰府周辺の新羅人を供給源としたものと考えられ、彼ら新羅人来航の背景は次節で詳述したいが、彼らの存在形態の一端は本節で触れた如くであり、遣唐使を支えるのに充分な資質を有した人々であったと見なされる。またこうした人々の存在を通じて、小野篁の情報が素早く伝わるなど、国際的な対応も可能であったのであろう。上述の唐人の来住と合せて、承和度遣唐使にはこうした東アジア規模の人・情報の交流が不可欠の条件として存したのである。

では、その承和度の遣唐使の派遣理由、また成否の評価などについては如何であろうか。遣唐使事業全体の概要や進行の様子は省略して、ここではこうした点に絞って承和度遣唐使の位置づけを整理しておきたい。今回の遣唐使派遣に関しては、遣唐使停止以降も含めて、以後の入唐・宋者には僧侶が多いので、やはり宗教界からの要望が強かったために、遣唐使を編成したとする見方も存する。[15]一度目の渡海が失敗し、第三船が漂没したため、僅かに存命した二人の真言留学・請益僧の交替者を推挙する時、承和四年正月九日僧実恵上奏文案（『平安遺文』四四四〇号）には、「今真言宗新始二聖朝一、未レ経二幾年一、所レ遺経法及所二疑滞一無レ由二聞求一。此度不レ遣、何所二更求一」とあり、確かに宗教界からの入唐求法の希望は強かったことが看取される。しかし、今回の遣唐使にも暦請益生・暦留学生・天文留学生（『続後紀』承和六年三月丁酉条）、紀伝留学生（『入唐求法巡礼行記』巻一開成四年四月一日条）の派遣が知られ、また唐の琵琶博士から伝授を受けた准判官藤原貞敏（宮内庁書陵部蔵『琵琶譜』（伏見家旧蔵）奥書。『三代実録』貞観九年十月四日条も参考）、陰陽道関係の難義に答釈を得た遣唐陰陽師兼陰陽請益の春苑玉成（『続後紀』承和八年正月甲午条）、医学関係の疑義を請問した知乗船事菅原梶成（『文徳実録』仁寿三年六月辛酉条）、囲碁の鍛錬を行った碁師伴須賀雄（『続後紀』承和六年十月己酉朔条。『入唐求法巡礼行記』巻一開成三年十月四日条には「別請益生」とある）など、学問・芸能の諸分野で唐文化の吸収に努める人々も多く参加していた。

　したがって承和度遣唐使の派遣目的は、第一義としては従来の遣唐使事業に即したもので、総合的に唐文化を移入することにあったと見られよう。遣唐使に伴う長期留学生派遣は霊亀度、天平度、勝宝度くらいが最も熱心であったが[16]、請益生を中心に唐文化の導入を図る姿勢は基本的に維持されている。さらに今回は遣唐使帰朝の際に、『続後紀』承和六年八月甲戌条では「又信物要薬等、差二検校使一、取二陸路一遞運」と、唐物獲得に対する熱意が看取される。[17]そうした意味で承和度遣唐使は中央政府、学芸面、宗教界など様々な要望をふまえて派遣されたもので、遣唐使事業らしい形をとっていたと位置づけることができるのである。

　では、今回の遣唐使の全体的評価は如何であろうか。上述のように、今回は新羅人の頻繁な来航と航海技術の通暁、唐人来航の先蹤の存在といった東アジアの情勢をふまえた上で、唐の国情なども検討して、実施が進められたものであった。遣唐使が唐物を持ち帰り、「宮市」での官人への頒施や伊勢神宮・諸山陵への奉幣を行い得た（『続後紀』承和六年十月辛酉・癸酉条、十二月辛酉・庚午条）点では、一つの目標を達することができている。しかしながら、『入唐求法巡礼行記』巻一開成四年二月二十七日条によると、唐側は「又留学生道俗惣不レ許レ留二此間一。円載禅師独有二勅許一、往二留台州一。自余皆可レ帰二本郷一。又請益法師不レ許レ往二台州一」との判断を示しており、元興寺僧元暁の太元帥法将来や上述の請益例が存するものの、学芸・宗教面で唐文化を学ぶという目的は充分に達成できなかった。とすると、総合的な唐文化移入という遣唐使本来の使命からは、今回の遣使はどちらかと言えば成功したとは評価できないところである。

但し、円仁の入唐求法と様々な苦難を乗り越えての帰国は、人の交流は遣唐使以外の方法でも可能であることを知らしめたものとして注目される。また物実の方も新羅人、唐人の活動を利用すれば、遣唐使船よりも安全な渡海・入手方法が存することにも気付かれた筈である。その意味では承和度遣唐使には独自の評価を与えることができよう。このような新たな展開の方向の示唆を受けて、日本はどのような外交方策を構築しようとしたのであろうか。節を改めて、この点について考究していきたい。

二　新羅人の動向と日本の外交政策

承和度の遣唐使が新羅船九隻で帰国した後、『続後紀』承和六年七月丙申条「令三大宰府造二新羅船一。以三能堪二風波一也云々」、九月丁亥条「大宰府言、対馬島司言、遥海之事、風波危険、年中貢調・四度公文屢逢二漂没一。伝聞、新羅船

能凌ㇾ波行。望請、新羅船六隻之中、分ニ給一隻一。聴ㇾ之」とあり、新羅船の優秀さが注目されている。大宰府では「又遣唐廻使所ㇾ乗之新羅船、授ニ於府衙一令ㇾ伝ニ彼様一。是尤主船之所ㇾ掌者也」として、停廃されていた主船が復活し、大唐通事と兼任されるという官制改正も行われた（『三代格』巻五承和七年九月二十三日太政官奏）。

こうした新羅船の技術面に加えて、遣唐使から離れて唐に滞留・求法を実現した円仁の活動に在唐新羅人の支援が不可欠のものであったことは前節でも触れた通りである。円仁が見た在唐新羅人たちは唐での生活を確立する一方で、登州文登県清寧郷赤山村の新羅人は、そもそも村の中心たる赤山法花院を建立したのが当時唐―新羅の制海権を掌握していた張宝高であり（『入唐求法巡礼行記』巻二開成四年六月七日条）、「張宝高遣ニ大唐一売物使」が来航し（六月二十八日条）、本国と往来する僧が居住する（七月十四日）など、新羅本国とのつながりを維持していた。また人々は新羅風の行事・礼式を保守しており（八月十五日、十一月十六日条など）、新羅人としての独自性も有していたようである。

では、この九世紀前半の時期、日本にも多く来航していた新羅人の動向は如何であったのだろうか。また彼ら新羅人に対する日本の施策はどのようなものだったのか。ここでは日本における新羅人の様態と日本の対外政策を検討することを通じて、承和度遣唐使の背景をなす東アジアの国際情勢に日本が如何に対処しようとしたのか、九世紀の外交政策を考える一つの糸口としたい。

七世紀後半の朝鮮半島統一の過程で唐と戦争状態になった新羅は、七世紀末～八世紀初には唐との緊張関係を脱却し、頻繁な通交を修復した。こうした中で新羅は対日外交を朝貢姿勢から亢礼姿勢に転換したので、日本側は外交形式をめぐって新羅使を問責する場面が増加していく。しかし、新羅の亢礼姿勢は変わらず、唐の進んだ技術を導入して発展した新羅の手工業生産は、その交易市場を日本に求め、八世紀後半になると、来日新羅使人数の増大＝新羅商人の参加と交易を主目的とする通交が顕著になるのである。[18] 外交形式をめぐる問題は解決されなかったので、新羅使来日は耽羅に漂着した宝亀度①の遣唐使を送付した宝亀十年十月の金蘭孫を最後とし、日本からの遣新羅使派遣も、前節で触れた遣唐使派遣時の保護依頼のものだけになり、日羅の公的通交は途絶していくのであった。但し、公的通交以外の交流はむしろ活発化していくようである。

c『三代格』巻十八宝亀五年五月十七日官符

応三大宰府放二還流来新羅人一事。右被二内大臣宣一偁、奉レ勅、如レ聞、新羅国人時有二来着一、或帰化、或是流来。凡此流来非二其本意一、宜三毎レ到放還以彰二弘恕一。若駕船破損、亦無二資粮一者、量加二修理一、給レ粮発遣。但帰化来者、依レ例申上。自レ今以後、立為二永例一。

cは日本に到来した新羅人を帰化者と流来者に分け、流来者は本国への放還、帰化者は「依レ例申上」と、対応を明確化したものである。「依レ例申上」とは戸令没落外蕃条「凡没二落外蕃一得レ還、及化外人帰化者、所在国郡、給二衣粮一、具レ状発二飛駅一申奏。化外人、於二寛国一附レ貫安置。没落人、依二旧貫一。無二旧貫一任於二近親一附レ貫。並給レ粮、逓送使レ達二前所一」に依拠した措置をとるべきことを指示したものと考えられる。『続紀』宝亀五年五月乙卯（十七日）条の方には「比年新羅蕃人頻有二来着一。尋二其縁由一、多非二投化一、忽被二風漂一、無レ由引還、留二為我民一、謂二本主一何」とあり、具体例としてこの頃に新羅人の来航者が記録に残っている訳ではないが、大宰府周辺ではこうした事例が存したのであろう。ところが、令文には帰化の規定しかないので、cで二つのケースを区別するとともに、帰化の意志がない流来者を日本国内に滞留させることに危惧の念を抱いた中央政府が、こうした措置を定めたと言われる所以である(19)。

cの頃は最後の新羅使が来日する前であるが、日羅の公的通交は途絶しつつあった。しかしながら、cによると、新羅人の来航自体は増加していたようであり、大宰府周辺には交易を目的とする新羅人が多く滞留していたことが窺われる。この宝亀頃は大宰府に国書開封権が与えられるなど、日本の外交システムを整備しようとしていたことがわかり、[20] cもその一環に位置づけることができよう。cでは帰化者の受け入れは認められており、弘仁〜天長頃に具体例が知られる新羅人の帰化者は基本的に各地に安置されている。[21]

『紀略』弘仁四年三月辛未条には「大宰府言、肥前国司今月四日解偁、基肄団校尉貞弓等、去二月廿九日解偁、新羅一百十人駕二五艘船一着二小近島一、与二土民一相戦、即打二殺九人一、捕二獲一百一人一者。又同月七日解偁、新羅人一清等申之、同国人清漢巴等自二聖朝一帰来、云云。宜二明問定一。若願レ還者、随レ願放還、遂是化来者、依レ例進止」とあり、新羅人と紛争が生じる場合もあった（その他、『紀略』弘仁十一年五月甲辰条の遠江・駿河両国新羅人七百人の反叛あり）が、cの方針は維持されていた。

ところが、天長末年から承和年間にかけては新たな外交方策が呈されることになる。

d『三代格』巻十八天長八年九月七日官符

応レ検二領新羅人交関物一事。右被二大納言正三位兼行左近衛大将民部卿清原真人夏野宣一偁、奉レ勅、如レ聞、愚闇人民傾二覆櫃遅一、踊貴競買。物是非レ可レ韜レ篋、弊則家資殆罄、耽二外土之声一、蔑二境内之貴物一。是実不レ加二捉搦一所レ致之弊。宜下二知大宰府一厳施二禁制一、勿上レ令二輙市一。商人来着、船上雑物一色已上、簡二定適用之物一、附レ駅進上。不適之色、府官検察、遍令二交易一。其直貴賤、一依二估價一。若有二違犯一者、殊処二重科一、莫レ従二寛典一。

e『続後紀』承和元年二月癸未条

新羅人等遠渉二滄波一、泊二着大宰海涯一。而百姓悪レ之、彎レ弓射傷。由レ是、太政官譴二責府司一。其射傷者、随レ犯科レ罪、被二傷痍一者、遣レ医療治、給レ粮放還。

f『続後紀』承和二年三月己未条

大宰府言、壱岐島遥居二海中一、地勢隘狭、人数寡少、難レ支二机急一。頃年新羅商人来窺不レ絶。非レ置二防人一、何備二非常一。請令下島徭人三百卅人一、帯二兵仗一戍中十四処要害之埼上。許レ之。

まずdは律令条文（関市令蕃客条・官司条）に規定された外国人携帯貨物の管理権や官司先買権の行使を新羅人交関物にも適用しようとしたものであり、その後の民間交易についても估價の掌握を通じて監督していこうとするものであった。これは従来の外国使節との交易と同等、あるいはそれに准じた律令国家の対外交易論理を、大宰府を交易の場として、新羅商人にも拡大・適用しようとした措置であったと評される所以である。(22)

一方で、前節で触れた対馬への新羅訳語設置の契機となった新羅人の来航と各地での紛擾・警戒体制構築も対処すべき課題になっていた（対馬では『三代格』巻五弘仁十二年三月二日官符で「縦令諸蕃之客卒尓着レ境、若有二書契之問一、誰以通答」として博士を設置している）。dの大宰府における交易管理の確立により、大宰府以外の周辺地域に来航する事例も増加したものと考えられ、史料上はe・fくらいが問題の初源であるが、やはり前節で言及した新羅人李信恵（弘仁六年来日）が天長元年に帰国した時、「張大使、天長元年到二日本国一」（「張大使」は張宝高または張詠(23)）とあるのは、記録には見えないものの、このような新羅人の来航が頻繁に行われていたことを推測させる事実である。fの後にも壱岐では『三代格』巻五承和七年十二月二十五日官符「応下廃二史生一員一置中弩師上事」の理由に「今新羅商人往来不レ絶、警固之事不レ可二以暫忘一」という様相を指摘しており、こうした状況は改善されなかったものと思われる。

g『続後紀』承和七年十二月乙巳条

大宰府言、藩外新羅臣張宝高、遣レ使献二方物一、既従二鎮西一追却焉。為三人臣無二境外之交一也。

h『続後紀』承和八年二月戊辰条

太政官仰二大宰府一云、新羅人張宝高、去年十二月進二馬鞍等一。宝高是為二他臣一、敢輙致レ貢。稽二之旧章一、不レ合二物宜一。々三以レ礼防閑、早従二返却一。其随身物者、任二聴民間一、令レ得二交関一。但莫レ令下人民違二失沽価一、競傾中家資上。亦加二優恤一給二程粮一、並依二承前之例一。

こうした中で新羅王の臣下である張宝高が方物献上を企図して使者を派遣してくるという出来事が起きた。新羅では八一〇年代後半に飢饉が続き（『三国史記』新羅本紀憲徳王六年（八一四）五月、七年八月、八年正月、九年十月、十一年三月、十二年春夏、十三年春条など）、草賊の発生や人民の唐・日本への移動など、新羅下代の国家を動揺させる状況になり、張宝高もその頃に唐に行き、徐州（江蘇省）の武寧軍節度使の配下に入り、軍中小将にまで昇ったという。しかし、八二一年に唐で節度使の兵力削減が始まると、張宝高は新羅に戻り、黄海の海賊による新羅人の略奪、唐による新羅人の奴婢への転落を国王に訴え、その取締りのために清海鎮設置を進言し、自ら大使になったのである。杜牧の『樊川文集』巻三「張保皐鄭年伝」によると、これは八二八年（天長五）のことであったとされるが、その年次が正確か否かは決め難いものの、概ね八二〇年代末～八三〇年代初頭であることはまちがいないと考えられている。こうして張宝高は清海鎮を拠点に、航行する唐船や新羅船の貿易活動を保障するとともに、その代償に財貨を得て、また自らも配下の人々を駆使して唐―新羅―日本を結ぶ交易活動を展開したのである(24)（上述の李信恵の記事によって、天長元年に自身あるいは配下の者が来日したとすると、清海鎮大使就任以前から交易に従事していたものと考えられる）。

張宝高はその後さらに新羅国内での政治力を強め、前節で触れたように、承和度の遣唐使が帰国する八三九年には、金陽などと協力して、閔哀王打倒、祐徴＝神武王即位に功績を上げた。しかしながら、張宝高は新羅貴族らと融和できなかったようであり、『三国史記』新羅本紀文聖王七年（八四五）三月条によると、神武王が僅か一年の治世で死去した後、その子文聖王が即位すると、神武王擁立の際に約束されていた女を王室に納れるという条件が踏みにじられ、張宝高は反乱を起こし、殺害されてしまったとある。但し、『続後紀』承和九年正月乙巳条によれば、張宝高の死は八四一年十一月頃とするのが正しく、女の納采問題云々は不明であるが、神武王死去の直後から文聖王や中央貴族と対立が生じ、反乱に追い込まれて鎮圧されたと見るのがよいであろう。

とすると、gの頃には張宝高と新羅王権には対立が生じており、g・hの方物貢献は、承和度の遣唐使の往復や円仁の求法巡礼を支えて日本のつながりを有する張宝高の勢力が、王権と対抗する後ろ盾を日本朝廷に求めようとしたものと位置づけることができよう。来日した新羅人が物品を献上した例としては、『紀略』弘仁九年正月丁酉条「大宰府言、新羅人張春等十四人来献二驢四一」、同十一年五月甲辰条「新羅人李長行等進二羖攊羊一・白羊四・鵞二一」などを挙げることができ、当初日本側は来日新羅人からの貢物を受納していた。[25] ところが、今回は上述のような国際情勢があり、貢物の受納は拒否され、その際に「人臣無二境外之交一」(g)の原則が明示されたことに注目したい。

g・hによると、「人臣無二境外之交一」として、張宝高の方物貢献を退けたのは大宰府であった。大宰府はまず張宝高の使者を追却した上で、事後承諾的に中央に報告しているのである。時の大宰府官人は帥三品賀陽親王(承和七年正月三十日任)、権帥従三位藤原常嗣(承和四年二月十三日任。但し、参議左大弁遣唐大使で、承和七年四月二十三日に死去)、大弐従四位上南淵永河(承和四年七月十九日任)、少弐従五位下文室真屋(室)という顔ぶれであったが、[26]『続後紀』承和七年四月庚申条で未到の遣唐使船来着の場合の指示を受けた時に、賀陽親王は見えず、大宰府にはいなかったものと思われるので、gの如き対応をしたのは南淵永河や文室真屋(室)あたりであったと推定される。永河は大宰大弐として「仁愛為レ務、民庶仰慕。十年罷レ官帰レ京」とあり、嵯峨天皇在藩時の侍講として奉仕して以来の官歴を有し、地方官の経歴も多いものの、大宰府周辺や交易との関係は特段に顕著には窺えない(『文徳実録』天安元年十月丙子条卒伝)。真屋(室)はこの大宰少弐が初見で、以後承和十年に下総守、嘉祥三年に紀伊守の経歴が知られるのみであり(『続後紀』)、どのような系譜の人物か不明であるが、後述の文室宮田麻呂など、当時の参議文室秋津(承和九年の承和の変で左降）を中心とする一族の一員であったと見なされよう。

こうした大宰府官人が張宝高の使者を追却し得た背景として、まずgの「人臣無㆓境外之交㆒」はhの太政官の判断でも「宝高是為㆓他臣㆒、敢輙致㆑貢、稽㆓之旧章㆒、不㆑合㆓物宜㆒」と支持されており、名例律八虐条の謀叛の「謀㆑背㆓本朝㆒、将㆑投㆓蕃国㆒」などに由来する外交の大原則として当を得たものであったことが考えられる。そして、帰化者以外の新羅人放還はcによって大宰府の権能として認められており、これ以前からもこうした事例を大宰府が判断して処理することが行われていたものと推定され、その経験から今回もgの如き決定を下すことができたのだと思われる。ただ、今回はさすがに事が重要であったので中央に報告がなされたのであろうが、大宰府官人としてはかなり重大な案件を中央の判断を待たずに先決したことには注目される。

以上の大宰府の措置について、中央も追却が正しかったことを認めているが、hによると、中央はdによる交易活動の承認やcによる程粮支給などは行うべきであったと考えているようであり、基本的にはc・dによる新羅人の交易活動は保障しようとしている様子が窺われる。大宰府は張宝高の使者を追却して、交易も許可しなかったと見られるから（後述の大宰府周辺の官人である文室宮田麻呂の交易活動は行われている）、ここには大宰府と中央で判断が齟齬する部分があったと考えられ、その点はhでc・dの原則によるべきことが確認されて調整が図られたのだと解せられる。

その後、承和八年十一月頃に新羅で張宝高が死去すると、『続後紀』承和九年正月乙巳条に見える前筑前守（承和七年四月六日任、八年正月解任か）文室宮田麻呂による張宝高の部下「去年廻易使李忠等所㆑齎貨物」の抑留事件が起きる。この事件はおそらくg・hの張宝高の使者到来の際に、宮田麻呂が「為㆑買㆓唐国貨物㆒、以㆑絁付贈」したものの、宝高の死によって「不㆑由㆑得㆓物実㆒」となり、李忠らの齎した物品を差し押さえて、債権回収を図ったものと考えられる。宮田麻呂は承和十年十二月丙子・戊寅条で謀反を密告され処罰されており、この謀反は先述の承和の変に関与

した文室秋津との関係や交易活動の規制に関連したものであったとする意見が示されている。(27)

但し、宮田麻呂による新羅人貨物抑留事件については、債権回収行為によって宮田麻呂はむしろ張宝高残党と対立することになるので、新羅人との間に通謀関係は見られないこと、dにより政府が先買権を放棄して民間での取引きを認めたものを交易しようとしていたのであるから、交易活動の形態としても問題はなかったことを指摘し、それでも宮田麻呂の行動が謀反事件にまで帰着したのは、彼が新羅人貨物を抑留し続けること（既に難波・京の宅に物品を運んでいたらしい）で、張宝高の残党とその残党取締りに来日した李少貞（実はかつては張宝高の部下で、来日したこともあるが、新羅王権側についた人物）が大宰府に滞留し、新羅の内政問題に巻き込まれる危険があったことに着目すべきであるとする見解も呈されている。(28)この立場からは謀反事件の際に宮田麻呂が内竪によって召喚され、蔵人所で詰問された（承和十年十二月丙子条）ことにも留意すべきであるとされ、宮田麻呂の半年強の筑前守在任は、蔵人所―大蔵省・内蔵寮による唐物獲得の一環として、交易のための特任派遣であって、少し後に登場する入唐交易使(29)の先駆的形態ではなかったかとも考えられている。

宮田麻呂事件の背景に関してはこの新見解を支持したいと思うが、彼がg・hの張宝高の使者に接し得た理由として、大宰少弐文室真屋（室）の存在にも注意すべきであり、この真屋（室）の存在と大宰府の掌握は宮田麻呂の筑前守就任や交易活動遂行の有力な後ろ盾になった筈である。hでは中央政府の方針としても新羅人との交易は認められており、gによると、直ちに追却したように記されているが、あるいは宮田麻呂の交易活動は黙認されたのが実情であったのかもしれない。

i『三代格』巻十八承和九年八月十五日官符

応レ放二還入レ境新羅人一事。右大宰大弐従四位上藤原朝臣衛奏状偁、新羅朝貢其来尚矣。而起レ自二聖武皇帝之代一迄二于聖朝一、不レ用二旧例一、常懐二奸心一、苞苴不レ貢、寄二事商賈一、窺二国消息一。望請、一切禁断、不レ入二境内一者。右大臣宣、奉レ勅、夫徳澤泊レ遠、外蕃帰化。専禁レ入レ境、事似二不仁一。宜下比二于流来一、充レ粮放還上。商賈之輩飛帆来着、所レ齎之物任聴二民間一令レ得二廻易一、了即放却。但不レ得下安二置鴻臚館一以給上レ食。

文室宮田麻呂の新羅人貨物抑留事件の如き問題が生じたためか、『続後紀』承和九年正月戊申条で藤原衛が大宰大弐に任命されている。衛は北家内麻呂の十男で、文章生を経て出仕し、中判事、大学助を歴任、遠江守の時には良吏として「政貴寛静、百姓欣然」であったといい、木工頭、右少弁の後に天長七年に式部少輔となった際には、「見レ有二不法一必評二論之一、不レ避二貴戚一、帝甚器レ之」と評価されており（『文徳実録』天安元年十一月戊戌条卒伝）、承和元年に式部大輔となって、承和五年六月に参議に昇進した安倍安仁の後任の蔵人頭に就任していた[30]。卒伝によると、この大宰大弐任命の際、衛はその職責の重さを理由に就任を辞退しようとしたというが、仁明天皇は許さず、赴任せざるを得なかったと記されている。卒伝には蔵人頭の経歴は掲載されていないが、彼の大弐転出後は橘峯継が蔵人頭になっており、衛は蔵人頭に復帰することはなかったのである。衛の前任者安倍安仁が参議に昇任したように、蔵人頭は公卿への前段階として重視される役職であったから[31]、衛もその地位に固執したのかもしれない。この後、衛は勘解由長官や文徳天皇の出居侍従を歴任しているが、極位は正四位下と殆ど昇叙がなく、ついに公卿には到達し得なかった。

卒伝では衛の大弐在任中の治績として、大宰府管下の医師を大宰府が任命していたのを改めて、「擢二典薬生受業練道者一、以為二彼管内医師一」という方式を定めたことが特記されているが、iや『続後紀』承和九年八月丙子（十五日）条の外交方策などの提案にも注目せねばならない。『続後紀』によると、衛はこの時に四条起請を上奏し、iはその第一条に相当する。第二条は解由未得者の管内留住への対策、第三条は破損官舎の修理、第四条は辺要之地における墾田の禁止確認を求めたもので、これらは概ね申請通りに認められており、本章で問題とする外交方策とは直接に関係しないので、ここでは第一条のiのみを検討したい。

iによると、大宰大弐藤原衛は新羅人を「一切禁断、不レ入二境内一」とすることを申請している。前節で触れた対馬における新羅訳語設置の背景、e・fの「大宰海涯」や壱岐における新羅人との紛擾、また『続後紀』承和八年八月丙辰条「以二大宰府冑百四口一充二対馬島一、兼充二防人一」という措置（五月壬申・辛巳・己亥条の「旱疫之災及兵事」のト占による神功皇后陵および香椎廟などへの奉幣と関係するものか）など、最前線である大宰府では新羅人来航への警戒・対処が講じられており、上述の張宝高の通交や新羅国内の紛争の飛び火の危険等、より大きな国際問題の解決にも迫られていた。したがって大宰府としては新羅人の来航を遮断するという思い切った方策を求めた訳である。

ところが、中央政府は「応レ放二還入レ境新羅人一事」と、恰も衛の起請を認めるかの如くであるが、実際にはcの流来新羅人への対処に准じて充粮放還とすること、dの民間交易の規定による交易活動は認可すべしとしており、c・dによる対応の基本方策に変更を加えなかったと解される。但し、新羅商人の交易に際しては、「但不レ得下安二置鴻臚館一以給上レ食」と、国家による保護・管理貿易の場から新羅人勢力を排除しようとした点では、衛の起請の意に沿った措置も講じられていることになる。(32)

新羅人を対象とするこのような法令は以後発布されていないので、iは九世紀の新羅人をめぐる対外方策の一つの到達点を示すと位置づけることができる。iによると、中央政府は従来のc・dを総合した形で、交易は認可するという基本的姿勢を遵守しようとしているが、大宰府は東アジア国際情勢に鑑みて、新羅人に対してはより厳しい措置を期待したようである。ここには中央政府と対新羅の最前線に位置する大宰府との間に認識の齟齬が存したことに注意しておきたい。それでも新羅人の鴻臚館安置・供給が禁止されたのは、gで示された「人臣無二境外之交一」の原則によるものであり、これは来航する新羅人の待遇低下を意味するものであった。これが実現した背景としては、前節で見た承和度遣唐使派遣の頃から唐人来航の先蹤が存したこと、遣唐使一行も依存した新羅人の唐―新羅の制海権喪失とその混乱後の事態を見越した上での判断を下したことなど、国際情勢の変化に即した合理的な対応であったと考えられたことによるのであろう。

　iの後、国史に残る新羅人来航事例は減少するが、来着新羅人は粮食給付の上で放帰とする場合が多かった（『文徳実録』斉衡三年三月壬子条（大宰府）、『三代実録』貞観五年十一月十七日（因幡）、同六年二月十七日（石見）など）。但し、『三代実録』貞観五年四月二十一日条「先レ是、大宰府言、新羅沙門元著・普嵩・清願等三人、着二博多津岸一。至レ是、勅安二置鴻臚館一、資二給粮食一、待二唐人船一、令レ得二放却一」のように、特例的に鴻臚館安置・供給が認められる事例も見られる。とはいうものの、これは勅により措置されたもの（僧侶という特殊事情も加味か）で、iの方策が基本であったことに変わりはなかったと言えよう。

　以上、本節では九世紀の新羅人の動向と大宰府を中心とする対処の方法、また中央政府が発した対外方策の基本的法令を整理してみた。上述のように、記録に残る新羅人来航例は減少するのであるが、円仁の入唐求法を援助した在唐新羅人の活動は存続しており、張宝高討滅後の新羅王権による海上交通の掌握も安定化が図られていた（『続後紀』承和十二年十二月戊寅条「大宰府馳駅言、新羅人齎二康州牒二通一、押二領本国漂蕩人五十余人一来着」とあり、日本人漂流民を送付している）。このような状況の中で、i以後の新羅人の活動の実態や日本人の渡航、またその後の遣唐使事業との関係などはどのようになっていくのであろうか。最後にこの点を展望することにしたい。

三　辺境の防衛と国境を跨ぐ人々

g・hとi以後で新羅関係の出来事としては、貞観十一年（八六九）五月の新羅海賊船による博多津での豊前国年貢絹綿掠奪事件が注目される。この事件を機に大宰府周辺の防衛体制が整理され、新羅に対する警戒心が益々強まっていくとされる(33)。但し、この時の海賊船は二艘で（『三代実録』貞観十一年六月十五日条）、博多津に外国船が突如出現する事態は不審であり、被害は軽微なものに過ぎなかったこと、またその後の防衛体制確立もあるのかもしれないが、以後新羅海賊船が来襲することはなかったことなどを考えると、iに見られたような大宰府の新羅に対する警戒を増幅すべく、小規模な海賊事件を利用して、大宰府の意向に沿った防衛体制や対新羅方策を確立する意図があったのではないかとする見解も呈されている(34)。

この貞観十一年の新羅海賊事件をめぐる一連の方策の中では、まず大宰府周辺に居住していた新羅人の移配が行われていることが注目される。

j『三代実録』貞観十二年二月二十日条

勅二大宰府一、令乙新羅人潤清・宣堅等卅人及元来居下止管内上之輩一、水陸両道給二食馬一入京甲。先レ是、彼府言、新羅凶賊掠二奪貢綿一、以二潤清等一処二之嫌疑一、禁二其身一奏レ之。太政官処分、殊加二仁恩一、給レ粮放還。潤清等不レ得二順風一、无レ由レ帰二発其国一。対馬島司進二新羅消息日記并彼国流来七人一。府須二依レ例給レ粮放却一。但蕞尓新羅、凶毒狼戻。亦廼者対馬島人卜部乙屎麿、被レ禁二彼国一、脱レ獄遁帰、説下彼練二習兵士一之状上。若彼疑二曳語一、為レ伺二気色一差二遣七人一、詐称二流来一歟。凡垂レ仁放還、尋常之事。挟レ奸往来、当レ加二誅僇一。加之、潤清等久事二交関一、僑二寄此地一、能候二物色一、知二我无レ備。令レ放二帰於彼一、示二弱於敵一、既乖二安不レ忘レ危之意一。又従来居二住管内一者、亦復有レ数。此輩皆外似二帰化一、内懐二逆謀一。若有二来侵一、必為二内応一。請准二天長元年八月廿日格旨一、不レ論二新旧一、併遷二陸奥之空地一、絶二其覬覦之奸心一。従レ之。

jによると、大宰府管内には多くの新羅人が僑寄し、交易に従事していたことが知られ、iにより大宰府の保護・管理からはずれた場で交易活動を行う新羅人が増加し、大宰府はこの事態を問題にしていたとの指摘もなされている[35]。前節末尾に掲げたi以後の新羅人放却例の中には、因幡国に来着して「略似二商人一」と評されながらも、「勅給二程粮一、放二却本蕃一」と（『三代実録』貞観五年十一月十七日条）、大宰府以外での交易を認められずに、拒否された場合も見られる。また大宰府管内でも次のような事件が起きていた。

k『三代実録』貞観八年七月十五日条

大宰府馳駅奏言、肥前国基肄郡人川辺豊穂告、同郡擬大領山永語豊穂云、与二新羅人珎宝長一共渡入二新羅国一、教下造二兵弩器械一之術上、還来将レ撃二取対馬島一。藤津郡領葛津貞津・高来郡擬大領大刀主・彼杵郡人永岡藤津等同謀者也。仍副二射手卌五人名簿一進レ之。

kは肥前国の郡司らが新羅人と結託して、大型兵器である弩の技術を新羅に伝授した上で、新羅人とともに対馬襲撃を図り、未然に阻止されたというものである。対馬は大宰府管内の対新羅最前線に存し、第一節で触れた新羅訳語の設置に窺われるように、新羅人来航の起点になる位置にあった。また前節で見た弘仁四年の事例によると、肥前国にも新羅人が来着しており、博多津周辺以外の大宰府管内で新羅人と通交することは充分に可能であった訳である。したがってkの如き事件は予測されるところであり、大宰府では対新羅の警戒心、管内に存する新羅人への監視を強めていたことと思われる（『三代実録』貞観七年二月十四日・十七日条、八年二月十四日・十六日条、十一月十七日条、九年五月二十六日条など）。

そこで、貞観十一年の新羅海賊事件に伴って令せられたjである。jによると、当初中央政府は海賊の嫌疑もあった潤清らを給粮放還しようとしたことがわかり、ここでも大宰府との間に温度差が看取される。大宰府は捕鳥のために新羅の国境付近に向かい、新羅側に拘留された卜部乙屎麿が「挽二運材木一、構二作大船一、撃レ鼓吹レ角、簡レ士習レ兵」のを目撃したとの証言により（『三代実録』貞観十二年二月十二日条）、新羅来襲の可能性を強調し、新来の流来新羅人を間諜と疑って、潤清らと合せて処断しようとしている。大宰府の新羅人に対するまなざしは、「事二交関一、僑二寄此地一」、「此輩皆外似二帰化一、内懐二逆謀一、若有二来侵一、必為二内応一」と、猜疑心と警戒心に満ち満ちていた。

大宰府が在日新羅人らを陸奥国に遷居させるべきだとした天長元年八月二十日格は全文が不明であるが、九世紀の新羅人の帰化者は左京（『続後紀』天長十年四月乙丑条）、美濃（『後紀』弘仁五年八月丙寅条）、陸奥（『類聚国史』巻百五十九天長元年五月己未条）などに移配された例が知られ、基本的には戸令没落外蕃条によって寛国への附貫安置が行われたものと考えられる。jの大宰府の要望は陸奥国への移配であったが、『三代実録』貞観十二年九月十五日条で中央政府が示した処置は若干異なっていた（貞観十二年六月十三日条によると、三十人のうち七人が逃亡）。

清倍（信）・鳥昌・南巻・安長・全（金）連
……武蔵国→貞観十五年六月二十一日・元慶三年四月二日条に逃亡記事

僧香嵩・沙弥傳僧・関解・元昌・巻才……上総国→貞観十五年九月八日条に逃亡記事

潤清・果才・甘参・長焉・才長・真平・長清・大存・倍陳・連哀……陸奥国

これらのうち、「潤清・長焉・真平等、才長二於造瓦一、預二陸奥国修理府料造瓦事一、令下長二其道一者相従伝習上」と見え、中央政府は新羅人の技術を活用しようとしており、大宰府とは異なるまなざしも存したことに留意したい。

以上を要するに、jは在日新羅人をcの帰化者の規定と戸令没落外蕃条の原則によって大宰府以外の場所に移配しようとしたものであり、対外方策の基本としては従来のc・dに依拠している。但し、iでも要望されていた新羅人来航者への厳しい応対は、以後強化されるものと見られ、『三代実録』貞観十五年十二月二十二日条、十六年八月八日条の対馬への来着者はいずれも放還に処されており、新羅人の入国を水際で阻止しようとする法の運用が窺われる。また j 以後には新羅人の帰化例は見あたらず、やはり c・d の基本方策の運用姿勢によって、大宰府が意図する状況を現出しようとしたものと解することができよう。

そして、j の措置とともに、今回の新羅海賊事件では大宰府を中心とする国境地帯の防衛体制が再構築されたことも重要である。今、その概要を年表風に整理すると、次のようになろう（弩師設置記事は一括した。出典は『三代実録』または『三代格』）。

貞観十一年十二月五日　…俘囚を要所に配置〜鴻臚館中島・津厨など
貞観十一年十二月二十八日…統領・選士と甲冑を鴻臚館に配備
貞観十二年正月十五日　…さらに甲冑百十具を鴻臚館に遷置
貞観十二年四月五日　…長門国に出馬の禁
貞観十二年六月七日　…対馬に選士五十人を置く
貞観十五年十二月十七日　…警固田を設置
＊弩師の設置…貞観十一年三月七日（隠岐）・十一月二十九日（長門）、十二年五月十九日（出雲）・七月十九日（因幡）・八月二十八日（対馬〈増員〉）、十三年八月十六日（伯耆）、十七年十一月十三日（石見）、元慶三年二月三日（肥前）、四年八月七日（佐渡）・八月十二日（越後）

こうした警固・防衛体制はこの時に大宰少弐に任命された坂上瀧守が整備したものであり、以後も「警固之事、准二坂上大宿禰瀧守例一」と励行を指示された（『三代実録』元慶二年七月十三日、三年正月十五日、四年六月七日条など）。寛平五・六年には大々的な新羅海賊の襲来があったが、[36]『紀略』寛平四年十一月三十日条「仰二大宰府一弥令レ慎二警固一、依二恠異一也」と、おそらくはこの防衛体制に基づく警固の強化が令されており、寛平新羅海賊を何とか撃退することができた基盤整備を準備したものと評価できよう。

このような物理的障壁は構築できたが、人的交流を完全に遮断することは難しく、大宰府が警戒したkの如き新羅人との結合はその後も続くことになる。

l『三代実録』貞観十一年十月二十六日条

太政官論奏曰、刑部省断罪文云、貞観八年隠岐国浪人安曇福雄密告、前守正六位上越智宿禰貞厚与二新羅人一同謀二反逆一。遣レ使推レ之、福雄所レ告事是誣也。至レ是法官覆奏、福雄応二反坐斬一。但貞厚知三部内有二殺レ人者一不二挙劾一。仍応二官当一者。詔、斬罪宜下減二一等一処中之遠流上。自余論レ之如レ法。

m『三代実録』貞観十二年十一月十三日条

筑後権史生正七位上佐伯宿禰真継奉レ進二新羅国牒一、即告下大宰少弐従五位下藤原朝臣元利萬侶与二新羅国王一通レ謀欲上害二国家一。禁二真継身一付二検非違使一。

n『三代実録』貞観十二年十一月十七日条

勅二大宰府一、追二禁少弐藤原朝臣元利萬侶、前主工上家人、浪人清原宗継・中臣年麿・興世有年等五人一。以二従五位下行大内記安倍朝臣興行一為二遣大宰府推問密告使一。判官一人、主典一人。

o『三代実録』貞観十二年十一月二十六日条

筑後権史生正七位上佐伯宿禰真継差二加防援一、下二大宰府一。

lの越智宿禰貞厚は承和度遣唐使の史生越智貞原（『入唐求法巡礼行記』巻一開成四年二月二十二日・三月二十二日条）に比定され、仁寿三年二月十一日大宰府牒（『平安遺文』一〇二号）によると、円珍の入唐求法のための渡海の公験を発給した大宰大典として「越貞原」が見え、大宰府官人としても活躍していることが知られる。(37)　lによれば、今回の新羅人との通謀は別件に怨みを持つ者による誣告であったことがわかるが、貞厚（原）の周辺には新羅人との結託が真実味を帯びる程に新羅人との交流があったのではないかと推定され、その背景として承和度遣唐使の入唐時やその後の大宰府周辺での活動が挙げられよう。

m〜oの藤原元利萬侶には渡海経験は見受けられないが、彼が大宰大弐になったのは貞観九年正月十二日のことで（『三代実録』）、貞観十一年の新羅海賊事件の前後に大宰府側の官人として事件を経験した人物であったことになる。時の大宰府首脳は帥時康親王、大弐藤原冬緒で、いずれも中央の顕官を兼ねていたから、実質上は少弐が現地の最高責任者であった。mにおいて元利萬侶は少弐の地位にあったから、彼はずっと少弐であったと解することができる。とすると、もう一人の少弐は貞観十年安倍清行（二月十七日復任）―貞観十一年正月藤原忠雄―九月紀春常―十二月坂上瀧守と目まぐるしく転任し、元利萬侶は坂上瀧守の防衛体制構築を横目に、新羅人との関係を維持しようとしたと考えられるのである。

nの関係者の拘留を見ると、lの場合とは異なり、元利萬侶の新羅人との結託は明確な証拠を有するものであったと思われる。(38)　残念ながら、この事件の結末は不明で、元利萬侶も以後の史料に見えないので、今回の事件の詳細は明らかにすることができないが、dや文室宮田麻呂事件に窺われるように、大宰府周辺には新羅人とのつながりや交関物獲得を求める要望も強く、あるいはこれが上述の強硬姿勢を要求する大宰府（特に使命を帯びて中央から新たに下向した来た人物）とやや折衷的な方策をとる中央政府の処置との微妙な齟齬を導き出す力学であるのかもしれない。こうした交関物、あるいは承和度遣唐使の派遣目的の一つに挙げられる唐物の獲得をめぐっては、新たな方策も講じられていた。

p『入唐求法巡礼行記』巻四大中元年（承和十四＝八四七）六月九日条

得二蘇州船上唐人江長、新羅人金子白・欽良暉・金珍等書一云、五月十一日、従二蘇州松江口一発二往日本国一。過二廿一日一、到二莱州界峠山一。諸人商量、日本国僧人等今在二登州赤山一、便擬二往レ彼相取一。往日臨行、以遇レ人説、其僧等已往二南州一、趁二本国船一去。今且在二峠山一相待、事須二廻レ棹来一云々。書中又云、春太郎・神一郎等乗二明州張友信船一帰レ国也。来時得二消息一、已発也。春太郎本擬下雇二此船一帰上国。太郎往二広州一後、神一郎将二銭金一、付二張友信一訖。仍春太郎児宗健有レ此、々々物、今在二此船一云々。又金珍等付二嘱楚州惣管劉慎言一云、日本国僧人到二彼中一、即発遣交来云々。

q『三代実録』元慶元年六月二十五日条

渤海国使楊中遠等、自二出雲国一還二於本蕃一。王啓并信物不レ受而還レ之。大使中遠欲下以二珍翫玳瑁酒盃等一奉中献天子上、皆不レ受レ之。通事園池正春日朝臣宅成言、昔往二大唐一多観二珍宝一、未レ有二若レ此之奇恠一。（下略）

r『三代実録』貞観十六年六月十七日条

遣二伊予権掾正六位上大神宿禰己井・豊後介正六位下多治真人安江等於二唐家一市二香薬一。

s『朝野群載』巻一「捴持寺鐘銘」

（上略）多以二黄金一、附二入唐使大神御井一買二得白檀香木一、造二千手観世音菩薩像一躰一。仍建二衢場於摂津国島下郡一。安二置此像一、号曰二捴持寺一。（下略）

t『三代実録』元慶元年八月二十二日条

先レ是、大宰府言、去七月廿五日、大唐商人崔鐸等六十三人駕二一隻船一、来二着管筑前国一。問二其来由一、崔鐸言、従二大唐台州一載二貴国使多安江等一、頗齎二貨物一。六月一日解レ纜、今日得レ投二聖岸一。是日、勅、宜下依レ例安置供給一。

承和度遣唐使の帰国後、承和八年十一月の張宝高死去、承和九年正月の文室宮田麻呂の新羅人貨物抑留事件、iによる来日新羅人に対する外交方策の決定とその後の新羅人をめぐる施策の強化などが展開する一方で、遣唐使などの国家事業の力に依存しないで、国境を跨いで入唐する日本人の事例が散見するようになる。僧侶では『入唐求法巡礼行記』巻三会昌元年（承和八＝八四〇）九月七日条に「聞、日本僧恵蕚・弟子三人到二五臺山一。其師主発願、為レ求二十方僧供一、却二帰本国一。留二弟子僧二人一令レ住二臺山一」とある恵蕚が早い例で、彼は橘嘉智子の奉納品を携えて入唐したものであり（『文徳実録』嘉祥三年五月壬午条）、『入唐求法巡礼行記』巻四会昌五年七月五日条には「又日本国恵蕚闍梨・弟子、会昌二年礼二五臺山一、為レ求二五臺供一、就二李驎徳船一却二帰本国一。年々将二供料一到来、今遇二国難一還俗、見在二楚州一云々」とも記されているので、恵蕚は何度か彼我を往来したことが窺われる。(39)この恵蕚が最初に帰国したと思われる承和九年に、大唐商客李処人の船で入唐したのが恵運であり（『平安遺文』一六四号安祥寺伽藍縁起資財帳）、その後に仁寿元年の円珍や貞観四年の真如（高丘親王、頭陀親王）の入唐求法が続くのである。(40)

こうした僧侶の事例が目立つ一方で、俗人の中にも彼我を往来する人々が存した。pの春太郎はqの春日宅成、神一郎はr・sの大神己井に比定され、(41)彼らは『入唐求法巡礼行記』巻四会昌六年（承和十三＝八四六）三月九日条に「得二大使書一云、近得南来船上人報云、日本国来人、僧一人・俗四人、見到二揚州一、将二本国書信物等一、専来訪覓二請益僧一云々」とある円仁の弟子性海（四月二十七日・十月二日条も参照）の渡海に随伴して入唐したものと見られる。但し、pによると、彼らは円仁を迎えに来た性海や円仁とは全く別行動であったらしく、独自に交易活動を展開したものと考えられ、いわば混成旅団としての渡海が行われた訳である。

大神己（御）井は『文徳実録』斉衡元年十月癸酉条「侍医外従五位下神直虎主、散位正七位下神直木並、大初位下

神直己井等賜二姓大神朝臣一」とあり、大神朝臣氏の傍系氏族であって、春日宅成も和珥系の本宗は大春日朝臣を称していたので、やはり傍系氏族に属する者であった。彼らが彼我往来を実現した背景は不明であるが、大神己井に関しては、改姓時の一族の筆頭者神直虎主が承和度遣唐使の医師で、『入唐求法巡礼行記』巻一開成四年四月八日条に登場する「神参軍」に比定されているから、(42)あるいはこうした同族の海外渡航経験者とそのつてで入唐を企図するに至ったのかもしれない。承和度遣唐使の官人には「遣唐使の家」とでも称すべき、宝亀度、延暦度の頃から代々の遣唐使官人に登用される人々が見られ、(43)また実質上最後の遣唐使になり、新羅人が活躍する東アジア国際交流の実際を目のあたりにした使人たちの中には、もはや遣唐使事業のみに依存するのではなく、こうした渡海・入唐方式を利用しようとする発想も生じたのではないかと思われ、同族の次代の者に入唐ルートを示唆し、あるいは新羅人などへの仲介を可能にする人脈を築いていたことも想定できよう。

そして、大神己井はp以降にもr・sで渡海したことが知られ、唐商人との人脈を維持しながら、複数回の彼我往来を行うという活動形態を取り得たのである。同時に入唐使に起用された多治安江の経歴は不明であるが、多治真人氏は「遣唐使の家」に属し、彼もまた同様の経緯・経験を有したことが推定される。pの春日宅成は結局は大神己井が調達した唐人張友信の船で帰国することになった（恵運も同乗して帰国）が、当初約束していた唐人・新羅人らの船には息子の宗健と物実を残し、信頼関係を維持しようと努めている（円仁らはこの船で帰国）。円珍関係の文書の一つである貞観五年正月四日に比定される陳泰信書状（『平安遺文』四五三九号）に、「今間従二京中一朝使来、収二買唐物一。承二蒙大徳消息一、伏知二大徳慶化一。泰信不レ勝二喜慶之至一、伏惟珍々重々。幸逢二播州少目春太郎廻次一、奉レ状起居。不宣。陳泰信再拝」とあるのも、その後の宅成の活動（唐物使か）や唐人との人脈保持の様子を窺わせるものと言えよう。

ところで、こうした国境を跨ぐ日本人の渡海は唐商人の往来によって支えられていた。但し、pの新羅人金珍は

『入唐求法巡礼行記』巻四承和十四年十月十九日条、即ち円仁が大宰府に帰着して以後の記事には「唐人金珍」と表現されており、在唐新羅人であり、唐から来航した金珍らは「唐人」として扱われていることに留意しておきたい。『続後紀』承和十五年三月乙酉条では「天台宗入唐請益僧円仁、将ニ来弟子僧性海・惟正等一、去年十月駕ニ新羅商船一、来ニ着鎮西府一」と、円仁の帰国が「新羅商船」によって実現したことが明記される一方で、同十四年十月甲午条には「遣唐天台請益僧円仁及弟子二人・唐人卌二人到レ自ニ大唐一」とあり、随伴して来日したのはあくまでも「唐人」でなければならなかった。ここにはｉによる外交方策が如実に反映されているものと思われる。『入唐求法巡礼行記』巻四承和十四年十一月十四日条でも「得ニ太政官十月十三日符一、有下優ニ給唐客金珍等一事上」と見え、金珍らは新羅人には許されなかった鴻臚館での安置・供給を「唐人」であるが故に認められたという構図になろう。(44)

こうした「唐人」に依存する渡海方法は以後も続き、ｒは不明であるが、ｔの帰国状況から見て、ｒ～ｔについても唐商人の船を利用したものと推定できよう。したがって日本側としては、このような「唐人」の来航と鴻臚館での安置・供給を認めざるを得ず、そのような立場での法令運用が図られたのである。そして、入唐求法・帰国後も彼ら「唐人」とのつながりを維持し、経典入手などを実現した円珍の如く、国境を跨いで交易を行おうとする人々、学術・宗教上の関係継続を望む人々は、国家的事業である遣唐使などの公的通交によらない独自の情報・交流ルートの構築を模索するのであった。(45)これもまたｊに看取される、大宰府の強硬姿勢のみを是としない日本の外交方策を規定する要因であったと思われる。

ちなみに、九世紀後半には円珍の入唐求法の際に一時行動をともにし（『入唐求法行歴』）、真如の天竺行きにも同行した（『頭陀親王入唐略記』貞観七年正月二十七日条）田口円覚（なお、橘嘉智子の母は田口氏であり、円覚の渡海にはそうした縁故も推定できる）、崇聖寺長講経律弘挙大徳の来日に尽力した好真とその師師良（『入唐五家伝』真如条所引景福二年（寛平三＝八九三）閏五月十五日在唐僧好真牒）、そして真如の死去の様子を伝え、また寛平度の遣唐使計画にも関係のあった中瓘（『三代実録』元慶五年十月十三日条、『菅家文草』巻九・十）など、渡海年次・事情不明の在唐僧が散見し、上述の春太郎・神一郎の入唐経緯を考慮すると、俗人に関しても相当数の人々が在唐していたことが推定される。こうした国史には残らない無名の在外日本人の存在も、「唐人」の往来やその受け入れ、交易の認可を決定する上で、中央政府として顧慮すべき事項であったと考えられよう。

むすびにかえて

本章では承和度遣唐使派遣の前後からの東アジアの国際情勢を検討し、こうした九世紀の東アジアの変動に対して日本が如何なる外交政策を定立しようとしたのかを考えてみた。迂遠な叙述に終始したが、張宝高の制海権や新羅人の活動に依存していた承和度の遣唐使の帰国後、新羅王権と張宝高の対立、張宝高の死去による新羅人の制海権喪失と混乱の中で、日本は無用な紛擾を国内に持ち込まないための予防措置として、jの方策に到達している。これはcの流来者と帰化者の区分のうち、実質上は帰化者の受け入れを殆ど不可能にするものであり、流来新羅人は放還し、大宰府周辺での交易活動は認めるものの、新羅商人の鴻臚館安置・供給は行わないとするものであった。ここには承和度遣唐使派遣の一つの目的であった唐物獲得を実現しつつ、国際情勢の最前線に立つ大宰府の要望などいくつかの力学に配慮した上で策定された日本の外交方策が凝縮されていると言えよう。

但し、日本人の渡海には在唐新羅人を含む唐商人の往来に依存せざるを得ない側面があり、交易面ではこうした「唐人」の来航と鴻臚館での安置・供給を認めるという現実的措置が講じられ、これは十世紀以降にも唐・宋商人の来航と唐物の確保が実現した基盤的方策整備になったものと考えられる。(46)一方で、国家間の公的通交を結ぼうとする勢力に対しては、g・hの張宝高の接触に対して「人臣無㆓境外之交㆒」の論理で拒否の意志を示したように、十世紀以降も例えば呉越に同様の返書を与えており（『本朝文粋』巻七天暦元年閏七月七日「為㆓清慎公㆒報㆓呉越王㆒書」、同七年七月「為㆓右丞相㆒贈㆓太唐呉越公㆒書状」）、一つの対応方策を確立したものと位置づけることができる。勿論、九世紀の特定の状況下に定められた法令が即十世紀以降の個別事例を規定したかと言えば、それぞれの時代環境に応じた個別具体的分析を重ねる必要を指摘せねばならないが、(47)十世紀以降の様々な事象に対処する準備が九世紀の東アジアの変動の中で進んでいたという点で、連続的側面を汲み取りたいと考える。

こうした外交方策の基本を定立するとともに、承和度遣唐使以降の新たな国際情勢の展開をふまえて、遣唐使事業の存続を検討する材料も呈されたのではないかと思われる。r〜tについては、これを遣唐使としてとらえるべきだとする新しい意見も呈されているが、(48)日本人の俗人の渡海者には国家とのつながりや中下級官人としての役割も窺われ、(49)pの如く、承和度遣唐使の帰国直後から、逸早く唐物獲得のために入唐使が派遣されていたことを考慮すると、やはり新たな日唐通交の方式構築を模索したものと位置づけるのがよいであろう。僧侶の渡海許可も含めて、そうした新しい交流方法の可能性を切り開いた点で、承和度遣唐使の体験は大きな画期になったと評せられるべきであると考える。その意味では法令面だけでなく、遣外使節の派遣をも含めた対外政策遂行上の諸問題とその対応方法を精査した点で、当該時期についてさらに考察を深化すべきことを強調して、蕪雑な稿を終えることにしたい。

註

（1）佐伯有清『最後の遣唐使』（講談社、一九七八年）、E・O・ライシャワー『円仁 唐代中国への旅』（講談社、一九九九年）などに概要が知られる。

（2）東野治之「遣唐使の朝貢年期」（『遣唐使と正倉院』岩波書店、一九九二年）、拙稿「遣唐使の時期区分と大宝度の遣唐使」（『国史学』一八九、二〇〇六年、本書第一部第三章所収）。

（3）新羅に関しては、濱田耕策a「下代初期における王権の確立過程とその性格」、b「中代・下代の内政と対日本外交」（『新羅国史の研究』吉川弘文館、二〇〇二年）を参照。

（4）富豪の財力を利用した貧民賑恤については、拙稿「九世紀の郡司とその動向」（『古代郡司制度の研究』吉川弘文館、二〇〇〇年）を参照。

（5）当該期のとらえ方については、吉田孝「律令国家の諸段階」（『律令国家と古代の社会』岩波書店、一九八三年）を参照。

（6）拙稿「日渤関係における年期制の成立とその意義」（『ヒストリア』一八九、二〇〇四年、本書第二部第二章）。

（7）註(1)書以外に、佐伯有清a『円仁』（吉川弘文館、一九八九年）、b『慈覚大師伝の研究』（吉川弘文館、一九八六年）、c『悲運の遣唐僧』（吉川弘文館、一九九九年）、小野勝年『入唐求法巡礼行記の研究』第一〜四（法蔵館、一九八九年）、足立喜六訳注・塩入良道補注『入唐求法巡礼行記』一・二（平凡社、一九七〇年・一九八五年）、深谷憲一訳『入唐求法巡礼行記』（中央公論社、一九九〇年）、田中史生「江南の新羅人交易者と日本」、榎本渉「新羅海商と唐海商」（『前近代の日本列島と朝鮮半島』山川出版社、二〇〇七年）などがある。

（8）拙稿「大唐通事張友信をめぐって」（『古代日本の対外認識と通交』吉川弘文館、一九九八年）。なお、『紀略』弘仁十一年四月戊戌条に「唐人李少貞等二十人漂二着出羽国一。」と見える李少貞は、『続後紀』承和九年正月乙巳条によると、新羅人であったことが知られるので、aの張継明が二例目の来航であったと考えられる。

（9）拙稿「漂流・遭難、唐の国情と遣唐使事業の行方」（本書第一部第六章）。なお、新羅からの貢物を山陵に奉幣することは、『続紀』文武二年正月庚辰条に見えており、早くから行われていたことがわかる。

（10）西別府元日「九世紀前半の日羅交易と紀三津「失使旨」事件」（科研報告書『「中国地域」を中心とする東アジア社会との交流に基づく史的特質の形成とその展開』〈代表・岸田裕之〉、二〇〇〇年）、山崎雅稔「新羅国執事省牒からみた紀三津「失使旨」事件」（『日本中世の権力と地域社会』吉川弘文館、二〇〇七年）。

(11)　こうした東アジア世界とのつながりの有無による遣唐使官人としての大使藤原常嗣と副使小野篁の資質の差については、註(9)拙稿を参照。

(12)　註(8)拙稿。なお、八世紀後半の藤原仲麻呂の征新羅計画の中では、『続紀』宝字五年正月乙未条「令三美濃・武蔵二国少年、毎レ国廿人習二新羅語一也」と、新羅語学習への関心が示されており、同時期の交易を目的とする頻繁な新羅使の来航と大宰府での交渉を併考すると、この頃には大宰府に新羅訳語が置かれていたと見ることも可能であろう。

(13)　『扶桑略記』延長七年五月十七日条には対馬下県郡に漂着した新羅人に対して、「島守経国加二安存一給二粮食一、并差二加擬通事長岑望通・検非違使秦滋景等一送二帰全州一」とあり、擬通事の事例であるが、この場合は日本人であった。但し、これはやや時代が下るので、当初の新羅訳語は日本語に通暁した新羅人であったと考えたい。なお、榎本淳一「遣唐使と通訳」(『唐王朝と古代日本』吉川弘文館、二〇〇八年)も参照。

(14)　小野勝年『入唐求法巡礼行記の研究』第一巻(法蔵館、一九八九年)五一三頁。

(15)　佐伯註(1)書八一〜八四頁。

(16)　拙稿「遣唐使と唐文化の移入」(『白山史学』四四、二〇〇八年、本書第一部第五章所収)。

(17)　註(9)拙稿。

(18)　濱田註(3)b論文、李成市『東アジアの王権と交易』(青木書店、一九九七年)など。

(19)　山内晋次「朝鮮半島漂流民の送還をめぐって」(『奈良平安期の日本とアジア』吉川弘文館、二〇〇三年)。

(20)　拙稿「大宰府および到着地の外交機能」(註(8)書)。

(21)　奥村佳紀「新羅人の来航について」(『駒沢史学』一八、一九七一年)。

(22)　渡邊誠「承和・貞観期の貿易政策と大宰府」(『ヒストリア』一八四、二〇〇三年)。

(23)　佐伯註(7)b書六八頁、濱田耕策「王権と海上勢力」(註(3)書)。

(24)　蒲生京子「新羅末期の張保皐の抬頭と反乱」(『朝鮮史研究会論文集』一六、一九七九年)、石井正敏「九世紀の日本・唐・新羅三国間貿易について」(『歴史と地理』三九四、一九八八年)、濱田註(23)論文など。

(25)　奥村註(21)論文、李侑珍「九世紀、唐・新羅・日本の交易と商人」(『国学院大学大学院文学研究科紀要』三五、二〇〇四年）など。

(26)『国司補任』第二（続群書類従完成会、一九八九年）。以下、大宰府官およびその周辺の官人任命者の確認は基本的に本書に依拠する。

(27) 李註(18)書一六八～一七〇頁、保立道久『黄金国家』（青木書店、二〇〇四年）、山崎雅稔「承和の変と大宰大弐藤原衛四条起請」（『歴史学研究』七五一、二〇〇一年）など。

(28) 渡邉誠「文室宮田麻呂の「謀反」」（『日本歴史』六八七、二〇〇五年）。

(29) 村上史郎「九世紀における日本律令国家の対外交通の諸様相」（『千葉史学』三三、一九九八年）。

(30)『蔵人補任』（続群書類従完成会、一九八八年）。

(31) 玉井力「成立期蔵人所の性格について」（『平安時代の貴族と天皇』岩波書店、二〇〇〇年）。

(32) 渡邉註(22)論文。

(33) 遠藤元男「貞観期の日羅関係について」（『駿台史学』一九、一九六六年）、平野邦雄「新羅来寇の幻影」（『古代の日本』三、角川書店、一九七〇年）など。

(34) 山崎雅稔「貞観十一年新羅海賊来寇事件の諸相」（『国学院大学大学院紀要』文学研究科三二、二〇〇一年）、渡邉註(22)論文など。

(35) 渡邉註(22)論文。

(36) 関幸彦「平安期、二つの海防問題」（『古代文化』四一の一〇、一九八九年）、拙稿「古代日麗関係の形成と展開」（『海南史学』四六、二〇〇八年）。

(37) 佐伯有清「承和の遣唐使の人名の研究」（『日本古代氏族の研究』吉川弘文館、一九八五年）。

(38) なお、渡邉誠「藤原元利万侶と新羅の「通謀」」（『史学研究』二五八、二〇〇七年）は、この事件は捏造されたものであり、新羅商人と交易関係で結ばれた在地の富豪層が、対新羅政策の指導者を失脚に追い込もうとしたものである可能性を指摘している。

(39) 保立註(27)書第二章第三節第五項。

(40) 佐伯有清『円珍』(吉川弘文館、一九九〇年)、『智証大師伝の研究』(吉川弘文館、一九八九年)、『高丘親王入唐記』(吉川弘文館、二〇〇二年)。
(41) 佐伯註(37)論文。
(42) 佐伯註(37)論文。
(43) 註(9)拙稿。
(44) 註(8)拙稿では、渤海人や新羅人などとも記されることのある人々を一括して唐商人として説明しており、鈴木靖民「渤海国家の構造と特質」(『朝鮮学報』一七〇、一九九九年)の叱正を賜ったが、元来本章のようなイメージで理解していることを弁明しておきたい。
(45) 拙稿「『参天台五臺山記』の研究と土佐国」(『海南史学』四一、二〇〇三年)。
(46) 唐・宋商人を一種の「朝貢」として賓待したことは、山内晋次「文献史料よりみた一〇〜一一世紀の貿易状況」(『貿易陶磁研究』一四、一九九四年)、拙稿「平安貴族の国際認識についての一考察」(註(8)書)などを参照。
(47) 皆川雅樹「古代「対外関係」史研究の行方」(『歴史評論』六六七、二〇〇五年)。
(48) 榎本註(13)論文。
(49) 日本人の海外渡航に関する制約については、稲川やよい「「渡海制」と「唐物使」の検討」(『史論』四四、一九九一年)、榎本淳一「律令国家の対外方針と「渡海制」」(註(13)書)、山内晋次「平安期日本の対外交流と中国海商」(註(19)書)などを参照。

第四章　加耶滅亡後の倭国と百済の「任那復興」策について

——白村江への道の前段階として——

はじめに

『書紀』欽明二十三年（五六二）正月条には、「新羅打二滅任那官家一〈一本云、廿一年任那滅焉。揔言二任那一、別言二加羅国・安羅国・斯二岐国・多羅国・卒麻国・古嵯国・子他国・散半下国・乞飡国・稔礼国、合十国一〉」とあり、その年次については別説も存するが、新羅による加耶地域の併呑が完成したことが記されている。四七五年の高句麗の攻撃による滅亡の危機から、四七五年熊津、五三八年扶余に都を南遷し、南方経営あるいは東方の加耶地域への進出を国策としてきた百済と、やはり高句麗に北方を押さえられた状態で、西方・南方の加耶地域併呑を進める新羅との、加耶地域をめぐる争いがこの頃に一応の決着を見た訳である。(1)

では、その間百済を支援して、朝鮮半島に軍隊を派遣することもあった倭国は、この事態に際してどのような方策を示したのであろうか。倭国の外交の大まかな流れについての私見は別に述べたことがあり、(2)六四二年百済義慈王による旧加耶地域の四〇余城奪回以降は、唐の介入も加わりながら、六六三年白村江の敗戦に帰着する動きが現れ始めるので、本章ではその前段階として、敏達〜皇極朝くらいを視野に入れて、加耶滅亡後の倭国と百済の「任那復興」をめぐる動向を検討することにしたい。

倭国の外交策が基本的に百済支持であったことは別稿で述べた通りであるが、この時期には「百済是多二反覆一之国」（『書紀』推古三十一年是歳条）という評言も見られ、後述のように、倭国には百済支援で行くのか、あるいは新羅との独自の交渉を進めるべきなのか、選択肢が残されていたと思われる。この親百済方式と親新羅方式の対立が乙巳の変の一因であったとする見解も呈されており、[3] 当該時期の倭国の外交方針や百済・新羅の動静を明らかにすることは、七世紀後半の東アジアの動乱や倭国の国内情勢を知る上でも有用であろう。また上掲のような百済に対する評言が、倭国のどのような認識に由来するのかを考究することも必要である。

考察対象時期の外交的事象としては、「任那調」をめぐる新羅との交渉のあり方、『書紀』敏達十二年是歳条の百済への警戒を喚起する倭系百済官僚日羅の建言の内容理解、崇峻〜推古朝の新羅征討計画の推移と遣隋使派遣との関係の有無、遣隋使以後の推古〜皇極朝の外交方策の変化の存否などいくつか注目すべき論点が存する。そこで、以下では東アジアの国際情勢の変化にも留意しつつ、加耶地域を新羅に奪われた百済がどのような挽回策をとろうとしていたのか、それに対して倭国は如何なる態度を示したのかなどを検討し、日羅献策の意味や倭国の外交方策の様相を解明したいと考える。

一　百済の動向

加耶滅亡後、『書紀』や『三国史記』によると、五七〇年代後半に至るまで、百済の倭国との通交や新羅（旧加耶地域方面か）との戦闘などは見えない。別稿で触れたように、聖王の後継者威徳王（余昌）は五五四年聖王敗死の原因となった無謀な出兵の責任者であり、『書紀』欽明十六年八月条には出家の意向を示したが、「諸臣百姓」の制止により

表 13　百済・高句麗の新羅への侵攻・略年表

577・10	百済，新羅の西辺を侵略→敗退，新羅内利西城を築く
(威徳王 24／真智王 2)	
578	百済，閼也山城（全北益山郡励山面）を得る
579・2	百済，熊峴城（忠北報恩郡内俗離面）・松述城を築き，新羅の萩山城（慶北醴泉郡醴泉邑）・麻知峴城・内利西城への路を梗ぐ
602・8	百済，新羅の阿莫山城を囲む→敗退
(武王 3／真平王 24)	
603・8	高句麗，新羅の北漢山城（ソウル市鐘路区新営）を攻撃→敗退
(嬰陽王 14／真平王 25)	
605・2	百済，角山城（全北井邑郡内蔵面葛峴）を築く
8	新羅，百済の東辺を侵略
608・4	高句麗，牛鳴山城（咸南安辺郡瑞谷面）を抜く
611・8	百済，赤嵒城を築く
10	百済，新羅の椵岑城（忠北槐山郡槐山面）を滅す
〈611～614 隋の高句麗征伐〉	
616・10	百済，新羅の母山城を攻撃
618	新羅，椵岑城を回復す
〈618 唐の成立〉	
623	百済，新羅の勒弩県（忠北槐山郡槐山面）を襲撃
〈623 唐，朝鮮三国を冊封〉	
624・10	百済，新羅の速含（慶南咸陽郡咸陽邑）・桜岑・岐岑・烽岑・旗懸・穴柵 6 城を取る
626・8	百済，新羅の主在城（忠北清原郡文義面）を攻撃し，城主を殺害
627・7	百済，新羅の西鄙 2 城を取る
〈627 唐，三国和親を説諭〉	
628・2	百済，新羅の椵岑城を包囲→敗退
632・7	百済，新羅攻伐の発兵→不利
633・8	百済，新羅の西谷城を取る
(武王 34／善徳王 2)	
636・5	百済，新羅の独山城（慶北月城郡西面）攻撃を計画し，玉門谷（慶北月城郡西面泉村里）に伏兵を置く→敗退
638・10	高句麗，七重城（京畿坡州郡積城面）を攻撃→敗退
(宝蔵王 21／善徳王 7)	

＊括弧内の王名は百済王・高句麗王・新羅王の交替がある場合のみ表示した.

思いとどまったという事件が記されている。また『三国史記』では威徳王の即位を五五四年とするが、『書紀』欽明十八年（五五七）三月庚子朔条に「百済王子余昌嗣レ位。是為二威徳王一」とあるのは、威徳王の即位には何らかの障害があり、出家騒動などで自己の権威を確認しつつ実現されたという事情が存し、百済王の権力掌握までに時間がかかったという事態が想定できるかもしれない。一方、その間、新羅では真興王巡狩碑の造立に示されるように、新領土の編入を着々と進めていたようである。

今、『三国史記』により、六四二年以前の百済の新羅への侵攻の様子を整理すると、表13のようになる。百済王は威徳王（五五四または五五七〜五九八年在位）、恵王（威徳王の弟、五九八〜五九九年在位）、法王（恵王の子、五九九〜六〇〇年在位）、武王（法王の子、六〇〇〜六四一年在位）、義慈王（武王の子、六四一〜六六〇年在位）と続き、恵王・法王の治世の短い二代は措くとして、概ね新羅への侵攻、旧加耶地域の奪回を図る努力が行われたと見ることができよう。特に武王代の頻繁な侵攻は、次の義慈王が四十余城を奪回するという大きな成果を上げる前提を作ったものと評価することができる。但し、威徳王代について言えば、五八〇年以降、残りの治世の長さに比して、積極的な新羅への侵攻は見られない。これは五八一年から始まる百済の隋への遣使、五八九年隋の中国統一により、南朝の陳にも遣使していた百済の対中国外交の再構築や五九四年新羅の隋への入貢・冊封などの国際情勢の変化によるものかもしれないと憶測しておきたい。

では、こうした新羅への侵攻を企図する百済の倭国との外交のあり方は如何であろうか。新羅の倭国への対応とも合せて、考察を加えることにする。

a『書紀』敏達四年（五七五）三月乙丑条

百済遣レ使進レ調多益二恒歳一。天皇以下新羅未上レ建二任那一、詔三皇子与二大臣一曰、莫レ懶二懈於任那之事一。

b『書紀』敏達四年四月庚寅条

遣二吉士金子一使二於新羅一、吉士木蓮子使二於任那一、吉士訳語彦使二於百済一。

c『書紀』敏達四年六月条

新羅遣レ使進レ調多益二常例一。并進二多多羅・須奈羅・和陀・発鬼四邑之調一。

aは加耶地域が新羅の領有に帰して後、初めての百済からの遣使である。aの「進レ調多益二恒歳一」、cの「進レ調多益二常例一」といった表現は、『書紀』雄略二十三年是歳条「百済調賦益二於常例一。筑紫安致臣・馬飼臣等率二船師一以撃二高麗一」という事例を想起させ、別稿で述べたように、百済から文物の給付に与った上で、朝鮮半島への出兵などの援助を行っていた倭国に対して、五七七～五七九年の新羅への侵攻の前提として、百済が倭国の支持・支援を求めたものであったと位置づけることができるのではあるまいか。但し、この場合、倭国は直ちに百済支持を示すのではなく、bでは新羅・「任那」にも遣使し、新羅との交渉の余地も残しており、そこにcの新羅使来朝を惹起する要因があった。

c後半部に見える「四邑之調」は旧金官国の調、即ち「任那調」に他ならないことが明らかにされており[4]、cは新羅による「任那調」貢上の初見記事なのである。c前半部の表現は新羅から倭国に対して何らかの依頼・期待を込めた行為であったことを窺わせ、それはaの百済の行動を牽制するためのものと推定される。既に指摘されているように、新羅は「任那調」を貢上することにより、倭国に「任那復興」の達成感を与えようとしたのである。

では、その後の情勢は如何であろうか、百済が新羅に侵攻した五七七年には、倭国から大別王・小黒吉士が百済に派遣され、経論や仏教関係の人的資源を齎した記事があり、百済の侵攻が一時途切れる五七九年には、新羅が倭国に進調し、仏像を送ってきたと見える（『書紀』敏達六年五月丁丑条・十一月庚午朔条、同八年十月条）。これらは百済・新羅ともに倭国を自陣の側に引き込もうと努めていることを窺わせるが、新羅の方は使者を派遣しており、百済の侵攻を受けている立場からも、倭国に積極的に接近しようとしていたと思われる。しかし、『書紀』敏達九年（五八〇）六月条あるいは十一年（五八二）十月条に「新羅遣二安刀奈末・失消奈末一進レ調。不レ納以還之」とあり(5)、後述のように、倭国は「任那」使の来朝という形式を重視しており、またここにはcのような「任那調」の貢上も明記されていないので、倭国は新羅単独の貢調を拒否する方針に出たようである。

　こうした状況の中で、『書紀』敏達十二年条に百済から日羅が来朝し、「任那復興」策の諮問に答えた旨が記されているのであるが、その検討は次節で行うことにし、ここではそれ以後の百済の動向の概観を先に済ませておくことにしたい。日羅献策以降の百済と倭国の通交の様子を知ることは、日羅献策の内容理解とも関わる百済の外交姿勢を整理する上で有益であると思われるからである。また「任那復興」に関連して倭国がとった方策については、第三節で考察を加えるので、以下では百済、そして新羅からの来朝記事を中心に掲げる(6)。

イ『書紀』敏達十三年（五八四）二月庚子条
　遣二難波吉士木蓮子使於新羅一、遂之二任那一。
ロ『書紀』敏達十三年九月条
　従二百済一来鹿深臣〈闕二名字一〉有二弥勒石像一軀一。佐伯連〈闕二名字一〉有二仏像一軀一。
ハ『書紀』崇峻即位前紀（五八七）六月是月条（六月甲子条に善信尼等「願向二百済一学二受戒法一」と見ユ）
　百済調使来朝。大臣謂二使人一曰、率二此尼等一将下渡二汝国一、令レ学二戒法一、了時発遣上。使人答曰、臣等帰レ蕃、先導二国王一、而後発遣、亦不レ遅也。
ニ『書紀』崇峻元年（五八八）是歳条

百済国遣二使并僧恵摠・令斤・恵寔等一、献二仏舎利一。百済国遣二恩率首信・徳率蓋文・那率福富味身等一、進レ調。
（中略・仏舎利、僧、技術者の献上）蘇我馬子宿禰請二百済僧等一、問二受戒之法一、以二善信尼等一付二百済国使恩率首信等一発遣学問。

ホ『書紀』推古三年（五九五）五月丁卯条

高麗僧慧慈帰化。則皇太子師レ之。是歳、百済僧慧聡来之。此両僧弘二演仏教一、並為二三宝之棟梁一。

ヘ『書紀』推古五年（五九七）四月丁丑朔条

百済王遣二王子阿佐一朝貢。

ト『書紀』推古五年十一月甲午条

遣二吉士磐金於新羅一。

チ『書紀』推古六年（五九八）四月条

難波吉士磐金至レ自二新羅一而献二鵲二隻一。乃俾レ養二於難波杜一。因以巣レ枝而産之。

リ『書紀』推古六年八月己亥朔条

新羅貢二孔雀一隻一。

ヌ『書紀』推古七年（五九九）九月癸亥朔条

百済貢二駱駝一匹・驢一匹・羊二頭・白雉一隻一。

ル『書紀』推古十年（六〇二）十月条

百済僧観勒来之。仍貢二暦本及天文地理并遁甲方術之書一也。（下略）

ヲ『書紀』推古十六年（六〇八）六月丙辰条

（上略）爰妹子臣奏之曰、臣参還之時、唐帝以レ書授レ臣。然経二過百済国一之日、百済人探以掠取。是以不レ得レ上。（下略）

ワ『書紀』推古十八年（六一〇）七月条

新羅使人沙喙部奈末竹世武与二任那使人喙部大舎首智買一到二于筑紫一。（↓九月条召、十月丙申条入京・丁酉条使旨奏上・乙巳条饗・辛亥条帰国）

カ『書紀』推古十九年（六一一）八月条

新羅遣二沙喙部奈末北叱智一、任那遣二習部大舎親智周智一共朝貢。

ヨ『書紀』推古二十年（六一二）是歳条

自二百済国一有二化来者一。（中略）仍令レ構二須弥山形及呉橋於南庭一。時人号二其人一曰二路子工一、亦名芝耆摩呂。又百済人味摩之帰化曰学二于呉一得二伎楽儛一。（下略）

タ『書紀』推古二十三年（六一五）七月条

犬上君御田鍬・矢田部造、至レ自二大唐一。百済使則従二犬上君一而来朝。

レ『書紀』推古二十四年（六一六）七月条

新羅遣二奈末竹世士一貢二仏像一。

ソ『書紀』推古二十九年（六二一）是歳条

新羅遣二奈末伊弥買一朝貢。仍以二表書一奏二使旨一。凡新羅上表、蓋始起二于此時一歟。

ツ『書紀』推古三十一年（三十年＝六二二）七月条

新羅遣二大使奈末智洗爾一、任那遣二達率奈末智一、並来朝。仍貢二仏像一具及金塔并舎利、且大灌頂幡一具・小幡十二条一。即仏像居二於葛野秦寺一、以二余舎利・金塔・灌頂幡等一皆納二于四天王寺一。是時大唐学問者僧恵済・恵光及医師恵日・福因等並従二智洗爾等一来之。於レ是、恵日等奏聞曰、留二于唐国一学者皆学以成レ業、応レ喚。且其大唐国者法式備定之珍国也、常須レ達。

ネ『書紀』舒明二年（六三〇）三月丙寅朔条

高麗大使宴子抜・小使若徳、百済大使恩率素子・小使徳率武徳共朝貢。（↓八月庚子条饗、九月丙寅条帰国）

ナ『書紀』舒明四年（六三二）八月条

大唐遣二高表仁一送二三田耜一、共泊二于対馬一。是時学問僧霊雲・僧旻及勝鳥養、新羅送使等従レ之。

ラ『書紀』舒明七年（六三五）六月甲戌条

百済遣二達率柔等一朝貢。（↓七月辛丑条饗）

ム『書紀』舒明十年（六三八）是歳条

百済、新羅・任那並朝貢。

ウ『書紀』舒明十一年（六三九）九月条

大唐学問僧恵隠・恵雲従二新羅送使一入京。

ヰ『書紀』舒明十二年（六四〇）十月乙亥条

大唐学問僧清安・学生高向漢人玄理伝二新羅一而至之。仍百済・新羅朝貢之使共従来之。則各賜二爵一級一。

まず百済使の来朝は舒明朝になると増加する（ネ・ラ・ム・ヰ）が、それまでは殆ど見られない（ハ・ニ・ヘ・ヌ）。この点は倭国から百済への遣使についても該当し、倭国の遣百済使は後述の『書紀』推古九年三月戊子条（史料r）だけに留まる。表13によると、舒明朝に入って、百済の新羅への侵攻が特に活発化した訳ではなく、既に推古朝から継続して侵攻が進められているので、この間、倭国と百済は政治・軍事面での連絡をあまり密にすることなく、各々の方策を展開していたことが予想されるのである。(7) 但し、仏教関係の交流（ロ・ハ・ニ・ホ）や技術者の来朝（ニ・ル・ヲ）という形で、百済から倭国への文物付与は維持されていると見ることができる。またヲによると、遣隋使小野妹子は帰路百済を経由して帰国したようであり、百済側でも倭国の外交方針に関心を持っていたと考えられており、『書紀』が「国書紛失」事件を描いたのであろう。(8)

一方、正式な遣使という形では、新羅の方が倭国と通交の意志を持っていたようである。但し、新羅使の来朝が増えるのは、倭国の遣隋使派遣以降であり、その遣隋使との関係の有無は第三節でまとめることにしたいと思う。こうした新羅の倭国への接近を見たためか、リ――ヌ、タ――レ、ウ――ヰ・ムなどでは、新羅と百済が競い合うように倭国への遣使を行っている様子が看取され、興味深い。また新羅の倭国への貢物としては、百済と同様、仏教関係のものが存し（レ）、「任那調」の貢上（ワ・カ・ツ・ム）、唐との関係の仲介（ツ・ナ・ウ・ヰ）(9) など、新羅が百済に代わる文物供給可能な国であることを示そうとしたものであったと言うことができよう。そのような新羅の行動に対抗して、百済もタ・ヰで隋・唐と倭国との仲介に努めようとしたのである。こうした百済、新羅の倭国との通交を背景として、『隋書』倭国伝の「新羅・百済皆以レ倭為二大国、多二珍物一、竝敬二仰之一、恒通レ使往来」という評言は、一応当時の様子を示したものと見ることができる訳である。(10)

以上を要するに、百済は直接的に倭国に軍事援助などを依頼することはなく、基本的には独力で新羅に侵攻し、「任那復興」を図ったのであった。但し、新羅が倭国に接近し、その援助を求めることは妨害せねばならず、倭国に文物を供給し、中国との通交を仲介できるのはあくまでも百済であることを示す必要があり、少なくとも倭国を自陣側に留めておく努力は行ったと見ることができる。表13に記したように、六二七年には新羅の要請で唐が百済に和親の説諭を行っているが、別稿でも述べた通り、この時期は唐も、また倭国も朝鮮半島情勢への決定的な介入には踏み切っていなかったと考える。そうした中で、百済の方策としては、他勢力の介存のない状態で、独自の「任那復興」＝旧加耶地域への侵攻・奪回を進めることであり、倭国との外交はその方針を維持する範囲に留まったとまとめることができよう。

では、こうした百済の動向、あるいは新羅の対倭外交に対して、倭国はどのような「任那復興」策を持っていたのであろうか。先に検討を保留した敏達十二年条の日羅献策から倭国の百済に対する評価を読み取り、次いで倭国の「任那復興」のあり方を考究することにしたい。

二　日羅献策

前節で概観した加耶滅亡から六四〇年頃までの倭国と百済の通交のあり方の中で、やや異彩を放つのが敏達十二年条の日羅献策である。ここではその内容を検討するとともに、これが当時の倭国の外交方策にどのような影響を与えたか、また倭国の百済観は如何であったかを考えることにしたい。

d『書紀』敏達十二年（五八三）七月丁酉朔条

詔曰、属二我先考天皇之世一、新羅滅二内官家之国一〈天国排開広庭天皇廿三年任那為二新羅所レ滅。故云三新羅滅二我内官家一也。〉。先考天皇謀レ復二任那一、不レ果而崩、不レ成二其志一。是以朕当下奉レ助二神謀一復中興任那上。今在二百済一火葦北国造阿利斯登子達率日羅賢而有レ勇、故朕欲下与二其人一相計上。乃遣三紀国造押勝与二吉備海部直羽嶋一喚二於百済一。

e『書紀』敏達十二年是歳条

(上略) 復遣二阿倍目臣・物部贄子連・大伴糠手子連一、而問二国政於日羅一。日羅対言、天皇所三以治二天下政一、要須レ護二養黎民一、何遽レ興レ兵、翻将二失滅一。故今合レ議者、仕二奉朝列一臣連二造〈二造者、国造・伴造也〉、下及二百姓一、悉皆饒富、令レ無レ所レ乏、如レ此三年、足レ食足レ兵、以レ悦使レ民、不レ懼レ水火一、同恤二国難一。然後多造二船舶一、毎レ津列置、使レ観二客人一、令レ生二恐懼一、爾乃以二能吏一、使二於百済一、召二其国王一。若不レ来者、召二其太佐平・王子等一、来即自然心生二欽伏一、後応レ問レ罪。又奏言、百済人謀言、有二船三百一、欲レ請二筑紫一。若其実請、宜二陽賜予一。然則百済欲二新造一レ国、必先以二女人・小子一、載レ船而至二国家一。望二於此時一、壱岐・対馬多置二伏兵一、候レ至而殺、莫二翻被一レ詐。毎二於要害之所一、堅築二壘塞一矣。(下略)

f『書紀』白雉二年(六五一)是歳条

新羅貢調使知万沙飡等、著二唐国服一、泊二于筑紫一。朝庭悪三恣移二レ俗、訶嘖追還。于レ時巨勢大臣奏請之曰、方今不レ伐二新羅一、於レ後必当レ有レ悔。其伐之状、不レ須二挙力一、自二難波津一、至二于筑紫海裏一、相接浮二盈艫舳一、召二新羅一、問二其罪一者可二易得一焉。

日羅献策に関わる史料はd・eで、dに記されているように、「任那復興」策を諮問するために、百済から倭系百済官僚である日羅を倭国に呼び寄せるというものである。[11] 但し、「百済国主奉レ惜二日羅一不レ肯二聴上一」(『書紀』敏達十二年十月条)、「百済国主奉レ疑二天朝一、奉レ遣レ臣後、留而弗レ還、所以奉レ惜、不二肯奉一レ進」(eの上略部分)と、百済の抵抗があり、日羅自身の呈した策略を使って、漸く来朝が実現したのであった。「任那復興」策の諮問に答えた日羅の献策は、後に詳しく見るように、百済に対する外交策を述べたものになっており、百済に不利なものであったためか、eの下略部分で日羅は同行した百済使に殺害されてしまうのである。

以上が日羅来朝の概要であるが、「任那復興」に際して対百済外交が諮問されるなど、やや理解し難い点も存し、この日羅献策の内容に踏み込んだ研究は少ないと言わねばならない[12]。そうした中で、まず西本昌弘氏は、eの要点を①俄に出兵せず、民政安定を図り、国力を充実する、②その後に多くの船舶を津毎に列置し、客人を恐懼させる、③さらに百済に能使を派遣して、百済王を召し、王が来ないなら、大佐平と王子を来貢させるとし、「任那復興」に協力的でない百済に圧力をかけて、百済との結合を深めつつ、「任那復興」を実現する方策であり、以後白村江の敗戦に至るまでの倭国の対百済外交を規定した重要な方策であったと見ている。そして、eのうち、③は皇極元・二年の百済王子翹岐（余豊璋）、大佐平智積の来日で実現され[13]、②の方策は史料fに受け継がれており、以後の外交事例とも合致しているという[14]。「「任那復興」に協力的でない百済」については、「任那の復興に協力的でない百済の罪。このころの百済は、任那の旧地を新羅から奪って自領を拡大することを目標としていた」とする解説も存するが[15]、「任那日本府」の存在や倭国による「任那」支配の事実に大いに疑問が呈されている今日にあっては[16]、前節でも整理したような、百済の「任那復興」の努力が、何故「罪」になるのかは、さらに説明が必要であろう。

次に金鉉球氏は、西本氏が言及していないeのもう一つの問題、即ち、百済の「新国」造りの解明を試みている[17]。eによると、百済は倭国の筑紫に「新国」造りを計画していたことが知られるが、「新国」は「任那」の移住民集団が造ろうとしたものであり、ヤマト王権に対して相対的な独立性を持っていた火葦北国（e下略部分には、日羅殺害犯人の引渡しを受け、火葦北国造が独自に処罰していることが見える）の性格から考えて、筑紫に「新国」を造ることで、ヤマト王権との関係を強化し、また筑紫へのヤマト王権の勢力拡張と先進文物の導入確保、そして、半島南部における百済の制海権保持などを目的としたという。この計画を支持したのは、親百済派で、東漢直などの渡来系集団を配下に置く蘇我氏であり、今回は敏達大王や物部氏の反対で実現しなかったが、物部守屋討滅後の『書紀』崇峻四年十一月壬午条～推古三年七月条の筑紫への駐屯は、百済の半島南海岸に対する制海権確保の援助と蘇我氏の筑紫支配強化を実現するものであって、「新国」造り計画の再現であったと述べられている。なお、この「新国」造り計画は倭国と百済の関係悪化の直接的契機であり、以後しばらく両国の通交が途絶する事象を説明できるとも指摘されている。

しかし、e上略部分で、日羅は「於二檜隈宮御寓天皇之世一、我君大伴金村大連奉二為国家一使二於海表一火葦北国造刑部靫部阿利斯登之子、臣達率日羅」と称しており、ヤマト王権の筑紫支配は磐井の乱後には確立していたと思われる。また『隋書』倭国伝には、隋使が倭に至る順路の国名・国数（十余国）を掲げた後に、「自二竹斯国一以東、皆附二庸於倭一」とあって、倭＝畿内ヤマト王権を中心として、外交権を奪われた小国＝国造が附庸する形で倭国が存立していると考えられているので、国造の独立性を過度に評価することはできない[18]。そして、「新国」造りは百済の計画であり、倭国内に百済の「新国」を設置することが何故蘇我氏の利害に合致するのか、蘇我氏独自の方法はなかったのかなど疑問が残り、何よりも百済の意図をもう少し具体的に明らかにする必要が感じられる[19]。

以上の見解をふまえて、私なりに日羅献策について考察を加えることにしたい。まず日羅献策の内容は大別して二つに分けることができる。

Ⅰ拙速な出兵を抑制し、民政安定・国力充実の上、船舶造営・毎津列置による脅迫によって、百済王または大佐平・王子の来日を促し、問責を行う。

Ⅱ百済の筑紫における「新国」造り計画に対しては、騙されたふりをして、女子・小子を受け入れ、壱岐・対馬に伏兵を潜ませて殺害する。

この献策に関連して、e下略部分では、日羅に同行した百済使一行が日羅を殺害したとあり、日羅献策に対する倭国の具体的行動は不明のままで終わってしまっている。このように概観すると、日羅献策は百済に不利益を齎すために、同行百済使が日羅殺害に及んだと理解されるのである。では、日羅献策は百済にどのような不利益を惹起するのであろうか。特にIに関して、百済が問責されねばならない事情はどこに存したのであろうか。

d・eの五八三年頃と言えば、百済は威徳王代であり、表13によれば、五七〇年代末の加耶奪回の動きは成功しなかったが、五七九年には二城を築いて新羅への圧迫を示していた時期である。隋の中国統一や朝鮮三国の隋への入貢と冊封体制の形成という新しい国際情勢の展開までにはまだしばらく間があり、百済は朝鮮半島で独自の動きをとり得たと思われる。前節で触れたように、史料aが百済の加耶奪回の意欲を示すものであるとすれば、あるいは倭国にも出兵要請がなされた可能性もある。とすると、Iの拙速な出兵抑制の指摘はこの時期の情勢に合致したものであり、倭国の百済援助の出兵を見合わせるようにとする日羅の勧告であったと理解される。そして、Iでは民政安定・国力充実に努めた上でなければ、倭国には百済を問責する力がないと見なされており、百済独自の「任那復興」の展開をすぐに止めるのは難しかったようである。

では、百済に対する問責の内容とは何であったのか。この点に関連して、六四二年義慈王が旧加耶地域の四〇余城を奪回した際の倭国との通交例を検討すると、次のような問題が存したことが知られる。

g『書紀』皇極二年（六四二）七月辛亥条

遣二数大夫於難波郡一検三校百済国調与二献物一。於レ是大夫問二調使一曰、所レ進国調欠二少前例一、送二大臣一物、不レ改二去年所レ還之色一、送二群卿一物、亦全不二将来一、皆違二前例一。其状何也。大使達率自斯・副使恩率軍善倶答諮曰、即今可レ備。自斯質達率武子之子也。

h『書紀』大化元年（六四五）七月丙子条

高麗・百済・新羅並遣レ使進レ調。百済調使兼二領任那使一、進二任那調一。（中略）又詔二於百済使一曰、明神御宇日本天皇詔旨、始二我遠皇祖之世一、以二百済国一為二内官家一、譬如二三絞之綱一。中間以二任那国一属二賜百済一、後遣二三輪栗隈君東人一観二察任那国堺一。是故百済王随レ勅悉示二其堺一、而調有レ闕。由レ是却二還其調一。任那所レ出物者、天皇之所二明覧一。夫自レ今以後、可四具題三国与二所レ出調一。汝佐平等、不レ易レ面来、早須二明報一。今重遣二三輪君東人・馬飼造一〈闕名〉。又勅可レ送二遣鬼部達率意斯妻子等一。

i　『書紀』大化二年（六四六）九月条

遣二小徳高向博士黒麻呂於新羅一而使レ貢レ質、遂罷二任那之調一〈黒麻呂更名玄理〉。

gの前提となる「去年所レ還之色」は該当記事がなく、hの「中間以二任那国一属二賜百済一、後遣二三輪栗隈君東人一観二察任那国堺一」の「中間」は、六四二年義慈王の旧加耶地域奪回を『書紀』の記述立場から表現したものであろうが、三輪栗隈君東人の遣使についても、所見記事が存在しない。ただ、皇極紀の対外関係記事には混乱が多いと言われており、(20)g・hの百済使来朝自体は認めてよいと思われるので、これらに依拠して考察を試みる。

h・iに窺われるように、「任那調」は旧加耶地域を領有している国から貢上されるのが原則であり、hで百済に「任那調」を要求しているので、iでは新羅に対して「任那調」貢上の停止と人質の派遣を命じたのであった。ちなみに、g末尾の「質達率武子」の存在から考えて、h・i以前においては、百済が人質の派遣を行っていたと考えられる。ところが、g・hによると、百済は必ずしも倭国が望むような量、形式での「任那調」を貢上しなかったようである。(21)これは「任那復興」を象徴する「任那調」徴収を第一に考えている倭国にとっては、是正されるべき事柄となった。とすると、日羅献策のIに関しても、五七〇年代末の侵攻で若干は「任那復興」の成果があった筈なのに、史料aの「進レ調多益二恒歳一」のような物実貢上を行わなかった百済の姿勢が問題とされ、それを問責・解決しないと、倭国の「任那復興」策が進展しないと目されたのではあるまいか。g・hを参考にして、Iの具体的問題を以上のように解してみたい。なお、後述の『書紀』推古三十一年是歳条でも、「百済是多二反覆一之国、道路之間尚詐レ之」という同様の問題が記されており、あるいは日羅献策に喚起された認識と見ることもできる。

次にⅡに関しては、別稿で指摘した、倭国の百済救援の際の筑紫地域の役割に留意したい。

j『書紀』雄略二十三年（四七九）四月条

百済文斤王薨。天皇以二昆支王五子中第二末多王幼年聡明一、勅喚二内裏一、親撫レ頭面誡勅慇懃、使レ王二其国一。仍賜二兵器一、并遣二筑紫軍士五百人一、衛二送於国一。是為二東城王一。

k『書紀』雄略二十三年是歳条

百済調賦益二於常例一。筑紫安致臣・馬飼臣等率二船師一以撃二高麗一。

l『書紀』欽明十五年（五五四）十二月条

（上略・聖王の上表）有至臣所二将来一民竹斯物部莫奇委沙奇能射二火箭一。蒙二天皇威霊一、以二月九日酉時一焚レ城抜レ之。故遣二単使一馳レ船奏聞。別奏、若但斯羅者、有至臣所レ将軍士亦可レ是矣。今狛与二新羅一同心戮レ力、難レ可レ成レ功。伏願速遣二竹斯嶋上諸軍士一、来二助臣国一。（中略・余昌の無謀な出兵）余昌遂見二圍繞一、欲レ出不レ得、士卒遑駭不レ知レ所レ図。有二能射人筑紫国造一、進而彎レ弓占擬、射二落新羅騎卒最勇壮者一。（下略・余昌の脱出）

m『書紀』欽明十七年（五五六）正月条

百済王子恵請レ罷。仍賜二兵仗・良馬一甚多。亦頻賞禄。衆所二欽歎一。於レ是遣二阿倍臣・佐伯連・播磨直一、率二筑紫国舟師一、衛二送達国一。別遣二筑紫火君一〈百済本記云、筑紫君児火中君弟〉率二勇士一千一衛二送弥氐一〈弥氐、津名〉。因令レ守二津路要害之地一焉。

j〜mによると、判明する規模はmの千人程度を最大限とするが、百済支援には、地理的条件もあってか、筑紫の軍隊が送られ、有効な働きをしたとする話が多い。1には射撃に優れた者がいたことが知られ、百済側からも「竹斯嶋上諸軍士」の来援が求められており、彼らに期待するところは大きかった。表13によると、Ⅱの「新国」造り計画が指摘された頃、百済の新羅への侵攻は記録されていないが、百済が基本的には軍事力を駆使して新羅から旧加耶地域を奪回しようとしていたことに変更はないと思われる。五七〇年代の侵攻が一段落つき、次なる展開を考える上で、j〜mのような筑紫の軍事力は是非とも入手したいものであり、Ⅱの筑紫の地の賜与要求、「新国」造りとは、こうした「竹斯嶋上諸軍士」の百済への編入を求めたものではないかと推定されるのである。上述のように、『隋書』倭国伝には、倭国は畿内ヤマト王権を中心に、小国＝国造のクニが附庸する形で存立していると見なされていたので、金鉉球氏が指摘される国造の独立性云々とは別の意味で、百済には筑紫が割譲を得るのに可能な地と映じていたのかもしれない。

以上を要するに、日羅献策は、加耶地域の奪回を百済の利益だけで進め、充分な「任那調」貢上を伴わない百済の「任那復興」のあり方に疑義を示したものであり、合せて百済の軍事力強化のための筑紫への「新国」造り計画に対する対応を示唆したのであった。前節で概観したように、確かにこれ以後の百済と倭国の通交は、仏教を中心とする文物の交流が中心となり、「任那復興」云々はあまり表面に出てこないように思われる。その点からも、日羅献策はこの時期の倭国と百済の関係に一定の影響を与えたものであったと見ることもできる。では、倭国は如何にして「任那復興」を進めようとしていたのであろうか。「汝須㆘打㆓新羅㆒、封㆗建任那㆖」という欽明の遺詔（『書紀』欽明三十二年四月壬子条）、「不㆑可㆑違㆓背考天皇勅㆒、可㆑勤㆓修乎任那之政㆒也」という敏達の遺詔（敏達十四年三月丙戌条）など歴代の大王の死去の場面から見て、「任那復興」は倭国にとっても代々の外交課題であった筈である。次に百済との対照の意味からも、倭国の「任那復興」の方策を検討することにしたい。

三　倭国の外交方策と東アジア情勢の推移

欽明、敏達の「任那復興」の遺詔をうけて、史料の上で倭国の「任那復興」に関わる行動が現れるのは、六世紀末～七世紀の崇峻・推古朝においてであり、ここではこの時期を中心に倭国の「任那復興」の様相を考究することにしたい。但し、『書紀』推古八年二月条・是歳条の出兵記事については、神功皇后の新羅征討の物語と似た叙述、あまりに簡単に新羅王を降伏させたとする点など、史実とは考え難いとされており、同三十一年是歳条の出兵↓新羅・「任那」使の来朝中止も、史料ツの事実と齟齬するので、やはりそのままには認められない(22)。したがってこれらに関しては、その出兵の事実を疑う立場で臨むことにする。

n『書紀』崇峻四年（五九一）八月条

天皇詔二群臣一曰、朕思三欲建二任那一、卿等何如。群臣奏言、可レ建二任那官家一、皆同二陛下所一レ詔。

o『書紀』崇峻四年十一月壬午条

差二紀男麻呂宿禰・巨勢猿臣・大伴囓連・葛城烏奈良臣一為二大将軍一、率二氏々臣連一、為二裨将部隊一、領二万余軍一、出二居筑紫一。遣二吉士金於新羅一、遣二吉士木蓮子於任那一、問二任那事一。

p『書紀』崇峻五年（五九二）十一月丁未条

遣二駅使於筑紫将軍所一曰、依二於内乱一、莫レ怠二外事一。

q『書紀』推古三年（五九五）七月条

将軍等至レ自二筑紫一。

r『書紀』推古九年（六〇一）三月戊子条

遣大伴囓連于高麗一、遣二坂本臣糠手于百済一、以詔之曰、急救二任那一。

s『書紀』推古九年十一月甲申条

議レ攻二新羅一。

t『書紀』推古十年（六〇二）二月己酉朔条

来目皇子為下撃二新羅一将軍上、授二諸神部及国造・伴造等并軍衆二万五千人一。

u『書紀』推古十年四月戊申朔条

将軍来目皇子到二于筑紫一、乃進二屯嶋郡一、而聚二船舶一運二軍粮一。

v『書紀』推古十年四月己酉条

大伴連囓・坂本臣糠手共至レ自二百済一。是時、来目皇子臥レ病以不レ果二征討一。

n〜q、r〜vは倭国の「任那復興」の具体的行動を示す事例である。前者は蘇我馬子による崇峻大王の弑殺、後者は将軍来目皇子の死去（推古十一年二月丙子条）、次いで起用された当麻皇子の妻の死去（七月丙午条）などの事情があり、いずれも明確な成果（「任那」使来朝、「任那調」貢上等）を上げないままに終っている。但し、n・sに記されているように、「任那復興」を目的としたものであることが明示されており、二万人以上の軍隊（o・t）が派遣されるというものであった。そして、両者ともに筑紫に軍隊が駐留しているが、渡海してはいないことに注意しておきたい。ともに事情があって中止という形で終了しているのであるが、当初から渡海の予定はなかったのではないかと見られる。oでは軍隊がいきなり発進するのではなく、筑紫に駐留して、それを背景に新羅・「任那」に使者を派遣しており、おそらくは軍事力を示した上で、新羅・「任那」使の来朝、「任那調」の貢上＝「任那復興」を得るのが目的であったと思われるのである。後者についても、vで高句麗・百済に派遣した使者が帰国するのを待っており、また将軍の死去などのやや消極的な理由で中止に至っていることから見ても、やはり渡海の意図はなかったと考えておきたい。

以上を要するに、倭国の「任那復興」の方策は、大規模な軍隊を筑紫に派遣・駐留し、その軍事力を背景に新羅・「任那」の使者来朝を促し、「任那調」貢上を確保しようとするものであったのである。この方法は対象こそ百済と新羅・「任那」という違いはあるが、前節で見た日羅献策のIに合致し、また同様の方法はfでも主張されており、少なくとも加耶地域滅亡後、日羅献策を取り入れた倭国の基本的な手法になったのではないかと推定される。ところが、本節冒頭で述べた推古三十一年是歳条の軍事を除くと、この二例以後、このような「任那復興」策の発動は見られない。推古三十一年是歳条の出兵を認める立場からは、これ以後に朝鮮半島に対する軍事行動が見えないのは、遣隋使の派遣による隋との通交が始まる時期であり、半島問題の解決を隋との交渉に求めた厩戸皇子の外交政策が優勢になったためであって、厩戸皇子死後に再び軍事力によって半島問題を解決しようとする動きが現れるとされている(23)。では、推古三十一年是歳条の軍事を認めないとすれば、遣隋使や表13の半島情勢などを併考した倭国の「任那復興」策の評価は如何であろうか。

まずn～qに関しては、崇峻弑殺ですぐ中止になった訳でなく、五九五年になって漸く撤退している（q）ことに注目したい。この点に関しては、崇峻弑殺後の混乱を収め、推古即位・蘇我馬子の権力確立までの間、oに見られるような中央有力豪族を筑紫にくぎづけにしておく必要があったという内政上の要請もあったかもしれないが、五九四年に新羅が隋に朝貢し、その冊封下に入ったこととの関連を指摘する見解が有力であると思われる(24)。とすると、倭国の行動には決して東アジアの国際関係の動静と無関係なものではなかったことがわかる。

次にr〜vについても、rでは高句麗・百済に使者を派遣しており、表13の六〇二年の百済の新羅への侵攻、そして、六〇三年高句麗の新羅の北漢山城攻撃（『三国史記』高句麗本紀嬰陽王十四年条・新羅本紀真平王二十五年八月条）との連繫が想定される。(25) また前掲史料ヘ・ト・チに関して、百済主導で進められた新羅侵攻策の存在と王子派遣による重要案件への対処が窺われるとして、今回の筑紫への出兵・駐留を半島での百済の出兵を支援したものとする見方も示されている。(26) したがって今回の「任那復興」は半島での百済・高句麗の新羅への侵攻に乗じたものであり、特に六〇二年八月に百済の侵攻が撃退され、表13によると、百済の侵攻が隋の高句麗征伐に乗じて展開される六一一年以降まで鎮静化すると、倭国の筑紫への出兵・駐留も効果がなく、中止に至ったと考えることができるのではあるまいか（その他、『隋書』倭国伝に記された六〇〇年の遣隋使がいつ帰国したかが不明であるが、国家体制の不備を認識したことも出兵中止の要因と考えられる）。つまり前節で見たように、百済に対しては不信感もあったが、百済の「任那復興」の動きに連動して、倭国が新羅・「任那」使の貢調を促し、倭国独自の「任那復興」をも実現しようとする方策がとられたと見るのである。

以上、倭国が日羅献策のⅠに準拠して、二度の「任那復興」を試みたが、いずれも東アジアの国際情勢に規制され、中止に至った様子を見た。ところが、六〇七年、六〇八年の遣隋使派遣後、史料ワ・カによると、六一〇年、六一一年と連年の新羅・「任那」使来朝があり、倭国の「任那復興」の主張が実現している。この点に関しては、前述の厩戸皇子の遣隋使派遣・隋との交渉による「任那復興」の達成への方策転換の成果と考えるよりは、六〇七年、六〇八年頃から見える高句麗による百済・新羅攻撃、隋に高句麗征討を要請せざるを得なかった新羅の窮状があり、新羅としては「任那調」を貢納することで、倭国の支援を求めねばならない状況に追い込まれたためと見なす方がよいであろう。ただ、倭国が遣隋使を派遣し、隋を中心とする東アジアの秩序に関係を持とうとしたことは、新羅が倭国を依存可能な国と解し、接近を行う大きな契機になったと評価することはできる。

隋の高句麗征伐に伴う東アジアの国際情勢は、新羅の倭国への接近、「任那調」貢上という外交形式の確保を齎しただけでなく、第一節で整理したように、その新羅との対抗上、百済の来朝を促し、さらには隋と対立する高句麗からの接触を得ることもできた（『書紀』推古二十六年（六一八）八月癸酉朔条、史料ネなど）。また高句麗とは、『書紀』推古三年五月丁卯条の慧慈、同三十三年正月戊寅条の恵灌など、仏教を介した交流も存した。『隋書』倭国伝に、

其国書曰、日出処天子、致㆓書日没処天子㆒、無㆑恙云云。帝覧㆑之不㆑悦。謂㆓鴻臚卿㆒曰、蛮夷書 有㆓無礼者㆒、勿㆓復以聞㆒。

と記されながら、六〇八年に隋使裴世清が倭国に派遣されたのは、高句麗征伐発動のため、東方世界の秩序維持の目的があったとされており(27)、倭国の存在は一つの焦点になっていた。即ち、以上のような東アジアの国際関係の均衡の上に、倭国は朝鮮三国から通交を受け入れ、特に新羅が置かれた苦しい立場により、「任那調」の貢上、「任那復興」という外交課題は一応遂げられたかに見えるのである。

但し、如述のように、これは倭国の主体的な「任那復興」策の発動によるものではなかった。また「任那復興」の方法についても、日羅献策Ⅰ以外の意見が存したようである。『書紀』推古三十一年是歳条の軍事が造作記事であることは先述の通りであるが、史料ツの存在以外にも、史料ソに記されているように、新羅は上表文奉呈の外交形式を整備しており、また表13に見るように、この時期は百済の侵攻が続いているので、新羅の側から倭国の意に反する行動をとることはなかったと思われることも論拠とすることができよう。したがってこの推古三十一年是歳条の利用は慎重を期する必要があるが、一応『書紀』編者の当時の外交のあり方に関する理解は窺えるものであり、また具体的な人名に各々の意見が付されているので、国内的にはこうした論争があったことを想定してもよいのではないかと考

える。

以上の条件の下に、『書紀』推古三十一年是歳条を見ると、そこには「任那復興」の二つの立場が描かれている。

w『書紀』推古三十一年（三十か＝六二三）是歳条

新羅伐二任那一、任那附二新羅一。於レ是天皇将レ討二新羅一、謀及二大臣一詢二于群卿一。田中臣対曰、不レ可二急討一。先察レ状以知レ逆、後撃レ之不レ晩也。請試遣レ使覩二其消息一。中臣連国曰、任那是元我官家、今新羅人伐而有レ之。請戒二戎旅一、征二伐新羅一、以取二任那一附二百済一、寧非レ益レ有二于新羅一乎。田中臣曰、不レ然。百済是多二反覆一之国、道路之間尚詐レ之。凡彼所レ請皆非レ之。故不レ可レ附二百済一。則不レ果レ征焉。（下略）

wのうち、田中臣の見解はこれまで見てきた日羅献策Ⅰを基本とする立場で、今回も新羅・「任那」への遣使が行われることになった。一方、中臣連国の意見は、半島への出兵・倭国の武力による「任那」奪回、そしてその後は「任那」を百済に付与し、百済から「任那調」を得るという構想であり、これは五六二年加耶滅亡以前に優勢であった百済支援策の系譜を引く立場と位置づけることができよう。w下略部分では、一旦は田中臣の方策により遣使が行われたが、新羅・「任那」使が来朝する前に、出兵強行がなされ、両国使の来朝が中止になったと記されており、中臣連国の立場も一定の支持を得ていたことが窺われる。この架空の軍事に参加したのは、

大将軍…大徳境部臣雄摩侶、小徳中臣連国

副将軍…小徳河辺臣禰受・物部依網連乙等・波多臣広庭・近江脚身臣飯蓋・平群臣宇志・大伴連・大宅臣軍

となっており、蘇我氏の一族を始めとして、中央有力豪族も多く見られる。但し、蘇我氏がこの立場一辺倒であった訳ではなく、田中臣は別の立場を主張している。また大臣蘇我馬子自身も一旦は田中臣の意見を支持しながら、最終的は中臣連国の出兵策に傾いたと描かれており、この二つの立場のどちらをとるべきかは大いに迷うところがあった

ようである。

上述のように、この段階では朝鮮三国の勢力均衡の上に立って、日羅献策Ⅰに基づく外交政策がとられていたと考えるが、東アジアの国際情勢が変化した時に、もう一つの外交方策がどのように顕現するかは、次の段階での検討課題となろう。

むすび

本章では五六二年加耶地域の新羅への併呑後の、倭国と百済の「任那復興」策のあり方や倭国の外交基調などに考察を加えた。両国の外交方策は、
百済…新羅への侵攻↓旧加耶地域の奪回＝「任那復興」

倭国…新羅と交渉↓「任那」使の来朝、「任那調」の獲得＝「任那復興」

と、「任那復興」の手段・内容を異にしている。こうした中で、倭国は倭系百済官僚日羅の献策に基づく対百済策、それを応用した対新羅策による「任那復興」の実現に努めようとした。但し、倭国の外交は充分な成果を上げることができず、結局は隋の高句麗征伐、朝鮮三国の抗争と勢力均衡という新たな東アジアの国際情勢の展開によって、新羅・「任那」使の貢調、そしてやや政治的関係が薄れていた百済、また新たな高句麗との関係の構築が実現したと評価されるのである。

ところが、六四二年百済義慈王の旧加耶地域奪回が遂げられると、倭国と百済の「任那復興」は合致を見ることになる。百済は旧加耶地域の領有により「任那復興」を達成し、倭国は百済の旧加耶地域領有を支持した上で、従前か

ら関係の深い百済から「任那調」貢上の維持を期待することが可能になったのである。但し、史料hによると、乙巳の変後の政権も百済の「任那調」貢上方法に注文をつけており、即wのもう一つの外交方策が適用され、単純な百済への全面的依拠となった訳ではないことには留意しておく必要があろう。

したがって朝鮮三国の均衡の上に立って、武力を背景とした脅しを含む新羅との交渉や不信感を持ちながらも百済との関係維持を図るという方策が継続されたものと考えられ、それが六六〇年百済の滅亡によって崩れ、百済全面支援、白村江への道をとるにはもう一段階の国際情勢の変化を待たねばならなかったのである。その際、親新羅・唐に踏みきれなかった原因としては、百済との通交の維持、そして別稿で述べたように、新羅との新たな外交関係の形成が不充分であったことが想定され、その背景として、本章で対象とした時期のやや曖昧な外交方策の展開があったのではないかと思われる。

註

（1）加耶地域の歴史については、鈴木靖民他『任那はなぜほろんだか』（大和書房、一九九八年）、田中俊明『大加耶連盟の興亡と「任那」』（吉川弘文館、一九九二年）、拙著『東アジアの動乱と倭国』（吉川弘文館、二〇〇六年）などを参照。

（2）拙著『「白村江」以後』（講談社、一九九八年）。以下、別稿はこれを指す。

（3）研究史は、西本昌弘「東アジアの動乱と大化改新」（『日本歴史』四六八、一九八七年）を参照。

（4）鈴木英夫『古代の倭国と朝鮮諸国』（青木書店、一九九六年）第九章。以下、「任那調」の理解はこれに依拠する。

（5）日本古典文学大系『日本書紀』下（岩波書店、一九六五年）一四一頁頭注は同事重出とする。

（6）『書紀』舒明三年三月庚申朔条「百済王義慈入二王子豊章一為レ質」は、西本昌弘「豊璋と翹岐」（『ヒストリア』一〇七、一九八五年）により、豊璋の来朝を皇極元・二年頃と見るので、除外しておいた。

(7) 史料ハについては、六月甲子条で善信尼等が「願向二百済一学二受戒法一」と言ったところ、すぐ百済使が来朝したように記してあり、やや話がうますぎるようにも思われる。またニも仏教関係の交流であり、ハ・ニの「百済調使」の来朝は外交課題云々とは直接関係しないと見なしたい。なお、ヘに関しては、後述のように、政治・軍事との関連があったかもしれない。

(8) 堀敏一「日本と隋・唐両王朝との間に交わされた国書」(『東アジアのなかの古代日本』研文出版、一九九八年)二一一頁〜二一二頁は、正式の国書は隋使裴世清が持参していた筈であるが、唐代の例から考えて、妹子個人への隋帝の勅があってもおかしくなく、その中に煬帝の不快感が示されていたのかもしれないと述べ、それ故に百済人に奪取されたと偽ったのか、あるいは妹子宛の勅がなかったとしたら、裴世清の国書提出を妨げようとした妹子の行動が失敗したことを示すのかという考え方を示唆されている。但し、川本芳昭「隋書倭国伝と日本書紀推古紀の記述をめぐって」(『史淵』一四一、二〇〇四年)が指摘するように、ここの「書」は倭国の「無礼」を教諭した文書の謂であり、小野妹子はこれが倭国の朝廷に披露されると、自分の使命達成に齟齬が生じるので、強奪を口実に報告しなかったのではないか、また朝廷もそれを是としたのではないかと解するのがよいと思われる。

(9) 田村円澄「新羅送使考」(『朝鮮学報』九〇、一九七九年)。

(10) 黒田裕一「推古朝における「大国」意識」(『国史学』一六五、一九九八年)は、「大国」とは礼的秩序を形成し得る国のことであり、倭国は冠位十二階、楽、迎接儀礼などの整備によって、「大国」の地位を承認されたとする。但し、隋側の意図としては、後述の対高句麗戦を考慮して、倭の「大国」的構造を認めた上で、朝鮮半島を含む東方世界を隋の礼的秩序社会に編入する政治目標があったという。

(11) 倭系百済官僚の存在については、金鉉球『大和政権の対外関係研究』(吉川弘文館、一九八五年)、李永植『加耶諸国と任那日本府』(吉川弘文館、一九九三年)などを参照。

(12) 鬼頭清明「推古朝をめぐる国際的環境」(『日本古代国家の形成と東アジア』校倉書房、一九七六年)は、日羅の物語は官の記録に出たものではなく、その詳細は信じ難いが、大要は古い伝承をもとにしているらしいと述べるものの、その内容の検討は行われていない。

(13) 皇極紀の百済使については、西本註(6)論文を参照。

(14) 西本註(3)論文。
(15) 日本古典文学大系『日本書紀』下（岩波書店、一九六五年）一四五頁頭注。
(16) 井上秀雄『任那日本府と倭』（東出版寧楽社、一九七三年）、鈴木註(4)書、金註(11)書、李註(11)書など。
(17) 金註(11)書第一編第三章。
(18) 拙稿「評の成立と評造」（『古代郡司制度の研究』吉川弘文館、二〇〇〇年）、「評司・国造とその執務構造」（『東洋大学文学部紀要』史学科篇三〇、二〇〇五年）など。
(19) その他、八木淳「『日本書紀』と余昌」（『古代史の研究』一〇、一九九五年）は、日羅の百済に対する不信は、日羅あるいは彼に代表される倭系百済官僚の考え方であって、ヤマト王権の対百済観ではないとする。そして、日羅が百済に不信を抱くのは、百済の「任那復興」が百済のためのものであり、彼が期待するヤマト王権のための「復興」ではないことにあったと述べるが、やはりここでもそれが何故ヤマト王権に不都合なのかの説明が不足している。また八木氏は「任那」に対するヤマト王権の既得権の存在を前提としているらしく、それを前提とする「ヤマト王権のための復興」という見方には従い難い。
(20) 西本註(6)論文。
(21) その他、『書紀』仁徳四十一年三月条「遣二紀角宿禰於百済一、始分二国郡壃場一、具録二郷土所レ出一」、神功即位前紀の新羅が「封二図籍一降二於王船之前一」、「収二図籍一降二於日本国一」と記されている例も、倭国の「調」徴収方法の認識を窺わせる。
(22) 三品彰英「聖徳太子の任那対策」（『聖徳太子論集』平楽寺書店、一九七一年）、鬼頭(12)論文、鈴木註(4)書第九章など。なお、新川登亀男『日本古代文化の構想』（名著刊行会、一九九四年）一〇六頁～一〇七頁は、『書紀』推古三十一年是歳条について、六四二年の百済による旧加耶地域奪回以前に生じた事態の記録に基づき、推古三十一年七月条の新羅側の画期的な模索と企図の始まりを補強するために編述されたものであり、「大臣」は本来は蝦夷で、舒明朝の出来事であった可能性を示唆している。
(23) 三品註(22)論文、井上光貞「推古朝外交政策の展開」（『聖徳太子論集』平楽寺書店、一九七一年）など。
(24) 井上註(23)論文、堀敏一「隋代東アジアの国際関係」（註(8)書）。

(25) 井上註(23)論文、三品註(22)論文、鬼頭註(12)論文、小田富士雄「海北道中」(『古代を考える沖ノ島と古代祭祀』吉川弘文館、一九八八年)など。
(26) 鈴木註(4)書二五六頁〜二五七頁。
(27) 黒田註(10)論文、堀註(24)論文一四〇頁〜一四三頁など。

第五章　「海北」から「西」へ
——倭国の朝鮮諸国認識と国家体制の転換——

はじめに

四七八年、倭王武は中国南朝の宋に遣使して、讃・珍・済・興の歴代、武と合せて倭の五王と称される五世紀の倭王たちと同様に、自らに対する官爵の除正を求めた。その際に捧呈した上表文では、武は倭国の歴史を次のように述べている（『宋書』倭国伝）。

自レ昔祖禰、躬擐二甲冑一、跋二渉山川一、不レ遑二寧処一。東征二毛人一五十五国、西服二衆夷一六十六国、渡平二海北一九十五国。

倭の五王は代々安東（大）将軍号を除正されているが、高句麗王の征東（大）将軍・寧東将軍、百済王の鎮東（大）将軍・征東大将軍・寧東大将軍・綏東大将軍・撫東大将軍などと同様に、この「東」は中国から見て東に存する朝鮮諸国や倭国に東方の安寧維持を託したものであり、宋を起点とする方位を示している。一方、『宋書』倭国伝には、「珍又求レ除二正倭隋等十三人平西・征虜・冠軍・輔国将軍号一、詔竝聴」とあり、倭隋が授与された平西将軍は西方の平定を託された称号であって、これは倭王の所在地を起点としたものであったと考えられる(1)。

倭王武の上表文の東・西も倭国の版図の東・西であり、倭王武＝記紀の雄略天皇に相当するワカタケル大王に関わる金石文として、埼玉県行田市稲荷山古墳出土鉄剣銘、熊本県玉名郡和水町江田船山古墳出土大刀銘が存し、東国から杖刀人、九州の地からは奉事典曹人という形で各地の豪族がヤマト王権に奉仕していることが知られるので、「東征二毛人一五十五国、西服二衆夷一六十六国」は実態を伴う表現であったと言えよう。但し、それは武力によって領土的平定を行ったことを意味するのではなく、各豪族の自立的支配を保持しながら、ヤマト王権の構成員として、自主的に王権運営に参画させることができるようになったという形態においてである。(2)

では、「渡平二海北一九十五国」は如何であろうか。この「海北」は後掲の『日本書紀』（以下、『書紀』と略称）の用例から見て、朝鮮半島を指すものと考えることができる。朝鮮半島を倭国の「北」とする意識は、『三国志』魏志烏丸鮮卑東夷伝倭人条（魏志倭人伝）に「従レ郡至レ倭、循二海岸一水行、歴二韓国一、乍南乍東、到二其北岸狗邪韓国一、七千余里、始度二一海一千余里、至二対馬国一」とあることによっても裏付けられる（韓伝には「南与レ倭接」とある）。倭の五王、例えば武は使持節都督倭・新羅・任那・加羅・秦韓・慕韓六国諸軍事安東大将軍倭王の如き除正を受けており、半島南部の軍事権を付与されていた。任那は広開土王碑文にも「任那加羅」として登場する地域で、加耶地域南部の金官国、加羅は加耶地域北部の高霊（大加耶）、秦韓・慕韓は辰韓・馬韓で、新羅や百済にまだ編入されていない独立した地域を指すものと思われる。(3)

但し、「都督……諸軍事」は軍事権の承認を示すだけで、民政権は含まれていなかったことには留意する必要がある。(4)つまり倭国がその地域を領土的に支配していたかどうか、民政権を要求できるような支配を行っていたかどうかは全く別問題なのであり、倭国内の東・西の平定と同様、「渡平二海北一九十五国」も要請可能な軍事権の委任を求めた地域を示すもので、倭国とともに対高句麗戦を遂行する基盤として設置されたと解することができよう。

「海北」には特定の海の「北」という方位観が窺われるが、(5)当時の倭王の所在地、畿内大和を中心とする立場からはこうした観念は生じ得ないと思われる。一方、後代の事例になるが、例えば六世紀中葉に百済から仏教が伝来した時、『書紀』欽明十三年（五五二）十月条には、「西蕃献仏相貌端厳」、「西蕃諸国一皆礼之」と、朝鮮諸国を「西」と見なす方位観が示されている。こうした「海北」意識の生成、「海北」と「西」の時代差如何、「西」意識の成立過程はどうなっているのだろうか。

以下、本章ではこの朝鮮諸国に対する倭国の二つの方位観を手がかりに、倭国の外交政策や国家体制、特に軍事編成のあり方の変化、また対外認識の問題を検討することにしたい。中国史書では七世紀末の状況として『旧唐書』劉仁軌伝に「陛下若欲レ殄二滅高麗一、不レ可レ棄二百済土地一。余豊在レ北、余勇在レ南。百済・高麗、旧相党援。倭人雖レ遠、亦相影響」とあり、「扶余勇者、扶余隆之弟也。是時走在二倭国一」と説明されているから、倭国が朝鮮半島の南、朝鮮半島は倭国の北であるという認識は変わらなかったと思われる。「海北」と「西」は倭国の朝鮮諸国認識に関わる論点と位置づけることができるのである。

一　「海北」と「西蕃」

ここではまず日本側の古文献、記紀を中心に「海北」や「西」の用例を探り、その特徴を検討する糸口としたい。

01 『書紀』神代上・瑞珠盟約段第三の一書

（上略、瀛津島姫命（市杵島姫命）・湍津姫命・田霧姫命の誕生）即以二日神所レ生三女神一者、使レ降二居于葦原中国之宇佐島一矣。今在二海北道中一、号曰二道主貴一。此筑紫水沼君等祭神是也。

02 『書紀』神代上・瑞珠盟約段第一の一書（参考）

（上略）乃以二日神所レ生三女神一令レ降二於筑紫洲一。因教之曰、汝三女神宜下降二居道中一奉レ助二天孫一而為中天孫所上レ祭也。

03『書紀』崇神六十五年（紀元前三三？）七月条

任那國遣二蘇那曷叱知一令二朝貢一也。任那者、去二筑紫國一二千餘里、北阻レ海以在二鶏林之西南一。

04『書紀』神功皇后摂政前紀仲哀天皇九年（二〇〇？）十月辛丑条

（上略）是以、新羅王常以二八十船之調一、貢二于日本國一、其是之縁也。於レ是、高麗・百濟二國王、聞下新羅收二圖籍一降中於日本國上、密令レ伺二其軍勢一、則知レ不レ可レ勝。自來二于營外一、叩頭而款曰、從レ今以後、永稱二西蕃一、不レ絶二朝貢一。故因以定二内官家一。是所謂之三韓也。皇后從二新羅一還之。

05『古事記』中巻仲哀段（神功記）

其大后息長帯比売命者、当時帰レ神。故、天皇坐二筑紫之訶志比宮一、将レ撃二熊曾国一之時、天皇控二御琴一而、建内宿禰大臣居二於沙庭一、請二神之命一。於レ是、大后帰レ神、言教覚詔者、西方有レ国。金銀為レ本、目之炎耀、種々珍宝、多在二其国一。我今帰二賜其国一。尓、天皇答白。登二高地一見二西方一者、不レ見二国土一、唯有二大海一。謂為二詐神一而、押二退御琴一不レ控、黙坐。（中略）尓、順風大起、御船従レ浪。故、其御船之波瀾、押二騰新羅之国一、既到二半国一。於レ是、其国王畏惶奏言。自レ今以後、随二天皇命一而、為二御馬甘一毎年双船、不レ乾二船腹一、共レ与二天地一、無レ退仕奉。故、是以、新羅国者、定二御馬甘一、百済国者、定二渡屯家一。（下略）

06『書紀』神功皇后摂政四十六年（二四六＋一二〇→修正紀年三六六）三月乙亥朔条

遣二斯摩宿禰于卓淳國一〈斯麻宿禰者。不レ知二何姓人一也〉。於レ是、卓淳王末錦旱岐告二斯摩宿禰一曰、甲子年（三六四年）七月中、百濟人久氐・彌州流・莫古三人到二於我土一曰、百濟王聞三東方有二日本貴國一、而遣二臣等一令レ朝二其貴國㆒。故求㆓道路㆒以至㆓于斯土㆒。若能教㆓臣等㆒令㆑通㆓道路㆒、則我王必深徳㆓君王㆒。時謂㆓久氏等㆒曰、本聞㆓東有㆒貴國㆒、然未㆓曾有㆑通、不㆑知㆓其道㆒。唯海達㆓浪嶮㆒、則乘㆓大船㆒僅可㆑得㆑通。若雖㆑有㆓路津㆒、何以得㆑達耶。（下略）

07『書紀』神功皇后摂政四十九年（二四九＋一二〇→三六九＋六〇→四二九カ）三月条

以㆓荒田別・鹿我別㆒爲㆓將軍㆒、則與㆓久氏等㆒共勒㆑兵而度之、至㆑卓淳國㆒、將㆑襲㆓新羅㆒。（中略・加耶地域七国等の平定）時百濟王盟之曰、若敷㆑草爲㆑坐、恐見㆓火燒㆒。且取㆑木爲㆑坐、恐爲㆑水流、故居㆓磐石㆒而盟者、示㆓長遠之不朽㆒者也。是以自㆑今以後、千秋萬歳、無㆑絶無㆑窮、常稱㆓西蕃㆒、春秋朝貢。則將㆓千熊長彦㆒、至㆓都下㆒厚加㆓禮遇㆒。亦副㆓久氏等㆒、而送之。

08『書紀』神功皇后摂政五十年（二五〇＋一二〇→三七〇）五月条

千熊長彦・久氏等至㆑自㆓百濟㆒。於㆑是、皇太后歡之問㆓久氏㆒曰、海西諸韓既賜㆓汝國㆒、今何事以頻復來也。（下略）

09『書紀』神功皇后摂政五十一年（二五一＋一二〇→三七一）三月条

（上略）即年以㆓千熊長彦㆒、副㆓久氏等㆒遣㆓百濟國㆒。因以垂㆓大恩㆒曰、朕從㆓神所㆑驗、始開㆓道路㆒、平㆓定海西㆒、以賜㆓百濟㆒。今復厚結㆑好、永寵賞之。是時百濟王父子、並顙致㆑地、啓曰、貴國鴻恩重㆓於天地㆒、何日何時敢有㆑忘哉。聖王在㆑上、明如㆓日月㆒。今臣在㆑下、固如㆓山岳㆒、永爲㆓西蕃㆒、終無㆓貳心㆒。

10『書紀』神功皇后摂政五十二年（二五二＋一二〇→三七二）九月丙子条

久氏等從㆓千熊長彦㆒詣之。則獻㆓七枝刀一口・七子鏡一面及種種重寶㆒。仍啓曰、臣國以西有㆑水。源出㆑自㆓谷那鐵山㆒。其邈七日行之不㆑及。當㆘飮㆓是水㆒、便取㆓是山鐵㆒、以永奉㆗聖朝㆖。乃謂㆓孫枕流王㆒曰、今我所㆑通海東貴國、是天所㆑啓。是以垂㆓天恩㆒、割㆓海西㆒而賜㆑我。由㆑是國基永固。汝當善脩㆓和好㆒、聚㆓斂土物㆒、奉貢不㆑絶。雖㆑死何恨。自㆑是後、每年相續朝貢焉。

11『書紀』雄略九年（四六五）三月条

天皇欲三親伐二新羅一。神戒二天皇一曰、無レ往也。天皇由レ是不レ果レ行。乃勅二紀小弓宿禰・蘇我韓子宿禰・大伴談連〈談。此云二箇陀利一〉・小鹿火宿禰等一曰、新羅自居二西土一、累葉稱レ臣、朝聘無レ違、貢職允濟。（下略）

12『書紀』欽明五年（五四四）二月条

（上略・日本府の河内直らの行為を非難）汝等來二住任那一、恒行二不善一。任那日損、職汝之由。汝是雖レ微、譬猶下小火燒二焚山野一、連中延村邑上、由二汝行一レ惡、當レ敗二任那一。遂使下海西諸國官家、不上得三長奉二天皇之闕一。今遣二奏天皇一、乞下移二汝等一、還中其本處上。（下略）

13『書紀』欽明五年三月条

（上略）今的臣・吉備臣・河内直等、咸從二移那斯・麻都指撝一而已。移那斯・麻都、雖二是小家微者一、專擅二日本府之政一。又制二任那一、障而勿レ遣。由レ是不レ得三同計奏二答天皇一。故留二己麻奴跪一〈蓋是津守連也〉、別遣三疾使迅如二飛鳥一、奉二奏天皇一。假使下二人〈二人者移那斯與二麻都一也〉在二於安羅一、多行中奸佞上、任那難レ建。海西諸國、必不レ獲事。伏請移二此二人一、還二其本處一。（下略）

14『書紀』欽明九年（五四八）四月甲子条

百濟遣二中部杆率掠葉禮等一奏曰、徳率宣文等奉レ勅至二臣蕃一曰、所レ乞救兵應レ時遣送、祇承二恩詔一、喜慶無レ限。然馬津城之役〈正月辛丑、高麗卒レ衆圍二馬津城一〉虜謂之曰、由下安羅國與二日本府一招來勸罰上、以レ事准況、寔當相似。然三廻欲レ審二其言一遣レ召、而並不レ來、故深勞念。伏願、可畏天皇〈西蕃皆稱二日本天皇一爲二可畏天皇一〉、先爲二勘當一、暫停二所レ乞救兵一、待二臣遣一レ報。（下略）

15『書紀』欽明天皇十三年（五五二）十月条

百濟聖明王〈更名聖王〉、遣二西部姫氏達率怒唎斯致契等一、獻二釋迦佛金銅像一軀・幡蓋若干・經論若干卷一、別表讃二流通禮拜功徳一云、（中略）是日、天皇聞已歡喜踊躍、詔二使者一云、朕從レ昔來未三曾得二聞如レ是微妙之法一、然朕不二自決一。乃歴二問群臣一曰、西蕃獻佛相貌端嚴、全未二曾看一、可レ禮以不。蘇我大臣稻目宿禰奏曰、西蕃諸國一皆禮レ之、豐秋日本豈獨背也。（下略）

16『書紀』欽明十五年（五五四）十二月条

百濟遣二下部杆率汶斯干奴一上レ表曰、百濟王臣明及在二安羅一諸倭臣等・任那諸國旱岐等奏、以斯羅無レ道、不レ畏二天皇一、與レ狛同レ心欲レ殘二滅海北彌移居一。臣等共議遣二有至臣等一仰乞二軍士一、征二伐斯羅一。而天皇遣二有至臣一帥レ軍以二六月一至來。臣等深用歡喜、以二十二月九日一遣レ攻二斯羅一。臣先遣二東方領物部莫哥武連一、領二其方軍士一攻二函山城一。有至臣所二將來一民竹斯物部莫奇委沙奇能射二火箭一。蒙二天皇威靈一、以二月九日酉時一焚レ城拔レ之。故遣二單使一馳レ船奏聞。別奏、若但斯羅者、有至臣所レ將軍士亦可レ足矣。今狛與二斯羅一、同レ心戮レ力、難レ可レ成レ功。伏願速遣二竹斯嶋上諸軍士一、來二助臣國一。又助二任那一、則事可レ成。又奏、臣別遣二軍士萬人一助二任那一、并以奏聞。今事方急、單船遣奏。（中略・百済聖明王の敗死）餘昌遂見二圍繞一、欲レ出不レ得。士卒遑駭不レ知レ所レ圖。有二能射人筑紫國造一、進而彎レ弓占擬、射二落新羅騎卒最勇壯者一、發レ箭之利通二所レ乘鞍前後橋一、及二其被甲領會一也。復續發レ箭如レ雨、彌厲不レ懈、射二却圍軍一。由レ是、餘昌及諸將等得下從二間道一逃歸上。餘昌讃二國造射二却圍軍一、尊而名曰二鞍橋君一〈鞍橋、此云二矩羅賦一〉。於レ是、新羅將等具知二百濟疲盡一、遂欲二謀滅無レ餘。有二一將一云、不レ可。日本天皇以二任那事一、屢責二吾國一、況復謀レ滅二百濟官家一、必招二後患一。故止之。

17『書紀』欽明二十二年（五六一）是歳条

復遣二奴氏大舍一獻二前調賦一。於二難波大郡一序二諸蕃一。掌客額田部連・葛城直等使レ列二于百濟之下一而引導。大舍怒還不レ入二館舎一、乗レ船歸至二穴門一。於レ是、脩二治穴門館一。大舎問曰、爲二誰客一造。工匠河内馬飼首押勝欺紿曰、遣レ問二西方無レ禮使者之所レ停宿處也。大舎還レ國告二其所レ言。故新羅築二城於阿羅波斯山一、以備二日本一。

18『書紀』欽明二十三年（五六二）六月条
詔曰、新羅西羌小醜、逆レ天無レ状、違二我恩義一、破二我官家一毒二害我黎民一、誅二殘我郡縣一。（下略）

19『書紀』推古十六年（六〇八）九月辛巳条（参考）
唐客裴世清罷歸。則復以二小野妹子臣一爲二大使一、吉士雄成爲二小使一、福利爲二通事一、副二于唐客一而遣之。爰天皇聘二唐帝一、其辭曰、東天皇敬白二西皇帝一、使人鴻臚寺掌客裴世清等至、久憶方解。季秋薄冷。尊何如。想清悆、此即如レ常。今遣二大禮蘇因高・大禮乎那利等一往上、謹白不具。（下略）

20『書紀』白雉五年（六五四）七月丁酉条（参考）
西海使吉士長丹等、共二百濟・新羅送使一泊二于筑紫一。

21『書紀』白雉五年七月是月条（参考）
褒下美西海使等奉二對唐國天子一、多得中文書寶物上。授二小山上大使吉士長丹一以二小華下一、賜二封二百戸一、賜レ姓爲二呉氏一。授二小乙上副使吉士駒一以二小山上一。

22『書紀』斉明二年（六五六）是歳条
西海使佐伯連栲繩〈闕二位階級一〉・小山下難波吉士國勝等、自二百濟一還獻二鸚鵡一隻一。

23『書紀』斉明三年（六五七）是歳条
西海使小華下阿曇連頰垂・小山下津臣傴僂〈傴僂。此云二倶豆磨一〉、自二百濟一還獻二駱駝一箇・驢二箇一。

24『書紀』斉明四年（六五八）是歳条

又西海使小花下阿曇連頬垂自二百濟一還言、百濟伐二新羅一還時馬自行二道於寺金堂一、晝夜勿レ息、唯食レ草時止〈或本云、至二庚申年一、爲二敵所一レ滅之應也〉。

25『書紀』斉明六年（六六〇）七月乙卯条

高麗使人乙相賀取文等罷歸。又都眦羅人乾豆波斯達阿欲レ歸二本土一、求二請送使一曰、願後朝二於大國一、所以留レ妻爲レ表。乃與二數十人一入二于西海之路一。（下略）

26『書紀』斉明七年（六六一）正月壬寅条

御船西征、始就二于海路一。

27『書紀』天智元年（六六二）四月条（参考）

鼠産二於馬尾一。釋道顯占曰、北國之人將レ附二南國一、蓋高麗破而屬二日本一乎。

周知のように、『日本書紀』は様々な原史料を素材に編纂されたものであり、朝鮮諸国との通交に関しては、四・五世紀については「百済記」、五世紀後半の一時期に「百済新撰」、六世紀の「任那問題」に関わる部分は「百済本記」が利用されている。[6]朝鮮諸国を「西蕃」、「西方」とする史料04・06〜10・11は百済記、12〜15は百済本記に依拠した記述と見ることができよう。この百済三書の成立時期や特色については、「三書の原形は百済の記録または史籍であるが、七世紀後半の亡命百済人が、それをもとにして改めて編纂し、書紀の修史局に提出した。それぞれ特定の時代を対象とし、日本にとって不利なことを削り自己の立場を擁護する種々の変改・潤色がある」とする見解が有力であると思われる。[7]「日本」、「天皇」の語は七世紀後半〜末葉に成立したものであり、[8]「貴国」という共通する用語にもその一端を窺うことが可能であろう。

こうした中では、史料16はその時代から言えば、百済本記に依拠した記事と位置づけられるものであるが、「斯羅」

（新羅）、「狛」（高麗）、「在二安羅一諸倭臣等」（日本府）、また「竹斯嶋」（筑紫島）、「有致臣」（内臣）などの表記（丸括弧内は通常の表記）には、百済本記の原形に近い文章が残されていることが示唆されている。史料16は百済の聖明王が対新羅戦で敗死する過程を伝える長文に亘るもので、その前半部分にはこうした様態が看取できるが、後半部分は百済王子余昌の突出と聖明王死去の場面で、用語も異なり、百済本記が大幅に改変されているのではないかと評されている。(9) この前半部分に「海北」の語が登場し、「彌移居」（官家）の用字もまた百済系史料本来のものであると考えられる。

「海北」の語が『書紀』に見える初例は史料01である。史料01・02はアマテラスとスサノヲの誓約（ウケヒ）の結果誕生した宗像三女神の安置に関わる記事で、『古事記』、『書紀』本文では宗像君の奉祀する神であることが一致している。史料01で水沼君が奉祀者となっているのは、六世紀前半に起きた磐井の乱後に筑紫君葛子が宗像に近い糟屋屯倉を献上したことから、元来有明海を利用していた水沼君（筑後国三潴郡が本拠）による宗像奉斎が一時強まったことを示すもの、(10) あるいは『肥前国風土記』基肄郡姫社郷条には、荒神鎮撫のために「筑前国宗像郡人珂是古」を招聘し、神祭を行わせたという伝承が存するので、ヤマト王権の力を背景に宗像神が有明海方面に展開し、蛇身をした女神であるミヌマの神と宗像神の親近性によって、水沼君も宗像神奉祀を行ったことを窺わせるものとする見解などが呈されている。(11) 但し、宗像三神の鎮座地が福岡県沖ノ島と宗像神社の所在地であったことはまちがいなく、(12) 筑前国宗像郡の郡領氏族宗像君（朝臣）がその奉斎を中心的に担当してきたのである。(13)

史料01・02の「道中」・「道主貴」は特定の「道」を指すものであり、史料01の「海北道中」はやはり朝鮮半島に至る経路を示す表現と解することができよう。(14) 史料03によると、南部加耶諸国の最有力国である「任那国」（=大駕洛、金官国）(15) は筑紫の「北」に所在するとされており、この「海北」は筑紫を起点とする特定の「海」の「北」、その

「道中」を指示する呼称と見なされる。「海北」の用例は以上の三例に留まるが[16]、『書紀』には「海表」、「海表諸蕃」などの語が散見している。

a『書紀』清寧三年（四八二）十一月是月条
海表諸蕃並遣レ使進レ調。

b『書紀』清寧天皇四年（四八三）正月丙辰条
宴二海表諸蕃使者於朝堂一、賜レ物各有レ差。

c『書紀』清寧天皇四年九月丙子朔条
天皇御二射殿一。詔二百寮及海表使者一射、賜レ物各有レ差。

d『書紀』継体六年（五一二）十二月条
（上略・「任那四県」の割譲）廼以二物部大連麁鹿火一充二宣レ勅使一。物部大連方欲下發二向難波館一宣中勅於百濟客上、其妻固要曰、夫住吉大神、初以二海表金銀之國、高麗・百濟・新羅・任那等一、授二記胎中譽田天皇一。故大后氣長足姫尊、與二大臣武内宿禰一、毎レ國初置二官家一、爲二海表之蕃屏一、其來尚矣。抑有レ由焉。縦削賜レ他違二本區域一、綿世之刺詎離二於口一。（中略・麁鹿火の辞退）乃遣二日鷹吉士一、改宣二百濟客一。（下略）

e『書紀』継体二十三年（五二九）四月戊子条
任那王己能末多干岐來朝〈言二己能末多一者。蓋阿利斯等也〉、啓二大伴大連金村一曰、夫海表諸蕃、自三胎中天皇置二内官家一不レ棄二本土一、因封二其地一良有レ以也。今新羅違二元所レ賜封限一、數越レ境以來侵。請奏二天皇一救二助臣國一。
大伴大連依レ乞奏聞。

f『書紀』宣化元年（五三六）五月辛丑朔条

詔曰、食者天下之本也、黄金萬貫不レ可レ療レ飢、白玉千箱何能救レ冷。夫筑紫國者遐邇之所二朝届一、去來之所二關門一。是以海表之國候二海水一以來賓、望二天雲一而奉レ貢、自二胎中之帝一洎二于朕身一。収二藏穀稼一、蓄二積儲粮一、遥設二凶年一、厚饗二良客一、安レ國之方、更無レ過レ此。（下略）

g『書紀』欽明十四年（五五三）八月丁酉条

百濟遣二上部奈率科野新羅・下部固徳汶休帶山等一上レ表曰、去年臣等同議、遣二内臣徳率次酒・任那大夫等一、奏二海表諸彌移居之事一、伏待二恩詔一如三春草之仰二甘雨一也。今年忽聞、新羅與二狛國一通謀云、百濟與二任那一頻詣二日本一、意謂是乞二軍兵一伐二我國一歟。事若實者、國之敗亡可三企踵而待一。庶先日本兵未レ發之間、伐二取安羅一絶二日本路一、其謀若レ是。臣等聞レ茲深懷三危懼一、即遣二疾使輕舟一、馳レ表以聞。伏願、天慈速遣二前軍後軍一、相續來救、逮二于秋節一以固二海表彌移居一也。若遲晩者噬レ臍無レ及矣。所レ遣軍衆來二到臣國一、衣糧之費、臣當二充給一。來二到任那一亦復如レ是。若不レ堪レ給、臣必助充令レ無二乏少一。別的臣敬受二天勅一、來撫二臣蕃一、夙夜乾乾勤二修庶務一。由レ是海表諸蕃皆稱二其善一、謂當三萬歳肅二清海表一。不レ幸二云亡一、深用追痛、今任那之事誰可二修治一。伏願天慈速遣二其代一、以鎭二任那一。又復海表諸國、甚乏二弓馬一。自レ古迄レ今、受二之天皇一、以禦二強敵一。伏願天慈多貺二弓馬一。

h『書紀』敏達十二年（五八三）是歳条

（上略・日羅を招聘）是時日羅被レ甲乘レ馬到二門底下一、乃進二廳前一進退跪拜歎恨而曰、於二檜隈宮御寓天皇之世一、我君大伴金村大連奉二爲國家一使二於海表一火葦北國造刑部靭部阿利斯登之子、臣達率日羅、聞二天皇召一恐畏來朝。

（下略）

i『書紀』推古十六年（六〇八）八月壬子条

召二唐客於朝庭一、令レ奏二使旨一。時阿倍鳥臣・物部依網連抱二人爲二客之導者一也。於レ是、大唐之國信物置二於庭中一。

時使主裴世清親持レ書、兩度再拜言二上使旨一而立。其書曰、皇帝問二倭皇一、使人長吏大禮蘇因高等至具レ懷。朕欽承二寶命一臨二仰區宇一、思下弘二徳化一覃中被含靈上、愛育之情無レ隔二遐邇一。知下皇介二居海表一撫二寧民庶一、境内安樂、風俗融和上。深氣至誠、達脩二朝貢一、丹款之美、朕有レ嘉焉。稍暄比如レ常也。故遣二鴻臚寺掌客裴世清等一、稍宣二往意一、并送レ物レ如レ別。（下略）

「海表」は『書紀』諸本の古訓では「ワタノホカ」とあり、漢語の意味としては海外を示すもののようである（史料i）。但し、a～hは朝鮮諸国を指す表現に他ならず、「海表」もまた特定の「海」の「表」であった。この「表」字については、神代上・四神出生段の住吉大神誕生の場面には底筒男命・中筒男命・表筒男命が登場しており、「表」は「ウハ」と訓じられている。「表」には「おもて」・「外」の意がある。結局のところ、「海表」は「海外」の意に他ならないことになるが、外国を「海」に関わらせて表現するのは倭国ならではのものと言えよう。

以上の朝鮮諸国を「海北」とする意識に対して、これを「海西」・「西蕃」などと「西」と位置づける用例が多く存する。史料16の「海北彌移居」に対して、同じ欽明紀には「海西諸国官家」（史料12）の表現も見えている。「海北」の用例が少ないので、確言できないが、「はじめに」で触れた『宋書』倭国伝も含めて、「海北」の事例は六世紀中葉の欽明朝頃で見えなくなるのに対して、中国・朝鮮諸国を「西」とする意識は史料19～26の七世紀においても多く使用されていることがわかる。神代紀・神功紀などで新羅を「金銀之国」・「財国」と評するのは、七世紀後半～末葉の天武・持統朝における新羅使の頻繁な来航と金銀・珍宝の献上の事実（『書紀』天武八年十月甲子条、十年十月乙酉条、朱鳥元年四月戊子条、持統二年二月辛卯条など）に依拠したものと考えられ、神功皇后の「三韓征討」伝承も七世紀後半の斉明女帝による百済救援の出兵を反映した要素が大きいとされている。[17]

上述のように、七世紀以前の事例で朝鮮諸国を「西」と意識するもの（史料04・06～11、12～15）は百済系史料に依拠した記述と考えられるが、その部分には七世紀以降の知識によって潤色を受けている用語が存する。とすると、この「西」の意識は七世紀以降において成立したものと推定することができるのではあるまいか。史料20〜24の「西海使」は中国・朝鮮諸国双方に使用されているが、これらの国々を「西」と認識する視点は、史料03の筑紫を起点とする方位観ではなく、史料26の難波から瀬戸内海を経て、西方に向かう、つまり畿内を起点とする方位観に依拠しているのである。ちなみに、『隋書』倭国伝には大業三年（六〇七）の遣使の際に、倭国は「聞㆔海西菩薩天子重興㆓仏法㆒」、「我聞、海西有㆓大隋礼義之国㆒」と述べたといい、中国・朝鮮諸国を「西」とする意識の確実な初見はこのあたりに求めることができよう。

　以上、本節では「海北」と「西蕃」その他の「西」の意識を検討し、「海北」の方は五・六世紀に使用された語で、「西」は七世紀以降に成立する方位観ではないかと整理してみた。また「海北」が筑紫を起点とする視点であるのに対して、「西」は畿内から西行するという認識に基づくものであると見ることができ、その起点が異なっている点にも留意しておきたい。では、このような方位観の変化はどのような事柄に起因するのであろうか。四〜七世紀の倭国の外交関係、特に朝鮮諸国の動向をめぐる東アジア情勢への対応のあり方については、拙著『東アジアの動乱と倭国』（吉川弘文館、二〇〇六年）で概括的理解を示しているので、そちらを参照していただくことにして、以下では倭国の外交政策の推移に関連して、上述の課題に接近する事柄として、いくつかの論点を探求することにしたい。

二　「竹斯嶋上諸軍士」の派遣から国造軍へ

史料04・07の如き、年代や内容に問題のある出兵記事を措くとして、倭国から朝鮮半島に派遣される兵力の構成を調べてみると、筑紫の豪族が参加している事例が多く存する。今、係年に問題があるものも含めて、兵力構成・規模がわかる史料を掲げると、次のようになる。

28『書紀』神功皇后摂政六十二年（二六二＋一二〇→三八二＋六〇→四四二ヵ）条

新羅不レ朝。即年遣二襲津彦一撃二新羅一。〈百濟記云、壬午年、新羅不レ奉二貴國一。貴國遣二沙至比跪一令レ討レ之。新羅人荘二餝美女二人一、迎二誘於津一。沙至比跪受二其美女一、反伐二加羅國一。加羅國王己本旱岐及兒百久至・阿首至・國沙利・伊羅麻酒・爾納至等、將二其人民一、來奔二百濟一。百濟厚遇之。加羅國王妹既殿至、向二大倭一啓云、天皇遣二沙至比跪一、以討二新羅一。而納二新羅美女一捨而不レ討、反滅二我國一。兄弟人民皆爲二流沈一、不レ任二憂思一。故以來啓。天皇大怒、既遣二木羅斤資一、領二兵衆一來二集加羅一、復二其社稷一。一云、沙至比跪知二天皇怒一、不二敢公還一、乃自竄伏。其妹有下幸二於皇宮一者上、比跪密遣二使人一問二天皇怒解不一。妹乃託レ夢言、今夜夢、見二沙至比跪一。天皇大怒云、比跪何敢來。妹以二皇言一報之。比跪知レ不レ免、入二石穴一而死也。〉

29『書紀』応神三年（二七二＋一二〇→三九二）是歳条

百濟辰斯王立之、失二禮於貴國天皇一。故遣二紀角宿禰・羽田矢代宿禰・石川宿禰・木菟宿禰一、嘖二讓其无禮狀一。由レ是、百濟國殺二辰斯王一以謝之。紀角宿禰等便立二阿花一爲レ王而歸。

30『書紀』応神十四年（二八三＋一二〇→四〇三）是歳条

弓月君自二百濟一來歸。因以奏之曰、臣領二己國之人夫百廿縣一而歸化。然因二新羅人之拒一、皆留二加羅國一。爰遣二葛城襲津彦一、而召二弓月之人夫於加羅一。然經二三年一而襲津彦不レ來焉。

31『三国史記』百済本記腆支王即位前紀（四〇五年）

腆支王〈或云直支〉、梁書名映。阿莘之元子。阿莘在位第三年立為二太子一、六年出質二於倭国一。十四年王薨、王仲弟訓解摂政以待二太子還レ国。季弟碟礼殺二訓解一自立為レ王。腆支在レ倭、聞レ訃哭泣、請レ帰。倭王以二兵士百人一衛送。既至二国界一、漢城人解忠来告曰、大王弃レ世、王弟碟礼殺レ兄自王。願太子無二軽入一。腆支留二倭人一自衛、依二海島一以待之。国人殺二碟礼一迎二腆支一即レ位。（下略）

32『書紀』応神十六年（二八五＋一二〇↓四〇五）八月条

遣二平群木菟宿禰・的戸田宿禰於加羅一。仍授二精兵一詔之曰、襲津彦久之不レ還、必由二新羅人拒一而滞之。汝等急往之撃二新羅一披二其道路一。於レ是、木菟宿禰等進二精兵一莅二于新羅之境一。新羅王愕之服二其罪一。乃率二弓月之人夫一、與二襲津彦一共來焉。

33『書紀』仁徳十七年（三二九＋一二〇↓四四九？）条

新羅不二朝貢一。秋九月、遣二的臣祖砥田宿禰・小泊瀬造祖賢遺臣一、而問二闕貢之事一。於レ是、新羅人懼之、乃貢二献調絹一千四百六十疋及種種雑物并八十艘一。

34『書紀』仁徳五十三年（三六五？）条

新羅不二朝貢一。夏五月、遣二上毛野君祖竹葉瀬一、令レ問二其闕貢一。是道路之間獲二白鹿一、乃還之献二于天皇一、更改レ日而行。俄且重遣二竹葉瀬之弟田道一、則詔之曰、若新羅距者擧レ兵撃之。仍授二精兵一。新羅起レ兵而距之。爰新羅人日日挑レ戰、田道固レ塞而不レ出。時新羅軍卒一人有レ放二于營外一、則掠俘之。因問二消息一、對曰、有二強力者一、曰二百衝一、輕捷猛幹、毎爲二軍右前鋒一、故伺之撃レ左則敗也。時新羅空レ左備レ右。於レ是、田道連二精騎一撃二其左一。新羅軍潰之。因縱レ兵乘之、殺二數百人一、即虜二四邑之人民一以歸焉。

35『書紀』雄略八年（四六四）二月条

（上略・新羅と高句麗の対立）於レ是、新羅王夜聞二高麗軍四面歌儛一、知三賊盡入二新羅地一、乃使二人於任那王一曰、高麗王征二伐我國一、當二此之時若二綴旒一。然國之危殆過二於累一レ卵、命之脩短大所レ不レ計。伏請二救於日本府行軍元帥等一。由レ是、任那王勸二膳臣斑鳩一〈斑鳩、此云二伊柯屢餓一〉・吉備臣小梨・難波吉士赤目子、往救二新羅一。膳臣等未レ至營止、高麗諸將未下與二膳臣等一相戰上皆怖。膳臣等乃自力勞レ軍、令二軍中一促爲二攻具一急進攻之、與二高麗一相守十餘日。乃夜鑿レ險爲二地道一、悉過二輜車一設二奇兵一、會明、高麗謂、膳臣等爲レ遁也、悉レ軍來追、乃縱二奇兵一、步騎夾攻、大破之。二國之怨自レ此而生〈言二二國一者、高麗・新羅也〉。膳臣等謂二新羅一曰、汝以二至弱一當二至強一、官軍不レ救、必爲レ所レ乘、將レ成二人地一殆二於此役一。自レ今以後、豈背二天朝一也。

36 『書紀』雄略二十三年（四七九）四月条

百濟文斤王薨。天皇以二昆支王五子中、第二末多王幼年聰明一、勅喚二內裏一、親撫レ頭面誡勅慇懃、使レ王二其國一。仍賜二兵器一、并遣二筑紫國軍士五百人一、衞二送於國一。是爲二東城王一。

37 『書紀』雄略二十三年（四七九）是歳条

百濟調賦益二於常例一。筑紫安致臣・馬飼臣等、率二船師一以擊二高麗一。

38 『書紀』継体六年（五一二）四月丙寅条（参考）

遣二穗積臣押山一使二於百濟一。仍賜二筑紫國馬卅匹一。

39 『書紀』継体九年（五一五）二月是月条

到二于沙都嶋一、傳聞、伴跛人懷レ恨銜レ毒、恃レ強縱レ虐。故物部連率二舟師五百一、直詣二帶沙江一。文貴將軍自二新羅一去。

40 『書紀』継体二十一年（五二七）六月甲午条

近江毛野臣率二衆六萬一、欲下往二任那一爲二復興建新羅所レ破南加羅・喙己呑一而合中任那上。於レ是、筑紫國造磐井陰謨二叛逆、猶豫經レ年、恐二事難レ成恒伺二間隙一。新羅知レ是、密行二貨賂于磐井所一、而勸レ防二遏毛野臣軍一。於レ是、磐井掩二據火豐二國一、勿レ使レ修レ職。外邀二海路一誘二致高麗・百濟・新羅・任那等國年貢職船一、内遮下遣二任那一毛野臣軍上。亂語揚言曰、今爲二使者一、昔爲二吾伴一、摩レ肩觸レ肘共レ器同レ食、安得率爾爲レ使俾三余自二伏爾前一。遂戰而不レ受、驕而自矜。是以、毛野臣乃見二防遏中途一淹滯。天皇詔二大伴大連金村・物部大連麁鹿火・許勢大臣男人等一曰、筑紫磐井反掩、有二西戎之地一。今誰可レ將者。大伴大連等僉曰、正直仁勇通二於兵事一、今無レ出二於麁鹿火右一。天皇曰、可。

41 『書紀』欽明九年（五四八）十月条

遣二三百七十人於百濟一助レ築二城於得爾辛一。

42 『書紀』欽明十五年（五五四）正月丙申条

百濟遣二中部木劦施徳文次・前部施徳曰佐分屋等於筑紫一、諮二内臣佐伯連等一曰、徳率次酒・杆率塞敦等以二去年閏月四日一到來云、臣等〈臣等者、謂二内臣一也〉、以二今年正月一到。如此導而未レ審、來不也。又軍數幾何。願聞二若干一、預治二營壁一。別諮、方奉二聞可畏天皇之詔一、來二詣筑紫一看二送賜軍一、聞レ之歡喜無二能比者一。此年之役甚危二於前一。願遣二賜軍一使レ逮二正月一。於レ是、内臣奉レ勅而答報曰、即令レ遣二助軍數一千、馬一百疋、船卌隻一。

43 『書紀』欽明十五年（五五四）五月戊子条

内臣率二舟師一詣二于百濟一。

44 『書紀』欽明十七年（五五六）正月条

百濟王子惠請レ罷。仍賜二兵仗・良馬一甚多。亦頻賞祿。衆所二欽歎一。於レ是、遣二阿倍臣・佐伯連・播磨直一、率二筑紫國舟師一、衛送レ達レ國。別遣二筑紫火君一〈百濟本記云、筑紫君兒、火中君弟〉率二勇士一千一衛二送彌氐一〈彌氐、津名〉、因令レ守二津路要害之地一焉。

45『書紀』欽明二十三年（五六二）七月是月条

遣二大將軍紀男麻呂宿禰一、將レ兵出二哆唎一、副將河邊臣瓊缶出二居曾山一、而欲レ問下新羅攻二任那一之状上。遂到二任那一、以二薦集部首登弭一、遣二於百濟一、約二束軍計一。登弭仍宿二妻家一、落二印書・弓箭於路一。新羅具知二軍計一、卒起二大兵一、尋屬二敗亡一、乞降歸附。（中略）新羅更擧二白旗一投レ兵降首、河邊臣瓊缶元不レ曉レ兵、對二擧白旗一空爾獨進。新羅闘将曰、將軍河邊臣今欲レ降矣。乃進レ軍逆戰、盡レ鋭遄攻破之、前鋒所レ傷甚衆。倭國造手彦自知レ難レ救、棄レ軍遁逃。新羅闘將手持二鉤戟一、追至二城洫一、運レ戟擊之、手彦因レ騎二駿馬一超二渡城洫一、僅以レ身免。闘將臨二城洫一而歎曰、久須尼自利〈此新羅語未レ詳也〉。於レ是。河邊臣遂引レ兵退急營二於野一。於レ是、士卒盡相欺蔑、莫レ有二遵承一。闘將自就二營中一悉生二虜河邊臣瓊缶等及其隨婦一。于レ時父子夫婦不レ能二相恤一。闘將問二河邊臣一曰、汝命與レ婦孰與尤愛。答曰、何愛二一女一以取レ禍乎、如何不レ過レ命也。遂許爲レ妾。闘將遂於二露地一奸二其婦女一。婦女後還、河邊臣欲二就談一之、婦人甚以慚恨而不レ隨曰、昔君輕賣二妾身一、今何面目以相遇、遂不二肯言一。是婦人者坂本臣女、曰二甘美媛一。同時所レ虜調吉士伊企儺、爲レ人勇烈、終不二降服一。新羅闘將拔レ刀欲レ斬、逼而脱レ褌、追令下以二尻臀一向二日本一大號叫中〈叫、咷也〉曰、日本將嚙二我臗脽一。即號叫曰、新羅王啗二我臗脽一。雖レ被二苦逼一、尚如レ前叫。由レ是、見レ殺。其子舅子亦抱二其父一而死。伊企儺辭旨難レ奪皆如レ此。由レ此特爲二諸將帥一所二痛惜一。其妻大葉子亦並見レ禽、愴然而歌曰、（下略）

46『書紀』欽明二十三年（五六二）八月条

天皇遣二大將軍大伴連狹手彦一、領二兵數萬一伐二于高麗一。狹手彦乃用二百濟計一、打二破高麗一。其王踰レ墻而逃、狹手彦遂乘レ勝以入レ宮、盡得二珍寶貨賂七織帳・鐵屋一還來〈舊本云、鐵屋在二高麗西高樓上一。織帳張二於高麗王内寢一〉。

以二七織帳一奉二獻於天皇一。以二甲二領・金飾刀二口・銅鏤鍾三口・五色幡二竿・美女媛〈媛名也〉并其從女吾田子一、送二於蘇我稲目宿禰大臣一。於レ是、大臣遂納二二女一以爲レ妻居二輕曲殿一。〈鐵屋在二長安寺一、是寺不レ知レ在二何國一。一本云、十一年大伴狹手彦連共二百濟國一駈二却高麗王陽香於比津留都一。〉

47『書紀』崇峻四年（五九一）十一月壬午条

差二紀男麻呂宿禰・巨勢臣比良夫・狹臣・大伴囓連・葛城烏奈良臣一、爲二大將軍一率二氏氏臣連一爲二裨將部隊一、領二二萬餘軍一、出二居筑紫一。遣二吉士金於新羅一、遣二吉士木蓮子於任那一、問二任那事一。

48『書紀』推古八年（六〇〇）是歳条

命二境部臣一爲二大將軍一、以二穗積臣一爲二副將軍一〈並闕レ名〉、則將二萬餘衆一、爲二任那一擊二新羅一。於レ是、直二指新羅一、以泛レ海往之、乃到二于新羅一攻二五城一而拔。於レ是、新羅王惶之、擧二白旗一到二于將軍之麾下一、而立割二多多羅・素奈羅・弗知鬼・委陀・南加羅・阿羅々六城一以請レ服。時將軍共議曰、新羅知レ罪服之、強擊不レ可、則奏上。爰天皇更遣二難波吉師神於新羅一、復遣二難波吉士木蓮子於任那一、並検二校事狀一。爰新羅・任那二國遣レ使貢レ調、仍奏レ表之曰、天上有レ神、地有二天皇一、除二是二神一、何亦有レ畏乎。自レ今以後、不レ有二相攻一、且不レ乾二般柁一、每レ歳必朝。則遣レ使以召二還將軍一、將軍等至レ自二新羅一。即新羅亦侵二任那一。

49『書紀』推古十年（六〇二）二月己酉朔条

來目皇子爲下擊二新羅一將軍上、授二諸神部及國造・伴造等并軍衆二萬五千人一。

50『書紀』推古三十一年（三〇＝六二三ヵ）是歳条

（上略）爰遣二吉士磐金於新羅一、遣二吉士倉下於任那一、令レ問二任那之事一。時新羅國主遣二八大夫一、啓二新羅國事於磐金一、且啓二任那國於倉下一。因以約曰、任那小國、天皇附庸、何新羅輙有レ之。隨常定二內官家一。願無レ煩矣。則遣二奈末智洗遲一、副二於吉士磐金一、復以二任那人達率奈末遲一、副二於吉士倉下一、仍貢二兩國之調一。然磐金等未レ及二于還一。即年以二大徳境部臣雄摩侶・小徳中臣連國一爲二大將軍一、以二小徳河邊臣禰受・小徳物部依網連乙等・小徳波多臣廣庭・小徳近江脚身臣飯蓋・小徳平群臣宇志・小徳大伴連〈闕レ名〉・小徳大宅臣軍一爲二副將軍一、率二數萬衆一以征二討新羅一。時磐金等共會二於津一將レ發レ船、以候二風波一。於レ是、船師滿レ海多至、兩國使人望瞻之愕然、乃還留焉。更代二堪遲大舍一爲二任那調使一而貢上。（下略）

51『書紀』天智称制前紀（斉明七＝六六一）八月条

遣二前將軍大華下阿曇比邏夫連・小華下河邊百枝臣等、後將軍大華下阿倍引田比邏夫臣・大山上物部連熊・大山上守君大石等一、救二於百濟一、仍送二兵杖五穀一。〈或本續二此末一云、別使二大山下狹井連檳榔・小山下秦造田來津一守二護百濟一。〉

52『書紀』天智称制前紀（斉明七＝六六一）九月条

皇太子御二長津宮一、以二織冠一授二於百濟王子豐璋一、復以二多臣蔣敷之妹一妻之焉。乃遣二大山下狹井連檳榔・小山下秦造田來津一、率二軍五千餘一衞二送於本鄉一。於レ是、豐璋入レ國之時、福信迎來、稽首奉二國朝政一、皆悉委焉。

53『書紀』天智元年（六六二）五月条

大將軍大錦中阿曇比邏夫連等、率二船師一百七十艘一、、送二豐璋等於百濟國一。宣レ勅、以二豐璋等一使レ繼二其位一。又予二金策於福信一、而撫二其背一、褒賜二爵祿一。于レ時豐璋等與二福信一稽首受レ勅、衆爲流レ涕。

54『書紀』天智二年（六六三）三月・六月条

三月、遣二前将軍上毛野君稚子・間人連大蓋、中将軍巨勢神前臣譯語・三輪君根麻呂、後將軍阿倍引田臣比邏夫・大宅臣鎌柄一、率二二萬七千人一打二新羅一。六月、前将軍上毛野君稚子等、取二新羅沙鼻岐奴江二城一。（下略）

55『書紀』天智二年（六六三）八月甲午条

新羅以㆔百濟王斬㆓己良將㆒、謀㆔直入㆑國先取㆓州柔㆒。於㆑是、百濟知㆓賊所㆑計、謂㆓諸將㆒曰、今聞、大日本國之救將廬原君臣率㆓健兒萬餘㆒、正當㆓越㆑海而至㆒。願諸將軍等應㆓預圖㆑之。我欲㆔自往待㆓饗白村㆒。

56『書紀』持統四年（六九〇）十月乙丑条

詔㆓軍丁筑紫國上陽咩郡人大伴部博麻㆒曰、於㆓天豐財重日足姫天皇七年㆒救㆓百濟㆒之役、汝爲㆓唐軍㆒見㆑虜。洎㆓天命開別天皇三年㆒、土師連富杼・氷連老・筑紫君薩夜麻・弓削連元寶兒四人、思㆔欲奏㆓聞唐人所㆑計、縁㆑無㆓衣粮㆒、憂㆑不㆑能㆑達。於㆑是、博麻謂㆓土師富杼等㆒曰、我欲㆔共㆑汝還㆓向本朝㆒、縁㆑無㆓衣粮㆒、俱不㆑能㆑去。願賣㆓我身㆒以充㆓衣食㆒。富杼等任㆓博麻計㆒得㆑通㆓天朝㆒。汝獨淹㆓滯他界㆒於㆑今卅年矣。朕嘉㆓厥尊㆑朝愛㆑國賣㆑己顯㆑忠。故賜㆓務大肆并絁五匹・緜一十屯・布卅端・稻一千束・水田四町㆒。其水田及㆓至曾孫㆒也。免㆓三族課役㆒、以顯㆓其功㆒。

これらのうち、07、28〜35、11が五世紀末以前の事例ということになるが、当該期の倭国の外交政策については拙著で整理したところである。当該期の倭国と百済の関係は常に良好であった訳ではなく、倭国は百済からの「質」の来朝や先進文物の供与などの保障、信頼関係の拠り所を得て、百済の対高句麗戦を支援するという形をとっているが、一方では加耶地域での活動においては、倭国の中央・地方豪族の動向は必ずしも朝廷の統制下にはなく、百済の企図と衝突する場面もあったと考えられる。

さて、当該期の事例を通覧すると、31＝百済腆支王即位に関する百済側の史料（年次は『書紀』応神十六年（二八五＋一二〇→四〇五）是歳条と合致し、『書紀』にも倭国の支援が示唆されている）では、倭国が派遣する兵力は百人程の小規模のものでしかなかったことが看取される。[18]『書紀』の事例は兵数不明で、登場地名はむしろ六世紀代に問題になる地域であって、記事内容には全面的に依拠できないところが多い。ただ、中央有力豪族の派遣という点では一致している。しかしながら、これらは『書紀』の原史料となった各氏族の家記に取材したためと見ることができよう。[19]こうした中央豪族による軍隊の引率は、確実なところでは、むしろ後述の六世紀後半以降の事例に見ることができ、軍事編成のあり方についても後代の潤色が存することを指摘しておきたい。したがって以上の史料に関しては、参考として掲げたものに留まる次第である。

次に36～43、16が五世紀末の百済滅亡の危機から復興、六世紀前半の百済による加耶諸国侵攻と聖明王の敗死による百済の敗退、五六二年新羅による加耶諸国併呑に至る時期のもので、実録性が高い記事と考えられる。当該期の全般的情勢についても拙著で整理しているので、概観はそちらに委ねたい。本節冒頭で触れたような、半島への派兵に際して筑紫の豪族が参画している事例が散見するのは、当該期の史料である。

36は四七五年高句麗の攻撃による百済滅亡の危機、首都を熊津に南遷して百済復興に尽力した文周王（在位四七五～四七七年）・三斤王（在位四七七～四七九年）代の混乱期を経て、『書紀』雄略五年（四六一＝辛丑年）条で倭国に派遣された軍君（雄略五年七月条所引百済新撰に「辛丑年、蓋鹵王遣㆓弟昆支王㆒、向㆓大倭㆒、侍㆓天皇㆒、以脩㆓先王之好㆒也」とある。『三国史記』百済本紀は蓋鹵王十四年（四六八）条からしか記事がないので、不詳）の子東城王が即位（在位四七九～五〇一年）することにより、漸く安定を得る時期を迎える画期になるものであった。[20]但し、東城王は必ずしも倭国一辺倒の外交ではなく、新羅・大加耶、さらには中国南朝の南斉とも通交し、多元的な関係の中で百済復興後の安定を維持しようとしている。[21]ただ、そうした中で倭国の派兵が知られる36・37では、いずれも筑紫からの派遣であったことに注目してみたい。

『隋書』百済伝には、「其人雑有㆓新羅・高麗・倭等㆒、亦有㆓中国人㆒」と記されており、六世紀代に散見する倭系百済官僚の存在は、この東城王即位に伴う倭国からの諸豪族の渡航、百済王権の支援が一つの端緒ではないかと考えられる。(22) 倭系百済官僚の氏姓としては、史料16の物部の他に、科野・巨勢・紀臣・久米・竹志などが知られ、またやや後の渡航者の例になるが、史料hに「於㆓檜隈宮御寓天皇之世㆒、我君大伴金村大連奉㆓爲國家㆒使㆓於海表㆒、火葦北國造刑部靫部阿利斯登之子、臣達率日羅」は葦北君で、竹志（筑紫）・葦北君などは筑紫の豪族ということになる。

このような筑紫の兵力の利用は筑紫の豪族には負担感を抱かせ、それが40の筑紫君磐井の乱につながったのかもしれない。40では朝廷から派遣された近江毛野が六万人を引率したと記されているが、拙著でも触れたように、これだけの兵力があれば、磐井の反乱を平定することができた筈であり（そもそも磐井の乱は起こらなかったかもしれない）、また実際のところは、磐井の乱平定後に渡海した毛野は新羅の三千人の軍勢を見て怖じけて閉じ籠もってしまっている（『書紀』継体二十三年四月是月条）から、六万人の引率は疑わしいと考えられる。毛野は安羅に迫る百済と新羅のこれ以上の侵攻を留めるべく派遣された外交交渉担当者であり、40で磐井が「安得㆔率爾爲㆑使俾㆓余自伏爾前㆒」と揚言しているように、衛送の兵力は筑紫の豪族から調達する予定であったのかもしれない。その兵数は39に舟師五百（白村江の戦では万余の軍勢が派遣され、『三国史記』新羅本紀文武王十年（六七一）七月二十六日条によると、倭軍は船千艘であったと記されているので、舟師五百は五千人程の兵数になるか）とあるが、これは己汶・帯沙をめぐる大加耶連盟（伴跛＝高霊加耶＝大加耶が中心）との緊張関係の場面であり、36の五百人、41の三百七十人、あるいは44の千人などが参照されるべき数字ではないかと思われる。

この筑紫の兵力、「竹斯嶋上諸軍士」が活躍するのが、42・43と16の百済聖明王敗死に帰着する新羅との戦闘場面である。百済側は頻りに「竹斯嶋上諸軍士」の派遣を求めており、16によると、彼らはその期待通りに精兵で、武芸者であったことが知られる。竹斯物部莫奇委沙奇は火箭の技芸に通じていたといい、筑紫国造某は能射人で、正確な連射を行うことができたと描かれており、弓箭の武芸に長じているのが特色であった。史料hの日羅の父阿利斯登も靭部を称しているから、やはり能射人であったと考えられる。

史料42・43・16で「竹斯嶋上諸軍士」は奮戦したが、この会戦における百済聖明王の戦死により、百済は加耶地域から撤退を余儀なくされ、加耶諸国をめぐる百済と新羅の紛争は、五六二年新羅が大加耶連盟を討滅、加耶諸国を併呑する形で終了した（『書紀』欽明二十三年正月条、『三国史記』新羅本紀真興王二十三年七月・九月条）。但し、「竹斯嶋上諸軍士」の軍事力はその後も健在であり、44では筑紫火君が勇士千人を率いて聖明王の子恵の帰国を衛送している。こうした「竹斯嶋上諸軍士」に対しては百済側も大いに期待しており、その評価の高さを窺わせるのが史料ｈに見える日羅献策であろう。

日羅献策は次の二点に整理することができる。

Ⅰ拙速な出兵を抑制し、民政安定・国力充実の上、船舶造営・毎津列置による脅迫によって、百済王または大佐平・王子の来朝を促し、問責を行う。

Ⅱ百済の筑紫における「新国」造り計画に対しては、騙されたふりをして、女子・小子を受け入れ、壱岐・対馬に伏兵を潜ませて殺害する。

この献策の全体的意味合いや当時の倭・百済関係のあり方については別稿を参照していただきたいが、[23]ここではⅡの百済の「新国」造りが「竹斯嶋上諸軍士」の軍事力吸収を企図するものであったことを指摘しておきたい。即ち、百済は軍事力を駆使して新羅から旧加耶地域を奪還しようとしており、それには是非とも筑紫の豪族の軍事力を確保することが必要だったのである。百済の筑紫の地の賜与要求、「新国」造りとは、こうした「竹斯嶋上諸軍士」を百済に編入して、自由に差発できるようにするためのもので、百済人を送り込んで、百済の拠点を作る計画ではなかったかと解される。『隋書』倭国伝によると、当時の倭国は畿内ヤマト王権を中心に、竹斯国などの小国＝国造のクニが附庸する形で存立していると見なされていたので、百済には筑紫が割譲を得るのに充分可能な地と映じていたのではあるまいか。

　以上、加耶諸国が滅亡する六世紀中葉頃までは、倭国の派兵は筑紫の豪族を主体とするもので、百済側からもこの「竹斯嶋上諸軍士」の派遣を要望、その軍事力に対する期待が大きかったことを述べた。この加耶諸国が全滅する際、史料45・46にはこれまでとは異なる形の派兵が記されている。45は紀臣・河辺臣、46は大伴連と、いずれも中央有力豪族を主将とするもので、46は数万の規模であったという。45では紀臣の配下に薦集部首、河辺臣の下には倭国造・調吉士など、畿内の中小豪族が編成されていたことが窺われる。『三国史記』新羅本紀真興王二十三年（五六二）七月条には、「百済侵二掠辺戸一。王出レ師拒レ之、殺二獲一千余人一」とあり、あるいはこの百済の軍事行動を援助する出兵がなされたのかもしれない。

　但し、45の大将軍―副将軍の呼称と統属関係には後の律令の知識による潤色があるらしく、また大将軍紀臣男麻呂は三十年後の史料47の軍事にも登場しており、この出兵の史実性には留保が求められるところである。ただ、彼らは「将レ兵出二哆唎一」、「出二居曾山一」とあり、安羅など加耶地域の拠点が既に失われていたため、百済領内を経由して新羅に侵入したようであるから、当時の状況に合致しているとも言える。また副将軍河辺臣の深追いにより形勢が逆転し、倭国の出兵は失敗に終わったと描かれているので、筑紫の豪族以外による新たな軍事編成の試みがうまくいかなかったことを示唆しているのかもしれない。なお、46については、五五〇年とする別説もあり、高句麗との戦闘という点ではそちらの方が合致していると思われるが（『書紀』欽明十一年（五五〇）二月・四月条、十二年是歳条）、そうすると、中央豪族による軍隊引率や数万という数字には不審が残り、その史実性は保留しておかねばならない。

　史料45の試みは不調であったが、この頃から筑紫の豪族以外の者を派遣する方式が散見していることには注目してみたい。史料hの日羅招聘においても、紀国造と大伯国造と目される吉備海部直が渡海し、百済と折衝している。(24)ここに国造が登場しているように、この六世紀中葉～後半は国造制が整備・確立される時期と考えられている。西日本では五二七～八年の磐井の乱平定による地方豪族の服属完了と六世紀前半の加耶地域をめぐる百済と新羅との抗争への介入のための瀬戸内海航路確保に関連した凡直国造制の存在を指標として、六世紀中葉頃、東日本では六世紀中葉の地方豪族服属記事の存在（『書紀』安閑元年（五三四）四月癸丑条〔上総〕、閏十二月是月条〔武蔵・上毛野〕、欽明三十一年（五七〇）五月条〔越〕など）と『書紀』崇峻二年（五八九）七月壬辰条「遣二近江臣満於東山道一、使レ観二蝦夷国境一、遣二宍人臣鴈於東海道一、使レ観二東方海浜諸国境一、遣二阿倍臣於北陸道一、使レ観二越等諸国境一」によって、六世紀後半と見るのが有力な意見である。(25)

ちなみに、瀬戸内海地域に凡直国造が設置可能であった背景として、吉備地域に大きな勢力を有していた吉備臣が、加耶諸国と密接な関係を持っていた「日本府」（「在二安羅一諸倭臣等」がその実態）(26)の瓦解によって後退したことは大きな要因であったと思われる。『書紀』によると、聖明王敗死の翌年から大臣蘇我稲目の手によって吉備地域に白猪屯倉・児島屯倉が設置されており（欽明十六年（五五五）七月壬午条、十七年七月己卯条）、児島屯倉には蘇我氏と関係の深い葛城山田直瑞子が中央から派遣され（後にやはり蘇我氏と関係の深い王辰爾の甥白猪史胆津が副田令となる）、直接的な支配の確立に努め、史料hの日羅の航行ルートにも児島屯倉が登場しているように、筑紫の那津官家―吉備の児島屯倉―畿内の難波津と難波屯倉という瀬戸内海交通の拠点を押さえることができたのである。(27)

五世紀の事例では、ヤマト王権に出仕していた吉備弓削部虚空という者が急用で吉備に戻った時、吉備下道臣前津屋が彼を留使して、なかなか帰任できなかったという。この話は朝廷から使者を派遣して虚空を呼び戻したところ、虚空は前津屋が呪術的な方法でヤマト王権を凌ぐ勢いを示そうとしている旨を報告したので、物部兵士三十人を派遣して前津屋と一族七十人を誅殺するという結末になるのであるが（『書紀』雄略七年（四六三）八月条）、吉備氏配下の者でヤマト王権に出仕する者の存在、そうした者も吉備の地では吉備氏に従わねばならないという、二重身分的な存在形態で地域の有力者とヤマト王権の両方に仕える人々のあり方を示すものとして興味深い。[28] 史料hの吉備海部直が朝廷に駆使されるようになる（その他、『書紀』敏達二年（五七三）五月戊辰条で送高句麗使に起用された吉備海部直難波の例がある）のも、こうした吉備氏の勢力後退、王権による一元的支配の確立への過程と関連する事例と言えよう。また『続紀』延暦十年（七九一）九月丙子条には讃岐凡直氏について、「讃岐国寒川郡人正六位上凡直千継等言、千継等先、星直、譯語田朝庭御世、継二国造之業一、管二所部之堺一。於レ是、因レ官命レ氏、賜二紗抜大押直之姓一。（下略）」とあり、やはり敏達朝における凡直所称が知られ、当該期の国造制整備の状況をかいまみさせてくれる。[29]

こうした地方豪族から供出される軍事力を朝廷が統括して動員するしくみは国造軍として把握されているが、[30] その軍事力発動を示すのが、史料47・49の興兵である。47は①五九一～五九五年（『書紀』崇峻四年八月庚戌朔条、47、同五年十一月丁未条、推古三年七月条）、49は②六〇二～六〇三年（49、推古十年四月戊申条、六月己酉条、同十一年二月丙子条、四月壬申朔条、七月癸卯条・丙子条）の筑紫への駐兵に関わるもので、史料hの日羅献策のⅠを対新羅に応用して、軍事力を誇示、倭国が目的とする「任那復興」＝「任那調」獲得を達成しようとする計画であった。但し、①は蘇我馬子による崇峻大王弑殺、五九四年新羅の入隋と隋の冊封下への編入という国内外の情勢、②は49の将軍来目皇子の病死、次いで将軍に起用された当麻皇子の妻の死去、六〇二・三年の百済・高句麗による新羅への侵攻の失敗（『三国史記』新羅本紀真平王二十五年八月条、高句麗本紀嬰陽王十四年条）、そして六〇〇年の倭国の第一回遣隋使による国家体制整備の課題認識などによって、いずれも目的を果せずに終了している。[31]

47は従来の「竹斯嶋上諸軍士」を中心とする小規模な興兵ではなく、総勢二万余と、膨大な数字になっており、中央派遣の軍隊を主力とした点が注目される。但し、中央有力豪族複数人が大将軍に並置され、全体の指揮系統が不明である点、「氏氏臣連」と表現されるように、中央豪族の混成部隊であった点などは、45で見た倭国の軍隊組織の弱点が克服されていないことを示している。49は中央豪族と地方豪族による混成部隊という点では47と同様であるが、撃新羅将軍に厩戸皇子の弟来目皇子を起用しており、王族将軍を全体統括者に据えた点は新たな試みである。

j『肥前国風土記』三根郡物部郷

此郷之中、有二神社一、名曰二物部経津主之神一。曩者、小墾田宮御宇豊御食炊屋姫天皇、令三来目皇子為二将軍一、遣三征二伐新羅一。于レ時、皇子奉レ勅、到二於筑紫一、乃遣二物部若宮部一、立二社此村一、鎮祭奉二其神一。因曰二物部郷一。

k『肥前国風土記』三根郡漢部郷

昔者、来目皇子為レ征二伐新羅一、勒二忍海漢人一、将来居二此村一、令レ造二兵器一。因曰二漢部郷一。

但し、中央豪族はそれぞれに活動したようであり、史料j・kには独自の足跡が印されている。またそもそも①・②の興兵は渡海が予定されておらず、筑紫に駐留する計画であったから、実際の戦闘でこの新しい軍事編成がどのように機能するかは全く未知数に留まっている。なお、48・50については渡海が記されているが、これらはいずれも架空の軍事であると考えられているので[32]、やはり万人規模の軍隊が実際に機動する訓練の場はついに訪れなかったと言わねばならない。

こうした国造軍を主力とする全国的な徴兵体制、中央集権的軍事編成が実戦の場で試されるのが51〜56の百済救援の出兵であった。六六〇年唐・新羅による百済討滅、その後の百済復興運動の展開と倭国の出兵、六六三年白村江の戦による倭・百済の敗北と続く一連の過程については別に詳述しているので[33]、そちらを参照していただきたいが、今、この新たな軍事編成の実効力如何を検討すると、以下のようになろう。まず51〜56の派兵と戦役の過程は次のように整理することができる。①《六六一年九月・百済王子豊璋の帰国と衛送軍五千人（第一次派遣軍）の派遣》筑紫大宰帥阿倍比羅夫らに引率されて筑紫の豪族を中心とする兵力が渡海した（51〜53。56の筑紫君薩夜麻や大伴部博麻も参加）。この派遣軍は百済人とともに戦い、六六一〜二年の百済優勢の状況を支えた。②《六六三年三月・二万七千人の第二次派遣軍の渡海》新羅方面を攻撃する軍勢で（54）、新羅本国を脅かすことで、六六二年末以来の百済不利の戦況を転換しようとする方策か。しかし、百済では豊璋と鬼室福信の対立が顕在化し、六六三年六月、豊璋が福信を殺害して、復興運動の実質的な中心人物を失うことになる。一方、唐・新羅軍は五月頃から兵力を増強し、百済復興運動の中心周留城攻撃を企図している。③《六六三年八月・万余の第三次派遣軍の出兵》周留城に迫る唐・新羅軍との決戦のために、白村江に向かった軍勢（55）。②の一部が迂回したとする説もあるが、別部隊と見ておく。

但し、①〜③はそれぞれに個別の目的のために、しかも戦局を追いかける形での小出しの出兵になったと評さざるを得ず、倭国には百済救援の全体的軍略が欠如していた。また白村江の戦を描いた『旧唐書』劉仁軌伝には倭国の軍船が「舟」と記されているように、唐から見れば、小舟に過ぎない貧弱な兵備であったことがわかる。一方の唐側は『書紀』天智二年（六六三）八月戊戌条に「戦船」とあり、宋代の『武経総要前集』に見える蒙衝・楼舡などの戦艦が配備されていたものと考えられ、軍備の面で大きな較差が存したのである。さらに『書紀』天智二年八月己酉条の白村江の戦の場面では、「日本諸将與二百濟王一不レ觀二氣象一、而相謂之曰、我等爭レ先彼應二自退一。更率二日本亂伍中軍之卒一進打二大唐堅陣之軍一。大唐便自二左右一夾レ船繞戰。須臾之際、官軍敗續。赴レ水溺死者衆。艫舳不レ得二廻旋一。朴市田來津仰レ天而誓、切レ齒而嗔二殺數十人一、於レ焉戰死」と記されており、倭国側は単純な突撃作戦で、戦列は混乱し、稚拙な戦法は隠しようもなかったという。こうした戦法・戦略や軍備面の相違に加えて、倭国の軍隊はさらに決定的な問題点を抱えていた。白村江の戦の場面には倭国の「中軍」が見え、54でも前・中・後将軍による軍隊引率が窺われるが、倭国の軍隊には全体を統括する指揮者がいなかった。前・中・後は渡海の順序を示すものに過ぎず、倭国の軍事編成は、独自の勢力を有する地方豪族が集めた兵を主力とする国造軍を、将軍に起用された中央豪族が引率するという形をとっている。

56の筑後国上陽咩郡の軍丁大伴部博麻の帰還物語で、六七〇年頃の唐の倭国征討の風聞を知らせるために、ともに唐で捕虜になっていた土師連富杼・氷連老・筑紫君薩夜麻・弓削連元宝児らを先に帰国させようとして、博麻が自分の身を売ってまで費用を調達したのは、この中に彼にとって主君とも言うべき筑紫君薩夜麻が含まれていたからに他ならなかった（薩夜麻らの帰朝は『書紀』天智十年（六七一）十一月癸卯条に見える）。つまり博麻は筑紫国造の国造軍に参加したという意識が強固で、各地方豪族の軍事編成も同様の認識の下に結成されていたのであろう。さらに中央豪族もまたそれぞれに独自の兵力を有していたから、中央豪族同士の関係も並立的で、指揮系統が統一されなかったのである。

以上を要するに、倭国には中央集権的国家体制の未確立という国家段階の遅れが存していた。これは中央集権的軍事編成の未完成にもつながり、国家体制の総力を傾けた外征においては敗戦に帰着せざるを得ない要因となった。白村江の敗戦は倭国が中央集権的律令国家構築の必要性を痛感する場となったという点で、歴史的転換点であったと位置づけることができよう[34]。

論が白村江の戦の評価に及んだが、56によると、大伴部博麻らが渡海したのは六六一年、即ち①の派兵であり、筑紫君薩夜麻らの「竹斯嶋上諸軍士」をまず派遣するという伝統的手法が維持されていたことにも留意しておきたい。この手法が完全崩壊し、その後の中央集権的律令国家の確立、中央集権的地方支配の成立によって、国造軍を発展させる形で律令軍団制が構築され[35]、ここに初めて統一的な軍事訓練を受け、統一的な指揮の下で機動する国家的軍事組織が整備されるのである。但し、その後の東アジア情勢の収束により、この軍事組織は外征という形では実戦の場で機動することなく、九世紀初に律令軍団制の変容を迎えることになる。

なお、51〜56の軍事編成について言えば、主体はあくまでも朝廷であり、史料26に「西征」の語があるように、畿内を起点として西方に向かって朝鮮半島に赴くという意識であったことにも注目したい。ここに従来の「竹斯嶋上諸軍士」を筑紫を起点として「海北」にある朝鮮半島に派遣する方式から、未完成ながら全国的派兵体制構築の上に、畿内を起点として「西」に存する朝鮮半島に派遣する方式への変化を看取することができ、加耶諸国滅亡後の倭国の国家体制の転換の方向が「海北」から「西」へという朝鮮諸国認識の変容と密接に関係していると考えられる次第である。

三　国家的外交機構の成立

本節では倭国の朝鮮諸国認識の変遷に関連する国家体制の転換として、外交機構のあり方を検討してみたい。外交交渉を担う者やその組織は外交方策や対外認識とも密接に関係している。例えば新羅では次のような変化を指摘することができる。

l 『三国史記』巻三十八志七（職官上）

領客府。本名㆓倭典㆒。真平王四十三年、改為㆓領客典㆒〈後又別置㆓倭典㆒〉。景徳王又改為㆓司賓府㆒。恵恭王復㆑故。

（下略）

m 『三国史記』新羅本紀聖徳王十三年二月条

改二詳文司一為二通文博士一。以掌二書表事一。

新羅では真平王四十三年（六二一）に唐に遣使して（『三国史記』新羅本紀真平王四十三年七月条）、本格的な対中国外交を展開する方途を選択した際に、従来倭国との外交を任務としていた倭典（前期倭典）を領客典に改組し[36]、対唐外交を含む外交全般を掌らせ、詳文師（司）を置いて、中国風の上表文作成（『書紀』推古二十九年（六二一）是歳条「新羅遣二奈末伊彌買一朝貢。仍以二表書一奏二使旨一。凡新羅上レ表、蓋始起二于此時一歟」とある）を担当させようとしており、外交機構の整備を行っている。この前史をふまえて、八世紀前半における新羅の対日外交の蕃礼から亢礼への変化を背景に、聖徳王十三年（七一四）に対日・対唐外交の書表を掌った詳文師（司）を通文博士に改組し、対唐外交の書表のみを掌らせる（七一四年以後、新羅が日本に書表を呈した事例はない）と同時に、領客典とは別に倭典（後期倭典）を復置したという変遷が明らかにされている[37]。即ち新羅では対唐＝朝貢、対日＝亢礼という変化に応じて、領客典—唐使、後期倭典—日本使として、両使を異なる礼式で賓待しようとしたのであり、外交機構のあり方が外交方針の決定と賓礼の施行や対外認識などの外交システム全体と密接に結びついていることが窺われる。

では、倭国の場合は如何であろうか。拙著で触れたように、六世紀前半の加耶諸国をめぐる百済・新羅の紛争の段階では、前節でも述べた吉備臣などの地方豪族、あるいは中央有力豪族が独自の通交関係を維持しており、倭国の朝廷による統制は必ずしも充分ではなかった。こうした倭国の外交の様相を窺わせる事例として、前掲史料40に加えて、次の史料も参照しておきたい。

57『書紀』垂仁二年（紀元前二八？）是歳条分註

一云、御間城天皇之世、額有レ角人、乘二一船一泊二于越國笥飯浦一。故號二其處一曰二角鹿一也。問之曰、何國人也。對曰、意富加羅國王之子、名都怒我阿羅斯等、亦名曰二于斯岐阿利叱智于岐一。傳聞日本國有二聖皇一、以歸化之。到二于穴門一時、其國有レ人、名伊都都比古、謂レ臣曰、吾則是國王也、除レ吾復無二二王一、故勿レ往二他處一。然臣究二見其爲レ人、必知レ非レ王也。既更還之、不レ知二道路一留二連嶋浦一、自二北海一廻之、經二出雲國一至二於此間一也。（下略）

58『書紀』垂仁三年（紀元前二七?）三月条分註

一云、初天日槍、乘レ艇泊二于播磨國一、在二於完粟邑一。時天皇遣三三輪君祖大友主與二倭直祖長尾市於播磨一、而問二天日槍一曰、汝也誰人、且何國人也。天日槍對曰、僕新羅國主之子也。然聞日本國有二聖皇一、則以二己國一授二弟知古一而化歸之。（下略）

59『書紀』応神四十一年（三一〇?）二月是月条

阿知使主等自レ呉至二筑紫一。時胸形大神有レ乞二工女等一。故以二兄媛一奉二於胸形大神一。是則今在二筑紫國一御使君之祖也。（下略）

60『書紀』欽明三十一年（五七〇）四月乙酉条

幸二泊瀬柴籬宮一。越人江渟臣裙代詣レ京奏曰、高麗使人辛二苦風浪一迷二失浦津一、任レ水漂流、忽到二着岸一。郡司隱匿。故臣顯奏。（下略）

61『書紀』欽明三十一年五月条

遣二膳臣傾子於越一饗二高麗使一〈傾子。此云二舸陀部古一〉。大使審知二膳臣是皇華使一、乃謂二道君一曰、汝非二天皇一果如二我疑一。汝既伏二拜膳臣一、倍復足知二百姓一。而前詐レ余取レ調入レ己、宜二速還一之、莫レ煩二餝語一。膳臣聞レ之使人探二索其調一、具爲與レ之、還レ京復命。

これらのうち、57、40、60・61は、まず在地豪族が外国使節を迎えるという古い外交形態を窺わせるものである。また58の播磨国でのヤマト王権の使者による出迎えに関しては、明石海峡を畿内の入り口と見なす地理観、あるいは印南郡南毗都麻島付近を吉備勢力との境界と考える意識があったこと（『播磨国風土記』）から見て、[38]これらの境界付近でヤマト王権の使者が外国使節を迎えるのは、充分に理由のあることだと思われる。したがってヤマト王権の外交形態として地方豪族による外国使節来着の報告があって、ヤマト王権の勢力圏にかかるところで迎接を行うという方式が推定されるのである。この方式では58に窺われるように、ヤマト王権の勢力圏に入って初めて外国使節の来由などが明らかになることになる。[39]

ところで、57、40、60・61では地方豪族が外国使節来着をヤマト王権に報告せず、独自の外交関係をとり結ぼうとする点が問題になっている。伝承的な57は措くとして、40、60・61は上述の国造制成立以前の地方豪族とヤマト王権の関係、あるいは国造制成立の中でヤマト王権が外交権を接収していく過程を窺わせる事例として興味深い。また59については、到着地の地方豪族の外交における何らかの権利を示唆するものと位置づけることができるので、参考までに掲げておいた。

こうした到着地の地方豪族の外交権を朝廷が一元化するシステムとして、史料d・17、即ち六世紀前半の加耶諸国をめぐる外交の中で登場する難波における外交と儀礼、外交の場としての難波館・難波大郡の整備が注目されるところとなる。dでは物部麁鹿火が難波館に向かい、百済使に「任那四県割譲」を宣勅しようとしており、重要事項を伝達する場として想定されている。また17では難波大郡が外国使節の列席・貢献の場として描かれている。史料hの日羅も難波館で外交儀礼を行っており、大夫等が「庁」で待つ中、門から日羅が入って来、「庁」の前（庁庭か）に進み跪拝して使旨を言上するという情景が記され、門―庁前（庭か）―庁という構造、庁＝倭国側―庁前（庭）＝外国使節という儀礼の配席をも知ることができる。

この難波における外交儀礼に多く登場するのが吉士集団である。難波地域は後代に摂津国東生郡・西成郡となるが、天平宝字四年（七六〇）十一月十八日東大寺三綱牒（『大日本古文書』四―四五一～四五二）に付された郡判に東生郡擬大領難波忌寸濱勝、擬少領日下部忌寸主守、西成郡擬大領吉志船人、擬少領三宅忌寸広種があり、東生郡に関しては、神護景雲三年（七六九）九月十一日香山薬師寺鎮三綱牒の郡判にも擬大領難波忌寸、擬少領日下部忌寸人綱、副擬少領日下部忌寸諸前が見える（『大日本古文書』五―七〇一～七〇四）。難波忌寸、日下部忌寸はもと草壁吉士（『書紀』天武十年（六八一）正月丁丑条、同十二年十月己未条）、三宅忌寸は三宅吉士（同十二年十月己未条）であり、吉志も元来は難波吉士を名乗ったと考えられており、難波の地は吉士集団の一大拠点であった。この難波の一つ手前の港湾である敏売崎＝務古水門は畿内に入った最初の寄港地になり、ここには凡河内国造の凡河内直氏が拠点を有しており、この両者の協業によりヤマト王権による畿内での外交統括が実現したのである。[40]

吉士集団はまたヤマト王権の外交に携わっていたことでも著名である。[41] 前掲史料d、45、48、19、50、20・21、22、以外にも、次のような関係史料を掲げることができる。

62『書紀』垂仁九十年（六一？）二月庚子朔条

天皇命二田道間守一、遣二常世國一、令レ求二非時香菓一〈香菓、此云二箇倶能未一〉。今謂レ橘是也。

63『書紀』垂仁九十九年明年（七一？）三月壬午条

田道間守至レ自二常世國一、則賚物也非時香菓八竿八縵焉。田道間守於レ是泣悲歎之曰、受二命天朝一、遠往二絶域一、萬里蹈レ浪、遥度二弱水一。是常世國、則神仙秘區、俗非レ所レ臻。是以往來之間、自經二十年一。豈期獨凌二峻瀾一、更向二本土一乎。然頼二聖帝之神靈一、僅得二還來一。今天皇既崩、不レ得二復命一。臣雖レ生之、亦何益矣。乃向二天皇之陵一、叫哭而自死之。群臣聞皆流涙也。田道間守、是三宅連之始祖也。

64『古事記』中巻垂仁段

又、天皇以㆓三宅連等之祖、名多遅摩毛理㆒、遣㆓常世国㆒、令㆑求㆓登岐士玖能迦玖能木実㆒。〈自㆑登下八字以㆑音。〉故、多遅摩毛理、遂到㆓其国㆒、採㆓木実㆒、以㆓縵八縵・矛八矛㆒、将来之間、天皇既崩。尓、多遅摩毛理、分㆓縵四縵・矛四矛㆒、献㆓于大后㆒、以㆓縵四縵・矛四矛㆒、献㆓置天皇之御陵戸㆒而、叫哭以白。常世国之登岐士玖能迦玖能木実持参上侍。遂叫哭死也。其登岐士玖能迦玖能木実者、是今橘者也。

65『書紀』仁賢六年（四九三）九月壬子条

遣㆓日鷹吉士㆒使㆓高麗㆒召㆓巧手者㆒。

66『書紀』仁賢六年是秋条

日鷹吉士被㆑遣使後、有㆓女人㆒居㆓于難波御津㆒、哭之曰、（中略）於㆑是、鹿寸従㆓日鷹吉士㆒發㆓向高麗㆒。由㆑是、其妻飽田女徘徊顧戀、失㆑緒傷㆑心、哭聲尤切、令㆓人膓斷㆒。（下略）

67『書紀』仁賢六年是歳条

日鷹吉士還㆑自㆓高麗㆒、獻㆓工匠須流枳・奴流枳等㆒。今倭國山邊郡額田邑熟皮高麗、是其後也。

68『日本書紀』継体二十三年（五二九）三月是月条

遣㆓物部伊勢連父根・吉士老等㆒、以㆑津賜㆓百濟王㆒。（下略）

69『書紀』継体二十四年（五三〇）九月条

（上略・近江毛野の滞留）奉㆑使之後、更自謨曰、其調吉士亦是皇華之使。若先㆑吾取歸、依㆑實奏聞、吾之罪過必應㆑重矣。乃遣㆓調吉士㆒、率㆑衆守㆓伊斯枳牟羅城㆒。（下略）

70『書紀』継体二十四年十月条

調吉士至㆑自㆓任那㆒、奏言、毛野臣爲㆑人傲恨不㆑閑㆓治體㆒、竟無㆓和解㆒、擾㆓亂加羅㆒。又倜儻任㆑意而思不㆑防㆑患。故遣二目頬子一徴召〈目頬子、未レ詳也〉。

71『書紀』敏達四年（五七五）四月庚寅条

遣二吉士金子一使二於新羅一、吉士木蓮子使二於任那一、吉士譯語彦使二於百濟一。

72『書紀』敏達六年（五七七）五月丁酉条

遣二大別王與二小黒吉士一、宰二於百濟國一〈王人奉レ命爲レ使二三韓一、自稱爲レ宰、言レ宰二於韓一、蓋古之典乎。如レ今言
レ使也。餘皆倣レ此。大別王未レ詳レ所レ出也〉。

73『書紀』敏達十三年（五八四）二月庚子条

遣二難波吉士木蓮子一使二於新羅一、遂之二任那一。

74『書紀』推古五年（五九七）十一月甲子条

遣二吉士磐金於新羅一。

75『書紀』推古六年（五九八）四月条

難波吉士磐金至レ自二新羅一而獻二鵲二隻一。乃俾レ養二於難波杜一。因以巣レ枝而産之。

76『書紀』推古十六年（六〇八）四月条

小野臣妹子至レ自二大唐一。唐國號二妹子臣一曰二蘇因高一。即大唐使人裴世清・下客十二人、従二妹子臣一至二於筑紫一。
遣二難波吉士雄成一、召二大唐客裴世清等一。爲二唐客一更造二新舘於難波高麗舘之上一。

77『書紀』舒明四年（六三二）十月甲寅条

唐國使人高表仁等到二干難波津一。則遣二大伴連馬養一迎二於江口一、船卅二艘及鼓吹旗幟皆具整餝。便告二高表仁等一曰、
聞二天子所レ命之使到二于天皇朝一迎レ之。時高表仁對曰、風寒之日、餝二整船艘一、以賜レ迎之、歡愧也。於レ是、令上

難波吉士小槻・大河内直矢伏一爲二導者一到中于舘前上。乃遣二伊岐史乙等・難波吉士八牛一、引二客等一入二於舘一。即日給二神酒一。

78 『書紀』舒明五年（六三三）正月甲辰条

大唐客高表仁等歸レ國。送使吉士雄摩呂・黒摩呂等、到二對馬一而還之。

79 『書紀』皇極元年（六四二）二月戊子条

遣二阿曇山背連比良夫・草壁吉士磐金・倭漢書直縣一遣二百濟弔使所一、問二彼消息一。（下略）

80 『書紀』皇極元年二月戊申条

饗二高麗・百濟於難波郡一。詔二大臣一曰、以二津守連大海一可レ使二於高麗一、以二國勝吉士水鶏一可レ使二於百濟一〈水鶏、此云二倶比那一〉、以二草壁吉士眞跡一可レ使二於新羅一、以二坂本吉士長兄一可レ使二於任那一。

81 『書紀』皇極元年五月庚午条

百濟國調使船與二吉士船一、倶泊二于難波津一〈盖吉士前奉レ使二於百濟一乎〉。

82 『書紀』皇極元年五月壬申条

百濟使人進レ調。吉士服命。

83 『書紀』白雉元年（六五〇）是歳条

遣二倭漢直縣・白髪部連鐙・難波吉士胡床於安藝國一使レ造二百濟舶二隻一。

84 『書紀』白雉四年（六五三）五月壬戌条

發二遣大唐一大使小山上吉士長丹・副使小乙上吉士駒〈駒、更名糸〉。（下略）

85 『書紀』斉明五年（六五九）七月戊寅条分註

難波吉士男人書曰、向二大唐一大使觸レ嶋覆。副使親覲二天子一、奉レ示二蝦夷一。於レ是蝦夷以二白鹿皮一・弓三・箭八十一、獻二于天子一。

86『書紀』天智四年（六六五）是歳条

遣二小錦守君大石等於大唐一云々〈等謂二小山坂合部連石積、大乙吉士岐彌、吉士針間一。蓋送二唐使人一乎〉。

87『書紀』天智七年（六六八）十一月乙酉条

遣二小山下道守臣麻呂・吉士小鮪於新羅一。是日金東嚴等罷歸。

88『日本書紀』天武四年（六七五）七月癸酉条

小錦上大伴連國麻呂爲二大使一、小錦下三宅吉士入石爲二副使一、遣二于新羅一。

『周書』百済伝に「王姓扶余氏、号二於羅瑕一、民呼為二鞬吉支一、夏言竝王也」とあり、『書紀』にも「百済王」の「王」に対して、キシ、コキシ、コニキシなどの古訓が散見し、『古事記』中巻応神段では阿直岐史の祖阿直岐を阿知吉師、西文首の祖王仁を和邇吉師と表記しており、吉士は首長の意の古朝鮮語であったと考えられる。史料62～64は三宅吉士（→連→忌寸）の始祖伝承で、田道間守の祖は58に来朝記事が見える天日槍であったから、新羅系ということになるが（『新撰姓氏録』右京諸蕃下・摂津国諸蕃、三宅連条も参照）、その他の吉士集団の人々は大嘗会の際に阿倍氏が吉志舞を引率することから、阿倍氏系を称する例が多い（『新撰姓氏録』摂津国皇別・吉志条、河内国皇別・難波忌寸条など）。但し、八色の姓で忌寸賜姓に与っていることなどから見て、吉士が渡来系氏族であったことはまちがいなく、その出身地としては新羅、あるいは加耶方面を推定するのが有力な見解であると思われる。

この吉士集団は65～67、d、68～70、45など、確実なところでは加耶地域をめぐる紛擾が始まる五世紀後半～六世紀前半頃から外交の場に登場し、特に朝鮮諸国に派遣されて、ヤマト王権の用務に従事している。難波における外交儀礼を掌る役割から、来朝した隋使・唐使その他の迎接に携わる例（76〜78、79）、外交全般への関与から遣隋使・遣唐使に起用される場合（19、84、20・21、85、86）もあるが、朝鮮諸国を対象とする事例が多い。また吉士は単独で派遣されることもあるが、68・72・79・83・88などでは副官的存在として、その実務能力が期待されていたと思われ、やはり外交の実務担当者として起用されたのであろう。71・73・74・48・50・80などは「任那調」をめぐる新羅との交渉に臨んだもので、五六二年新羅による加耶諸国併呑後、倭国の「任那復興」策として浮上してきた「任那調」獲得、新羅との新たな関係構築のために吉士集団の活動は重要であったと考えられる。(42)

このように倭国の朝廷による外交権の確立、中央集権的な外交活動の中では、中央豪族や王族の派遣とともに、外交実務の担当者として吉士集団を起用・育成したことが大きかった。『書紀』舒明即位前紀では大臣蘇我蝦夷の邸宅で阿倍臣麻呂を議長にして群臣会議が開かれた時、田村皇子（舒明大王）即位を支持した者として大伴連鯨・采女臣摩礼志・高向臣宇摩・中臣連弥気（御気子）・難波吉士身刺の名が見えており、身刺は大夫の一人であったことが知られる。吉士集団は朝廷の権力者側に立ち、伝統的な中央有力豪族と並ぶ地位にあったことが窺われ、外交の技能が彼らの存在を有力なものにしたのである。その後、律令体制確立の過程では、吉士集団以外の様々な人々が外交活動に起用されていき、吉士集団は必ずしも負名氏的な伝統的職能にとらわれず、律令官人一般として存続していくので、外交そのものとのつながりは減少するが、外交儀礼の拠点としての難波の機能を支える存在としては難波地域の維持にも関与を続けることになる。

以上、国家的外交機構の成立という観点から、加耶諸国滅亡後の倭国の展開に触れてみた。外交と戦争は表裏一体の関係にあり、国造軍編成による全国的派兵体制への転換とともに、中央集権的な外交を支えるシステムの形成もまた倭国の国家体制整備の要諦であったことを強調しておきたい。

むすび

六六三年白村江の敗戦後、六六八年には唐・新羅が高句麗を討滅したので、倭国は唐・新羅軍侵攻の危機を覚悟せねばならなくなった。しかし、今度は半島全体を植民地化しようとする唐と新羅が戦争を始め、六七六年頃には新羅が唐の勢力を駆逐して半島統一を成し遂げることになる（統一新羅の成立）。新羅は唐との対立の後ろ盾を倭国に求め、倭国も半島のことは新羅に任せて、情勢を静観する方策を選択した。新羅は六六八年の来朝以後、「請政」という形で国際情勢や国王の死去などの国内事情を倭国に伝えており、連年遣使して「朝貢」姿勢を示し、倭国も遣新羅使を派遣するという関係が続くことになる。新羅の貢納品には金・銀や珍財が含まれており、それが新羅を有史以来倭国に金・銀を献上する国とする意識の成立につながった[43]ことは第一節で述べた通りである。そして、新羅を有史以来倭国・日本（日本国号の成立は天武・持統朝頃であろう）に朝貢する国、服属国と見なす認識もやはりこの過程で形成されたものと考えられる。

89 『書紀』持統三年（六八九）五月甲戌条

命二土師宿禰根麻呂一、詔二新羅弔使級飡金道那等一曰、太政官卿等奉レ勅奉レ宣、二年遣二田中朝臣法麿等一、相二告大行天皇喪一。時新羅言、新羅奉レ勅人者元來用二蘇判位一、今將二復爾一。由レ是法麻呂等不レ得レ奉二宣赴告之詔一。若言二前事一者、在昔難波宮治二天下一天皇崩時、遣二巨勢稲持等一告レ喪之日。翳飡金春秋奉レ勅。而言下用二蘇判一奉上レ勅、即違二前事一也。又於二近江宮一治二天下一天皇崩時、遣二一吉飡金薩儒等一奉レ弔。而今以二級飡一奉レ弔、亦違二前事一。又新羅元來奏云、我國自二日本遠皇祖代一並レ舳不レ干レ楫奉レ仕之國。而今一艘亦乖二故典一也。又奏云、自二日本遠皇祖代一、以二清白心一仕奉。而不レ惟三竭レ忠宣二揚本職一、而傷二清白一詐求二幸媚一。是故調賦與二別獻一並封以還之。然自二我國家遠皇祖代一、廣慈二汝等一之徳不レ可レ絶之。故彌勤彌謹。戰々兢々、修二其職任一。奉レ遵二法度一者、天朝復益二廣慈一耳。汝道那等奉二斯所レ勅、奉レ宣二汝王一。

89はこうした意識が明示された初例であり、持統天皇は来朝した新羅使に貢献物を返却し、今後はきちんと礼を尽くすようにと詔している。問題の発端は天武天皇死去を伝える遣新羅使に対する新羅側の応対の不備にあり、日本側は孝徳大王死去を告げた時に翳飡（伊尺飡、十七等の冠位制の第二位）金春秋が応接した先例を主張したが、新羅側は蘇判（迊飡、第三位）が取り次ぐのが例だとして齟齬が生じ、結局この時の使者田中法麿は使命を果すことができなかった。そして、今回来朝した新羅使は天武天皇弔喪使であったが、天智大王の弔喪使が一吉飡（第七位）金薩儒だったのに対して、今回は級飡（級伐飡、第九位）金道那が派遣されており、これも使者の相当位が下がるものであった。

新羅は当時、国内支配の面では六八三年（神文王三、天武十一）に小高句麗国（報徳国）を併合、六八六・七年（神文王六・七、朱鳥元・持統元）には高句麗・百済の残民を誓幢軍団に編入し、統一新羅の統治体制が完成している。そして、六八六年には唐に遣使し、「吉凶要礼」を下賜されており（『旧唐書』新羅伝、『三国史記』新羅本紀神文王六年条）、この頃から対唐関係の修復も大いに前進したのである。つまり国内外の体制整備進展の中で、新羅は倭国・日本に対する「朝貢」姿勢を見直し、亢礼への変更を図り、今回の紛擾が起きるのであり、日本側はあくまで「朝貢」姿勢の維持を求めた。

89の六八九年は唐の永徽律令を藍本として天武朝から編纂されてきた飛鳥浄御原令が公布される年であり、律令法の編纂、律令体制構築の上で画期となる時期であった。帝国法である律令を有するに相応しい国として、「蕃国」たる朝貢国の存在は不可欠であったのである。こうした観念は、唐を中心とする国際秩序を模したもので、「小中華」、

「小帝国」と表現されることが多いが、(44)多くの朝貢国の心服を得て、真の帝国であった唐とは異なり、普遍性・客観性を欠き、新羅の姿勢次第で齟齬を来たすものであるから、多分に主観的な日本中心主義的立場と命名しておくことにする。一方、日本は唐に対しては、大宝度遣唐使による安定的な関係構築の際に二十年一貢の朝貢年期制を約束したらしく、(45)唐に対しては朝貢し（事大主義的立場）、朝鮮諸国に対しては日本中心主義的立場をとるという、いわば二重構造の外交、対外認識が確立することになるのである。(46)

n軍防令65縁辺諸郡人居条…対応唐令条文は不明

凡縁二東辺・北辺・西辺一諸郡人居、皆於二城堡内一安置。其営レ田之所、唯置二庄舎一、至二農時一、堪二営作一者、出就二庄田一。収斂訖、勒還。其城堡崩頽者、従二当処居戸一、随レ閑修理。

o関市令6弓箭条

凡弓箭兵器、並不レ得下与二諸蕃一市易上。其東辺・北辺、不レ得レ置二鐵冶一。

p『唐令拾遺補』関市令補一（開七）

諸西辺・北辺諸州、禁下人無置二鐵冶一及採上鉚。

q『旧唐書』日本国伝

（上略）又云、其国界、東西南北各数千里、西界・南界、咸至二大海一。東界・北界、有二大山一為レ限、山外即毛人之国。（下略）

律令国家の方位観では、東山道ではあるが、北陸道の延長にある出羽国（斉明朝の北方遠征は越国司阿倍比羅夫が担当している）を北辺、東山道の陸奥国を東辺と位置づけ（o集解逸文古記に「東辺・北辺、謂二陸奥・出羽等国一也」とある）、蝦夷の居住地（q）として、鉄生産を厳しく制限しようとしている。(47)南については、n集解逸文朱説に「不レ云二南辺一者、於レ南无レ辺者」とあるが、南海道の深奥である土佐国を南方の堺とする意識（『延喜式』巻十六陰陽寮・儺祭詞）の他に、南九州の隼人や日本に朝貢して来る南島（『続紀』文武三年（六九九）七月辛未条に「其度感島通二中国一、於レ是始矣」とあり、日本＝「中国」意識が窺われる）を「南蛮」と見なしていたことが知られる（『権記』長徳三年（九九六）十月一日条、『左経記』寛仁四年（一〇二〇）閏十二月二十九日条などに南島を「南蛮」とする意識が見える）。そして、西辺は西海道、儺祭詞では「西方遠値嘉」が国土の西方の堺と位置づけられているが、この西方の「蕃」として新羅の存在が不可欠だったのである。

以上、本章では「海北」から「西」へという朝鮮諸国認識の歴史的変遷を指摘した。(48) そこには倭国・日本の国際関係が反映されており、特に六世紀中葉の加耶諸国滅亡が一つの画期となることを強調して、蕪雑な稿を終えることにしたい。

註

（1）武田幸男「平西将軍・倭隋の解釈」（『朝鮮学報』七七、一九七五年）。

（2）長山泰孝「前期大和政権の支配体制」（『古代国家と王権』吉川弘文館、一九九二年）。

（3）朝鮮半島西南部の全羅南道の栄山江流域では五世紀後半〜六世紀前半の前方後円墳が見つかっており、六世紀前半頃まで百済とは一定の距離をおき、倭国とも提携する独自の勢力が存立していたことが窺われ、これが慕韓の実態であったと考えられる。なお、前方後円墳については、岡内三眞編『韓国の前方後円形古墳』（雄山閣出版、一九九六年）、朝鮮学会編『前方後円墳と古代日朝関係』（同成社、二〇〇二年）などを参照。

（4）坂元義種『倭の五王』（教育社、一九八一年）。

（5）武田註(1)論文。

（6）坂本太郎『六国史』（吉川弘文館、一九七〇年）。
（7）山尾幸久『日本古代王権形成史論』（岩波書店、一九八三年）一八九頁。山尾幸久「百済三書と日本書紀」（『朝鮮史研究会論文集』一五、一九七七年）も参照。
（8）拙稿「日本国号と天皇号」（『新体系日本史』1国家史、山川出版社、二〇〇六年）。小林敏男「日本という国号について」（『日本古代国家の形成』吉川弘文館、二〇〇七年）は、日本国号は渡来系知識人の間で使用されていたもので、「百済本記」の「日本」の用字は威徳王代（推古朝）の史書に「倭」に代わって既に使用されていたと述べるが、「日本府」の用例を根拠とする説明は支持し難い。
（9）弥永貞三「「彌移居」と「官家」」（『日本古代社会経済史研究』岩波書店、一九八〇年）。
（10）新川登亀男「宗像と宇佐」（『新版古代の日本』3、角川書店、一九九一年）。
（11）亀井輝一郎「ヤマト王権と宗像」（『宗像市史』通史編第二巻古代・中世・近世、一九九九年）。「瀛」字の使用も伝承の成立が新しいことを示すという。
（12）小田富士雄編『古代を考える 沖ノ島と古代祭祀』（吉川弘文館、一九八八年）。
（13）拙稿「王臣家と郡司」（『日本歴史』六五一、二〇〇二年）。
（14）盧重国「五世紀の韓日関係史―『宋書』倭国伝の検討―」（『日韓歴史共同研究報告書』第一分科篇、日韓歴史共同研究委員会、二〇〇五年）は、『書紀』では朝鮮半島は「西」と意識されており、「海北」は朝鮮半島ではないこと、「海北」の「海」は倭水軍が活動した瀬戸内海であること、史料01は三女神が降りて来た宇佐島が「今は海北のある地域にある」の意で、「海北」は九州地域を指すことなどを指摘しているが、「海北」と「西」の意識の時期差とその背景を考慮しておらず、支持し難い。
（15）田中俊明『大加耶連盟の興亡と「任那」』（吉川弘文館、一九九二年）。
（16）『書紀』斉明四年（六五八）是歳条「出雲国言、於二北海濱一魚死而積、厚三尺許。其大如レ鮐、雀喙針鱗、々長数寸。俗曰、雀入二於海一化而魚、名曰二雀魚一。」とあり、出雲国では北方に広がる日本海を「北海」とする認識があったようである（後掲史料57も参照）。『出雲国風土記』にも同様の「北海」の表記が散見し（意宇郡毘売崎条、島根郡条・秋鹿郡条・楯縫郡条・

出雲郡条・神門郡条、出雲郡宇賀郷条など）、意宇郡条の八束水臣津野命の国引き神話には「北門」として佐伎之国・農波乃国が登場している。これは出雲地域を起点とする直截の地理的方位観であるが、残念ながら、国引き神話では「志羅紀乃三埼」については方位が明記されていない。

(17) 直木孝次郎「神功皇后伝説の成立」（『日本古代の氏族と天皇』塙書房、一九六四年）。

(18) 熊谷公男「五世紀の倭・百済関係と羅済同盟」（『アジア文化史研究』七、二〇〇七年）は、『書紀』には百済王権の危機を倭国が支援したとする共通の筆法があることを指摘している。但し、それは『書紀』の原史料である百済系史料に由来するものと考えられるところもある。史料31は百済側の史料で、倭国の支援の実態を伝えているものと思われる。

(19) 三品彰英編『日本書紀朝鮮関係記事考証』上・下（天山舎、二〇〇二年）。

(20)『三国史記』百済本紀文周王三年（四七七）四月条には王弟昆支の内臣佐平任命、三斤王の立太子を記し、昆支は七月に死去したと見える。この昆支（軍君）―東城王、文周王と蓋鹵王の関係については、『三国史記』と『書紀』では相違するところがあり、『書紀』では武寧王が元来の百済王室の正統を継ぐ存在であったことになる。

（『三国史記』）

蓋鹵王―┬―文周王
　　　　└―昆支―東城王―武寧王

（『書紀』）
雄略五年条・
二十一年条

蓋鹵王―┬―武寧王
　　　　├―文周王
　　　　└―昆支―東城王

(21) 拙著『東アジアの動乱と倭国』（吉川弘文館、二〇〇六年）、熊谷註(18)論文など。

(22) 倭系百済官僚については、金鉉球『大和政権の対外関係研究』（吉川弘文館、一九八五年）、李永植『加耶諸国と任那日本府』（吉川弘文館、一九九三年）などを参照。

(23) 拙稿「加耶滅亡後の倭国と百済の「任那復興」策について」（『東洋大学文学部紀要』史学科篇二七、二〇〇二年、本書第二部第四章所収）。

(24) 長山註(2)論文は、こうした国造クラスの豪族がヤマト王権の用務を執行するのは古くからのものと見るが、軍事・外交案件に関してはその登用時期にはさらに検討が必要であると思われる。

(25) 狩野久「部民制・国造制」(『岩波講座日本通史』二、岩波書店、一九九三年)、平林章仁「国造制の成立について」(『龍谷史壇』八三、一九八三年)、篠川賢『日本古代国造制の研究』(吉川弘文館、一九九六年)など。
(26) 鈴木英夫「「任那日本府」と「諸倭臣」」(『國學院大學紀要』四四、二〇〇六年)。
(27) 拙稿「欽明天皇」(『古代の人物』一、清文堂、刊行未定)。
(28) 拙稿「評司・国造とその執務構造」(『東洋大学文学部紀要』史学科篇三〇、二〇〇五年)。
(29) 吉田晶「凡河内直氏と国造制」(『日本古代国家成立史論』東京大学出版会、一九七三年)、八木充「国造制の構造」(『日本古代政治組織の研究』塙書房、一九八六年)。
(30) 岸俊男「防人考」(『日本古代政治史研究』塙書房、一九六六年)、直木孝次郎「国造軍」(『日本古代兵制史の研究』吉川弘文館、一九六八年)など。なお、拙稿「律令制下の国造に関する初歩的考察」(『古代郡司制度の研究』吉川弘文館、二〇〇〇年)も参照。
(31) 註(23)拙稿。
(32) 鬼頭清明「推古朝をめぐる国際環境」(『日本古代国家の形成と東アジア』校倉書房、一九七六年)。
(33) 拙著『「白村江」以後』(講談社、一九九八年)。
(34) 拙稿「倭国から日本へ」(『日本の時代史』3倭国から日本へ、吉川弘文館、二〇〇二年)、「大化改新と飛鳥」・「天武天皇の時代」(『続明日香村史』上巻、明日香村、二〇〇六年)。
(35) 拙稿「評制下の国造に関する一考察」(註(30)書)。
(36) 鈴木靖民「新羅の倭典について」(『古事類苑月報』三三、一九六九年)、奥田尚「「任那日本府」と新羅倭典」(『古代国家の形成と展開』吉川弘文館、一九七六年)。
(37) 濱田耕策「聖徳王代の政治と外交」、「迎賓機構」(『新羅国史の研究』吉川弘文館、二〇〇二年)。
(38) 拙稿「風土記と渡来系氏族」(『季刊考古学』六〇、一九九七年)。
(39) 拙稿「大宰府および到着地の外交機能」(『古代日本の対外認識と通交』吉川弘文館、一九九八年)。
(40) 以上の難波を中心とする外交システムについては、拙稿「古代難波における外交儀礼とその変遷」(註(39)書)を参照。

(41) 三浦圭一「吉士について」(『日本史研究』三四、一九五七年)、笹川進二郎「吉士集団と倭王権」(『日本史論叢』一一、一九八七年)、本位田菊士「吉士と「任那の調」」(『日本史研究』一六八、一九七六年)、大橋信彌「難波吉士について」(『日本古代の王権と氏族』吉川弘文館、一九九六年)、請田正幸「吉士集団の性格」(『続日本紀研究』二一七、一九八七年)、鬼頭清明「吉士集団と難波」(『前近代の日本と東アジア』吉川弘文館、一九九五年)、加藤謙吉『吉士と西漢氏』(白水社、二〇〇一年)など。

(42) 鈴木英夫「「任那の調」の起源と性格」(『古代の倭国と朝鮮諸国』青木書店、一九九六年)、註(23)拙稿などを参照。

(43) 註(8)拙稿。

(44) 石母田正「天皇と「諸蕃」」(『日本古代国家論』第一部、岩波書店、一九七三年)。

(45) 拙稿「遣唐使の時期区分と大宝度の遣唐使」(『国史学』一八九、二〇〇六年、本書第一部第三章所収)。

(46) 拙稿「古代日本における対唐観の研究」(註(39)書)。

(47) pを手本に作られたoの字句修正が、こうした日本の実情を反映したものであることについては、松本政春「延喜兵部省式諸国器仗条をめぐる諸問題」(『奈良時代軍事制度の研究』塙書房、二〇〇三年)を参照。

(48) 菱田哲郎『古代日本国家形成の考古学』(京都大学学術出版会、二〇〇七年)は、考古学的知見に基づき、当該期の画期性を強調している。但し、文献史学の立場から言えば、律令体制成立に至る七世紀後半の方がより大きな画期であると考えられ、その点は拙稿「律令体制の成立と「大化改新」」(『東アジアの古代文化』一三三、二〇〇七年)などでも触れている。当該期はそこに至る小画期ととらえておくべきであろう。

あとがき

対外関係に関する論文集としては前著となる『古代日本の対外認識と通交』（吉川弘文館、一九九八年）刊行以降、私が再び対外関係の論文を発表したのは二〇〇二年のことである。その間、別の主題に関わる論考に取り組んでいたという理由もあるが、前著刊行以後は十世紀以降の対外関係究明の材料として、十一世紀末の入宋僧成尋の渡宋記録『参天台五臺山記』読解に努めていたという事情が大きい。二〇〇一年四月には前任の職場高知大学人文学部から現任の東洋大学文学部史学科に転職したが、前著の「あとがき」にも書いたように、東洋大学は、私が対外関係史の研究に携わるようになった道筋を示していただいた田中健夫先生が、東京大学史料編纂所ご退官の後に奉職された大学でもあり、不可思議な縁を感じている。東洋大学はその名の通り、国際関係の研究も盛んで、私もこの際、古代東アジアの国際関係史をさらに探求しようと思った次第である。

『参天台五臺山記』の読解を進めるうちに、やはり古代の対外関係の中では最も研究史が厚い遣唐使の検討を避けて通ることはできないと考え、私なりに考察を試みた。最初はあくまでも『参天台五臺山記』に登場する宋代の賓礼理解の一助として、遣唐使が唐で施された賓礼を整理するということが目標であったが、遣唐使にも解明すべき課題が多く存することがわかったので、遣唐使の研究も平行して進めることになった。また前著以来の関心として、外交のシステム面、特に対外政策のあり方如何にも興味を持っていたので、それが通時的に考察可能な材料として、日渤、日羅関係にも目配りしたつもりである。

遣唐使は二十年に一度くらいで、八世紀以降においても、古代日本の対外関係としては朝鮮諸国との通交がより頻繁で、重要であったことは、七世紀末以前と変わりはない。但し、律令国家構築に勤しむ中では、その規範となる唐文化移入、その媒体となる遣唐使派遣がより大きな意味合いを持ってくる訳である。また九世紀前半までの新羅商人の活動、九世紀末までの渤海との通交による舶載品到来に対して、十世紀以降は唐・宋商人との交易が重要になり、高麗との公的通交は行われなかったという経緯もあり、遣唐使事業以降も日中関係の方に研究の重点が置かれるところである。

二〇〇七年度～二〇〇八年度には「遣唐使の特質と平安中・後期の日中関係に関する文献学的研究」の題名で科学研究費基盤研究（C）の交付を得て、『参天台五臺山記』の最善本である東福寺本の校訂文作り、合せて本書所収のいくつかの論考執筆を行うことができた。『参天台五臺山記』に関する研究成果もいずれまとめたいと考えているが、まずはその前提となる十世紀までの対外関係について遣唐使を中心に一書をなすことができたのは慶事である。〈戦争の日本史〉シリーズの第一巻である拙著『東アジアの動乱と倭国』（吉川弘文館、二〇〇六年）の「あとがき」で述べたように、遣唐使や八世紀以降の国際関係について概説的理解を示すことができるように、さらに研鑽に努める一里塚とする意味合いで、諸事ご叱正を賜れば、幸いである。

二〇〇八年九月

森　公　章

索　　引

I 事 項 名

あ　行

か　行

さ　行

た　行

な　行

は　行

ま　行

ら　行

わ　行

Ⅱ　人　名

あ　行

か　行

さ 行

た 行

な 行

は 行

ま 行

や・ら行

Ⅲ 史 料 名

あ 行

か 行

さ　行

た　行

な　行

は 行

ま 行

や・ら行

Ⅳ 研究者名

あ 行

か　行

さ　行

た　行

な　行

は　行

ま 行

や 行

ら 行

わ 行

著者略歴

一九五八年　岡山県に生まれる

一九八八年　東京大学大学院人文科学研究科博士課程単位取得退学

現在　東洋大学教授・博士（文学）

〔主要著書〕

古代郡司制度の研究　長屋王家木簡の基礎的研究　東アジアの動乱と倭国　倭国から日本へ（編）

遣唐使と古代日本の対外政策

二〇〇八年（平成二〇）十一月十日　第一刷発行

著　者　森《もり》　公《きみ》　章《ゆき》

発行者　前　田　求　恭

発行所　株式会社　吉川弘文館

郵便番号一一三―〇〇三三

東京都文京区本郷七丁目二番八号

電話〇三―三八一三―九一五一〈代〉

振替口座〇〇一〇〇―五―二四四番

http://www.yoshikawa-k.co.jp/

印刷＝株式会社 理想社

製本＝株式会社 ブックアート

装幀＝山崎　登

Digital Publishing

遣唐使と古代日本の対外政策（オンデマンド版）

2019年9月1日　発行

著　者　森《もり》　公章《きみゆき》

発行者　吉川道郎

発行所　株式会社 吉川弘文館
〒113-0033　東京都文京区本郷7丁目2番8号
TEL　03(3813)9151(代表)
URL　http://www.yoshikawa-k.co.jp/

印刷・製本　株式会社 デジタルパブリッシングサービス
URL　http://www.d-pub.co.jp/

森　公章（1958～）
ISBN978-4-642-72470-8